U0739555

品牌思维

世界一线品牌的7大不败奥秘

[德] 沃尔夫冈·谢弗（Wolfgang Schaefer）
J.P. 库尔文（J.P. Kuehlwein）◎著

李逊楠◎译

RETHINKING PRESTIGE BRANDING

古吴轩出版社

中国·苏州

图书在版编目（CIP）数据

品牌思维：世界一线品牌的7大不败奥秘 /（德）沃尔夫冈·谢弗（Wolfgang Schaefer），（德）J.P.库尔文（J.P.Kuehlwein）著；李逊楠译 . — 苏州：古吴轩出版社，2017.10（2018.9重印）
　　ISBN 978-7-5546-0996-5

Ⅰ .①品… Ⅱ .①沃… ②J… ③李… Ⅲ .①品牌营销—研究—世界 Ⅳ .① F713.3

中国版本图书馆 CIP 数据核字（2017）第 223599 号

© Wolfgang Schaefer and JP Kuehlwein 2015
This translation of Rethinking Prestige Branding by arrangement with Kogan Page.

责任编辑：王　琦
见习编辑：顾　熙
策　　划：王　猛
封面设计：仙境书品

书　　名：品牌思维：世界一线品牌的7大不败奥秘
著　　者：[德] 沃尔夫冈·谢弗（Wolfgang Schaefer），
　　　　　[德] J.P.库尔文（J.P.Kuehlwein）
译　　者：李逊楠
出版发行：古吴轩出版社
　　　　地址：苏州市十梓街458号　　　　邮编：215006
　　　　Http://www.guwuxuancbs.com　　E-mail：gwxcbs@126.com
　　　　电话：0512-65233679　　　　　传真：0512-65220750
出 版 人：钱经纬
经　　销：新华书店
印　　刷：三河市春园印刷有限公司
开　　本：710×1000　1/16
印　　张：19.25
版　　次：2017年10月第1版
印　　次：2018年9月第2次印刷
书　　号：ISBN 978-7-5546-0996-5
著作权合同登记号：图字10-2017-301号
定　　价：49.80元

如发现印装质量问题，影响阅读，请与印刷厂联系调换。0316-3161888

精彩书评：重塑顶级品牌

这是近年来关于市场营销和品牌变革最好的一部作品，棒极了。

多伦多约克大学舒立克商学院教授　罗伯特·科奇奈特

本书用幽默有趣的方式描述了当今信誉品牌和顶级品牌的营销模式，绝对是相关营销人员的必读好书。

历峰集团伯爵表营销总监　阿蒂莎·塔贾杜德

我很喜欢作者的写作方式，强烈推荐您阅读本书。

《文化密码》作者　克洛泰尔·拉帕耶

这本书中有很多创新方法值得我学习，而且能让我以一种独特的视角反思鼹鼠皮品牌的营销策略。

鼹鼠皮公司联合创始人　玛丽亚·塞布雷贡迪

本书为我们设立了一把清晰的标尺，在神话、距离、目标、意义和客户反馈之间做出了平衡。

藏红花房屋信贷互助会执行董事　珍妮·阿什莫尔

避免价格竞争的方式并不多：其一，采取奢侈品营销策略；其二，塑造一个令消费者心向往之的信誉品牌形象——本书提供了七种不同的方法，称得上是一本市场营销人员必读的好书。

巴黎HEC商学院教授、《新型品牌管理策略》作者　让·诺艾·卡普费雷

作者充分阐释了顶级品牌的营销魔力，绝非浅显的标题作品或普通概念。这是一本内容完备、观点新颖、发人深思的好书，非常值得阅读。

可口可乐公司风险投资部前总裁　德里克·范·瑞斯伯格

谢弗和库尔文发现了信誉品牌的又一次变革。这本书是企业经理人的必读之书，它能教会你如何维护信誉品牌。

纽约大学商学院教授、"红色信封"及L2创始人　斯科特·加洛维

这本书涉及大众品牌、奢侈品以及所有权和身份之间的即时思考。它深刻反映出了物质文化和人类社会的相互联系，并对人类核心价值观进行了深入探索。

纪录片《布内罗·古奇拉利：新服饰哲学》导演　大卫·拉罗卡博士

这是一部紧跟时代脚步的作品。在瞬息万变的时代里，信誉品牌正面临着爆炸式增长和不可思议的挑战，谢弗和库尔文为我们提供了了解并发展顶级品牌的优秀框架。

LVMH集团亚洲奢侈品品牌研究中心执行总监　斯里尼瓦·K.雷迪

这本书给我带来了很愉快的阅读体验。书中所有原理都经过了充分调查，具有新颖的框架结构，并在社会背景下，重新定义了信誉品牌营销。在当今世界，创建品牌需要维持高标准价值观，而不是高定价；需要了解消费者的心态，而不是消费者的钱包。

乐高公司前首席财务官、执行副总裁　约翰·古德温

这本书为我们提供了高端品牌管理公司的成功策略，为我们展示出了品牌神话的方方面面。

德国多特蒙德国际管理学院教授　克里斯蒂安·贝豪思

本书对奢侈品行业语言的解读是引人入胜的，具有启发性的，令人着迷的。作者仔细地分析并定义了我们的文化策略和创新模式。

劳德莱斯洗衣品牌联合创始人　格温·怀廷和林赛·博伊德

如作者所说，我们每个人都能找到自己的意义，但一个品牌要想成为顶级品牌，就要学会经营梦想。

想托邦首席执行官、《社会密码和原始品牌》作者　帕特里克·汉伦

作者帮助专业和非专业的营销人员深入探索了行业营销的秘密：你要给你的消费者编织梦境，让他们爱上你的产品。

菲拉格慕亚洲区执行总裁　克里斯蒂安·福迪斯

我喜欢这本书，因为作者并未把自己限制在奢侈品行业内，而是从不同行业、不同角度解释了相关概念。作者选择研究对象时非常用心，不仅仅有知名品牌，还有在各自行业做出新意的品牌。

法国艾塞克高等商学院全球奢侈品和零售管理项目创始董事　阿史可·桑木

　　身为品牌持有者，这本书为我注入了新的活力，并使我意识到，唯有打造顶级品牌，才能在当今世界立足。这本书涉及大量的成功案例，但读起来特别轻松。

欧洲设计学院奢侈品市场管理学教授　费比诺·奔达·德贝波

前言
"红牛"与"灰雁"有什么共同之处

　　这一切都始于一杯啤酒和一次简单的探讨：某些品牌的传奇地位，似乎已不是产品价格和产品性能所能决定的了。

　　J.P.库尔文和我一起共事很长时间了，他曾在消费品巨头宝洁公司担任营销总监，我则在国际知名传播公司SelectNY担任首席战略官。

　　有一天，我们下班后聚在一起小酌畅谈，一位酒友忽然打断了我们的谈话，他一边点了一杯"超值特饮"（伏特加红牛），一边抛给我们一连串问题："为什么人们对'灰雁'这种味道平淡无奇的'极品伏特加'喜爱有加？为什么'红牛'这些年能经久不衰，是神秘物质牛磺酸让它引人注目的吗？所谓牛磺酸，不是和顶级护肤品牌海蓝之谜精华液里的成分一样吗？这两个完全不同的品牌，着眼于不同的目标群体，拥有不同的价格定位，却运用了相同的营销策略，并在各自的领域里保持着领军地位。这还能让我说些什么呢……"

J.P.库尔文和我都有着丰富的品牌营销经验，从大众品牌到一线名牌，经由我们策划的品牌涵盖了各个领域、各个类别。以前，我们也讨论过信誉品牌到底有什么特别之处，但是这次我们的讨论不断升温，一个问题接着一个问题，直到最后我们遇到了一个终极问题：在21世纪，是什么缔造了信誉品牌？

随着探讨的深入，我们越来越清楚，问题的答案绝不像我们想象中那么简单。品牌信誉的表现形式比过去要复杂得多，品牌信誉的营销模式也在不断变化着，并且在各行各业都有所体现。从售价两美元的饮料到售价几百万美元的珠宝，品牌信誉无处不在。消费者把品牌设计师经营的高级品牌拉到日常用品的行列，市场营销人员也在寻找由内而外的发展模式。

经典的概念被打散开来，又重新组合。**"现代信誉"或者"优质品牌"这样的行业术语很快就会过时，再也无法用于我们的交流。这是因为，新兴的信誉品牌在矛盾中成长起来，打破了行业传统，不断巩固着我们的使命感，激励着我们的创新思维，但又在走着反自然的商业化路线。**

新兴的信誉品牌很清楚，目标可以促进品牌成长，价格是购买行为的催化剂。它们认为，最优秀的销售模式不是去销售，而是动之以情，给销售穿上故事的外衣。它们知道，浓烈的爱需要距离感来维护，在大数据时代，这二者能产生不同的结果。它们欣赏"慢即是快，小即是大"的观念。它们明白，真正的精致是在不同中寻找相同。总之，品牌的营销需要神秘感。

它们就是所谓的顶级品牌——**超越了寻常的竞争，不但拥有坚定的立场和高超的能力，能让价格发挥出独特的优势，而且拥有巨大的勇气和信服力。**也许这些顶级品牌能引领我们走进市场营销的新时代，我们也希望如此。

在撰写本书之前，我们进行了多年的调查和分析。为了证明我们的想法，在调查过程中我们从不同的角度出发，咨询了大批从业者和专家，包括店铺经理、门店店长、设计师、市场营销师、供应链分析师、品牌策划师、品牌创始人、公司总裁、品牌投资商等，还包括记者、营销学学者等人士。在这里，我们由衷感谢他们能抽出宝贵的时间，为本书奉献出了他们的智慧和耐心，并给予我们极大的鼓励。由于人数众多，无法在此一一提及。

此外，特别感谢我们在SelectNY传播公司、弗雷德里克·富凯美容公司、史密斯&罗布眼镜公司和宝洁公司的所有同事，正因为有了他们，我们才能在这些年里不断学习、积累经验。感谢肖娜·塞弗特和多米尼克·佩特曼，他们慷慨地承担了一项艰巨任务，即本书初稿的校审工作。感谢萨沙·贝尔利奥和斯蒂芬·罗布克画馆在我们最后成书时做出的工作。感谢所有伙伴、支持者，感谢客户多年来的鼓励和陪伴。

沃尔夫冈·谢弗　J.P.库尔文

○ 书内相关照片：

本书未注名出处的图片，均来自黑山共和国美籍著名艺术家亚历山大·杜拉塞维卡2012年的雕塑作品，其作品多见于公共收藏，包括纽约都市艺术博物馆、旧金山公共图书馆。在2015年威尼斯双年艺术展上，他代表黑山共和国展出了《抒情诗》《慕尼黑》等作品。

○ 书内相关人物职务和参考资料：

本书英文原版于2015年出版，书中所有人物的职务，书中参考资料引述的新闻、资料、文章、网络资源、图书等均以英文原版出版时为准。

目　录

Part 1
反思信誉品牌
Rethinking prestige branding

我们写这本书的初衷简单而明确：我们想和大众分享我们对信誉品牌的了解和看法，探讨信誉品牌的市场功能及其创建奥秘，分析信誉品牌既能保持领军地位，又能摆脱价格影响的原因。

时至今日，近四年的时间过去了，我们进行了数百次的专家访谈和不计其数的案例研究。然而，我们的目标却不再如当初那般清晰，这很大程度上是因为，在研究过程中，我们对"信誉"一词产生了很多疑问：

如何定义信誉品牌？如何区分信誉品牌和非信誉品牌？我们目前所知的信誉品牌或是过去熟知的信誉品牌现今依然存在吗？我们是否陷入了一切品牌皆是信誉品牌的臆想之中（希尔弗斯坦和费思克，2003年）？我们区分信誉品牌和其他品牌，为何徒劳无功？奢侈品为什么会褪去光环（托马斯，2007年），变得黯然失色了呢？

我们并不认为信誉品牌已经不复存在。这一概念将会一直延续下去，因为它已经深入人心，成为我们追求卓越、获取灵感的重要方式。但是，我们现在需要再一次审视信誉品牌。人们对信誉品牌的需求正经历着重大的变革，与此同时，信誉品牌在我们的需求中所发挥的作用，以及产生这种作用的方式也经历着重大的变革。

旧的规则仍然存在，但终将被新的规则替换。无论是职业使然还是个人需要，我们身处这样的营销世界之中。传统的"奢侈品牌"、"精品品牌"和"大众品牌"一直处于变化之中，不断推陈出新，连最近出现的"评价优等品"和

"超值精品"等概念也已经淡出了人们的视野。我们处在变化的时代、创新的时代，经历着市场化、品牌化所带来的迷茫和反叛，内心却蠢蠢欲动，激动无比。

基于我们对市场的分析以及我与J.P.库尔文的数次探讨，更是基于市场营销师的日常实践，我们得出结论：一种新型的信誉品牌模式已经初现端倪。 随着这种新型信誉品牌的崛起，新的营销模式、新的营销原则和新的营销机制将逐渐显露，行业也将建立起新的商业语言。

当然，目前来说这些变化还不能被称为变革，仅仅是行业的演化而已，但是很多变化依然显露出它们的形态。品牌可靠性与真实性中融入了新鲜的元素和突破，这不仅因为新技术的兴起，同时也源于营销规模和消费者意识的变化。新订立的信誉规约正经历着变革，受到了这一行业的再定义。这就是我们想再次审视品牌信誉的原因。

新型品牌启用了以前专供信誉品牌的营销模式和策略，正如营销行业的顶级策略师让·诺艾·卡普费雷所说，这些营销策略和模式以前只用于真正的奢侈品品牌和同类产品。

这一事件正标志着营销变革的兴起（卡普费雷，2009年）。但是，应对变革需要沉着自信、勇于冒险，并积极投身于从未涉足的领域，比如新媒体，而一些奢侈品品牌或高档品牌的表现却不尽如人意。

众多品牌以新颖的模式感受并遵循着信誉品牌的概念——这样的模式既不区分创立早晚，某些品牌已经存在了几个世纪，而有些品牌则刚刚创立，也没有绝对的界限，它们所涉及的领域多种多样，价位区间也完全不受限制。

这就是我们引入新术语"顶级品牌"的原因：顶级品牌颠覆了信誉品牌的传统概念和预期，为信誉品牌设定了新的标准，并引领我们的心灵、思维和营销模式走向未来。顶级品牌的自我定位远超其他品牌，同时也改变了消费者的思维模式。总之，顶级品牌是"顶级"的。

现代信誉品牌创始人（顺时针从左至右）：约翰·布罗（Lakrids），林赛·博伊德和格温·维丁（The Laundress），贝努瓦·阿姆（S&N），玛丽亚·塞布雷贡迪（Moleskine），亚当·劳瑞和埃里克·瑞安(Method)

鸣谢以上各品牌。

本书内容主要包括以下几个方面：

顶级品牌的定义，顶级品牌的联合，顶级品牌的创立与成功——全书围绕信誉品牌或奢侈品品牌七大营销原理，进行了充分的案例研究：既分析了历史悠久的稀有品牌爱马仕，又对饮料界畅销巨头红牛展开了讨论；既涉及小众高端品牌伊索，又涵盖大众优质品牌巴塔哥尼亚，还囊括迷你、佛瑞塔等猎奇品牌。

顶级品牌到底意味着什么，众多顶级品牌之间有什么样的共同点？在讨论这些细节之前，我们要做一些简要的介绍。

首先，我们将列出几个重要的社会经济学动因和科技动因，正是这些动因引领了营销市场向信誉化转变。从某种程度上来说，"正在改变的时代"可能是个自负过头或荒诞无聊的标题，但也确实是对鲍勃·迪伦及其歌曲《时代正在改变》的由衷赞美。我们现在经历的变革，远没有20世纪60年代那场巨变影响深远，那时的人权运动确实动摇了当时的整个社会制度。

其次，对于不熟悉营销史演变和不了解品牌的人来说，我们将会串讲品牌简史，向这类读者展示商品质量标杆在过去一百年里的发展历程，以及最终成为文化灯塔和传奇之最的原因。

最后，我们将解释新型信誉品牌的几项定义标准：顶级品牌的三个重要维度，顶级品牌取得行业领军地位的原因——目标和传奇极其重要，它们在顶级品牌的联系和割裂间，为顶级品牌对真理的需求创造了新的平衡。我们将向您介绍现代信誉品牌的组成模式，以及新型营销市场中传统奢侈品营销战略的应用与融合，并向您说明，本书倾向于再次采用“信誉品牌”这一名称是因为它在新的市场中建立了新的关联：顶级品牌究竟有什么意义？

欢迎您与我们一起探讨品牌思维——迅速了解推动营销市场变化的主要动因，信誉品牌的特殊概念，以及新型信誉概念的发展过程，并了解21世纪新型品牌模式：顶级品牌。

01　正在改变的时代

1964年，当鲍勃·迪伦（美国作家兼歌手，2016年荣获诺贝尔文学奖）创作出那首《时代正在改变》时，社会已经走到了向新秩序转变的边缘。这一时期发起了大量的人权运动，也见证了激起人权运动所必需的西方世界核心价值观与平等理念的崛起。

我们目前所经历的变革，是否会像20世纪后半叶发生的变革一样，产生翻天覆地的影响，还不得而知。但有一件事早已了然：谈起20世纪的变革，我们仅着眼于西方国家，而这一次却要从整个世界出发。

有很多话题屡见不鲜：世界经济，联系愈加紧密的世界文化，数字变革，等等。有些作者还着重探究了世界因何变得更小、更平（弗里德曼，2005年），或者这些方面对人类本身及其生活方式、婚恋手段甚至购买途径具有何种意义。

对于这些话题，本书并不展开深度讨论，也不持任何权威建议，但是我们必须提醒自己多多关注它们。因为它们正改变着我们彼此之间建立联系的途径，以及我们与身边的品牌和产品之间建立联系的途径。总之，我们要关注经济变革和行为改变的主要动因，至少要对此有所了解。在这个前提下，我们接下来要谈的信誉品牌的转变和新型品牌的策略才有意义。

当我们从全球市场的角度关注品牌，从差异性了解信誉时，我们发现有九大趋势值得注意。这些将在后文一一阐述。

魔力何在

越来越多的人意识到，生活中有很多问题不能用科学来解释，于是向神话和魔幻寻求帮助。所谓的真理，可能会随着时间的推移而发生变化，因为总是有"最新研究"不断出现。真理还可能随着文化的不同，甚至个人的差异而发生变化。我们所认为的现实，其实是拼凑起来的，现实不但取决于世界观，同时也铸就了我们的世界观。

尽管在纳米科技和神经科学上人们早已付出了巨大的努力，但是就算我们对大多数事物都了如指掌，仍然有很多未能企及的未知领域。此外，至少在西方世界来说，人们共同拥有的强大信仰已经鲜有出现，社会因此面临着安全感和舒适感的整体缺失，同时也面临着价值观的空档。

这些方面都引起了人们对于精神追求、不解秘境和奇思妙想的兴趣。就好像纽约搭起了越来越多的科幻剧舞台，以满足那些秘术学校和训练机构的需求。把佛学和瑜伽当作"精神之光"早已是陈词滥调了，我们现在更喜欢哈利·波特的魔幻传奇、丹布朗的秘密科学和隐秘社会的恐怖电影。

身处变革的时代，既动荡又无处寻找真理。我们渴望再度发掘表象背后的故事，找到能够将周身事物凝聚在一处的核心力量。换句话说，我们试图把真实世界和精神世界连接在一起。我们所知道的神话，或者更具体地说，我们所知道的品牌神话便是这样产生的。

在当代文化背景下，品牌本身已经具备英雄般的形象。但是它与希腊、罗马和埃及神话中的英雄形象并不相同，它更倾向于追根溯源、寻找方向和指点迷津，而不是单纯的精神寄托。它在很多方面都发挥着榜样的作用，甚至是超级榜样的作用，因为它能赋予我们更高的选择权，向我们阐释真理，并关注我们的基本乐趣与喜好。

文化与商业合二为一

以前，商业与文化互不相容，如今这两者之间却建立了无法分割的联系。**它们不再相互对立，因为人们意识到，它们能一同创造价值，需要相互依存。**

尽管从梅迪奇家族（15世纪统治意大利佛罗伦萨的商业家族，在意大利的文艺复兴运动中发挥了重要的作用）开始，商业与文化就建立起彼此间的联系，但是它们在当代建立的紧密联系以及融洽程度，已经远远超出了人们几十年前的想象。

大多数信誉品牌都是艺术行业背后的赞助人，反之，大多数艺术家、文化鉴赏家也都为这些商业领航者们卖过命。我们采访了畅销书《文化密码》的作者克洛泰尔·拉帕耶先生，他指出，任何品牌若想在营销中取得领军地位，关键是要破译"文化密码"，并把品牌概念融入社会文化中。实现这一关键步骤之后，在品牌建设的过程中，文化上的知名度就远比个体间的相关性重要多了。

毋庸置疑，在当今社会背景下，品牌营销不得不把自身当作一种媒介，让自身能够在产品联系之外的其他方面与消费者产生关联，最终促使消费者参与到愉悦的购物体验中来。

资本主义，演化重生

面对彼此间的联系，商业与文化更加看重两者的共同点而非相异之处，因此我们的利益系统和道德系统也获得了统一与融合。大多数人仍然生活在一个追寻利益的世界中，在这样的世界中，米尔顿·佛里德曼的"谋求利益"概念就是企业运营的唯一准则。然而，利益社会也会存在个体间的差异。很多公司就利用这样的差异来引导创业，其中一种差异便是在纯粹的利益驱动模式下加入人文意识——环境意识、社会考量和道德标尺。

它们做得真的很棒，就连联合利华这样的大企业也开始在更广阔的领域内施展拳脚。正如联合利华首席执行官保罗·波尔曼所言："我们不为资本工作，坦白说，我们是为顾客工作，为顾客……我们不是通过追求利润来维持现有的商业模式的。"（《经济学家》，2010年）

有人将这种新型运作模式称作"人性资本主义"。我们则认为，这种新型模式应该被称作"启蒙资本主义"，因为这种新型资本主义与文艺复兴时期的社会模式一样，在文化与世界观的融合下获得了新生。

尽管爱财已不再是人们禁忌的话题，但爱财也不是什么光荣的事。除非赚取利益有着积极的影响，否则就只是为了填满钱包，是为了满足人们渴求金钱的目的和贪婪。

我们要对商品保有价值取向，而不是为它们创造价值；我们要对公司做出真正有意义的项目，不能为了存在而存在，要为了更高远的目标而存在。我们眼前便有很多榜样成功地做到了这一点，他们创造出了新型信誉品牌，同时又把它打造成了杰出的顶级品牌。

消费主义，萌芽再生

20世纪80年代，随着啤酒消费市场的不断增长，手工酿酒厂大量出现，这给酿酒业的大头企业带来了巨大的压力，也令其产生了巨大的动力，以至于2009年到2011年间，CAGR（年增长率）一直以14%的速率迅速上升（得墨忒尔，2014年9月）。

这样的趋势不仅出现在酿酒行业中，在其他行业也屡见不鲜，无论是巧克力产品，还是清洁剂产品，都出现了生产数量的增长；从食品业到时尚产业，甚至甘草药业，各行各业的产品都出现了同样的转变。

迈克尔·J.希尔弗斯坦和尼尔·费思克在 2003 年出版的畅销书《上行贸易》中提出：在成熟的市场中，消费者开始转向"争议产品"，偏爱体验利益，排斥功能利益，亲近精工产品，远离标准产品，当然，这要有足够的支付能力作为前提。然而，支付能力也是消费转向的唯一前提。消费主义者苛求更好、更大、更多的产品，但是这样的观念在后来往往不起作用：**消费主义再次萌芽，重获新生，大多数消费者都拥有很多东西，到头来却发现数量越少，价值越高。**

我们将关注点由数量转向质量，在转向过程中，我们找到了新的关注点，并逐步将企业向需求侧改革。我们寻求消费时，更关注商家能否给客户提供一站式体验和真诚的态度，而不仅仅关注产品的可靠性和质量。我们更在意哲学上所讲的产品的本质，而不是毫无意义的产品迭代和升级。我们不想拥有一切，只想拥有真正的有价值的产品，这就是为什么手工品或个人制作的产品会附带灵魂，会存在成功的特质。

要想实现这一点，光有品质的提升和价格的优势是不够的，"进军高端市场"也并无助益。很多时候事情恰恰相反：要想打开营销市场，往往还需要贸易下行，把眼光放到本地市场上，放到容易营销的事物上，放到那些未被加工的原料商品上，它们才是绿色营销中的"实质"(华客，2013 年)。我们觉得这一观点有些偏离主题，不过品牌与商品之间的关系确实得到了双重平衡与校准。

金钱的局限性

随着奢侈品世界付出一切努力，以协调消费者的需求与各品牌股东对于经济增长的需求，价格作为消费行为的定义因素，变得不再如从前那般重要了，这是消费者上行贸易趋势的另一个体现。

在这个人人都买得起奢侈品的时代，几乎所有人都有一些高价位品牌的商品，购买能力已经不再是区分社会地位的手段了。尤其是那些仅靠成本来确定价位的奢侈品，就像达纳·托马斯说的"这些奢侈品已经失去了旧日光彩"（托马斯，2007年）。

用价格淘汰一些人，留下少数人的策略已经不好用了。尽管很多奢侈品品牌开始调整策略，但市场上既有钱又想靠价格手段区分社会地位的人着实不少。既然所有人都可以用"高价消费"来满足自身欲望，那么更高端的消费者就会寻求其他方法来把自己和普通人区别开来——他们想拥有钱买不到的东西，或者说不那么容易买到的东西。他们这种心理给我们带来了启发……

知识的重要性

至少从20世纪80年代末或90年代初开始，人们就意识到了我们已经生活在信息时代：大部分经济活动都基于大数据和大规模信息处理，社会开始把知识作为主要判别导向，知识也因此成为区分社会等级的新型工具。

在工业时代，通往上流社会的高速公路是拥有多少财富；而当今社会，通往上流社会的捷径已经变成了储备着多少知识。**了解别人不了解（或者目前还不了解）的知识将是你作为上流社会成员与他人彼此区分的有效手段——远比衡量财富多少更加有效。**

某一领域的内行人则发挥着指示作用，将吸收好的（已经学会的）知识和未吸收的知识区分开来，以内行人的身份向他人展示自己的流派、文化和社会地位，让自己看上去像是与时代接轨的领军者，而不是与社会脱节的跟风者。

时代的透明性

在数字变革时期，无论何时，无论何人，只要你想，任何事物都能一目了然，这是数字变革最具区分性的一个特征。现代人能力逐渐增强，使得社会透明度也不断增加，民众力量便参与到社会干预中来。这就意味着，在商业背景下，公司再也无法逃避责任。公司责任或者公司责任感的缺失，已经成为消费者行为中不可容忍的重要因素。

CSR（企业社会责任）全球研究中心，在世界前十大经济体中拥有1000位受访对象，是目前同类研究中规模最大的一个。2013年，此项研究得出结论：CSR是全球消费者评估企业的重要标准，其中三分之二的消费者指出，他们会使用社交媒体参与或评估公司的企业社会责任（科恩通信，2013年5月）。**现在，我们要的已经不仅仅是一双舒适的运动鞋或者一杯香醇的咖啡，我们要的是在商品生产的过程中没有雇佣童工、没有过度损害环境，我们要的是企业与消费者之间的贸易一直处于公平状态，至少不会向我们呈现出负面形象。**正如联合抵制耐克的例子，我们一旦知道了那些负面内容，就不会购买它的产品了。

尽管我们都知道互联网和媒体透明度也可能对消费者产生不利影响，但是一些举报行为和自发成立的维基解密网站都比我们更有说服力。在当今社会背景下，公司要想生存就必须像其他公众人物和公共组织一样遵从道德、环境和社会设定的标准，不然公司就会受到长期的威胁。在这种情况下，任何一个来势汹汹的纠葛危机都可能一路演化成灭顶之灾。

百里挑一

2005年前后，克里斯·安德森提出长尾理论，并把它引入文化意识中，为互联网赋予了新的意义：互联网不仅能让大众群体互联互通，同时也能为我们提供服务，赐予我们力量。总而言之，长尾理论认为，互联网和其他数字技术的进步，将会弱化局部渗透的重要性，促使稀有产品得以大规模生产和交易。

此时此刻，我们就在感受这一过程的影响——在eBay（购物网站）上找到了某个店铺，那里有你一直想找的古怪物件，或者通过亚马逊网站买到一本绝版图书的电子稿。这种优势也有更进一步的发展，引领了私人定制的潮流——在时间上更占先机。这种优势给消费者带来了极大的便利，既可以普通到自选木斯里谷物套餐搭配，又可以在网上定制专属谷物咀嚼棒，还能把定制食品快递到家，直接在早餐时享用。此外，甚至还可以实现耐克或新百伦等品牌运动鞋的私人定制（源自mymuseli.com）。

由于互联网的出现，大众定制服务得到了发展。这种发展给我们带来了一箭双雕的效用：既让我们感受到自我定制产品所具有的权威性、设计灵魂和设计的忠实性，又让我们体会到百里挑一的独享感觉——尽管我们很清楚自己只是百里挑一，而非唯一。

分合之论

这可能是现实世界中最重要的一个方面，我们称之为现代信誉的社会交际。作为人类，我们一直都在寻找将社会身份和个体身份彼此平衡的方法。互联网为我们打开了很多新的渠道，或者说看似如此。分合的界限因此呈现出多元发展和包容发展的趋势，在社会媒体的时代也受到了重新界定。

越来越多的人开始质疑社交媒体的社会性到底有多强。很多年轻人逐渐放弃Facebook（脸书），转而使用更具亲密性或者更直接、更新式的社交软件，比如WhatsApp（瓦次普）、Snapchat（色拉布）和Yik Yak（伊卡亚克）。其中有一项变化特别明显，或者说更加宽泛了，那就是我们如何定义朋友、他人、喜欢、分享和联系。这样的转变是不可忽视的，它对市场营销产生了重要的影响，使沟通方式由单一的独白演变成多方对话，把被动接受转化为主动参与，让社区建设成为每个营销人员的梦想。

对于信誉品牌来说，这样的转变意味着人们已知的通往高端阶层的道路已被打开——道路越来越多样化，现如今既能满足某些特立独行的客户群体，也能满足大众客户群体。在我们深入探讨七大原理之前，请大家先简要了解一下品牌营销在过去几十年里的演变过程。

02　从标志到神话——品牌营销简史

这一切都起源于穴居时代的祖先所使用的手语吗？或是西部牛仔们最初给牛打上烙印的行为吗？抑或是17世纪时乔赛亚·韦奇伍德给餐具产品设定精准定位而提出了品牌营销的现代概念吗？

关于品牌营销的起源有很多不同的看法，但是从最广泛的定义出发，品牌营销的历史和人类自身的历史一样久远，因为它既满足了我们对于彼此联系的需求，又满足了我们想要彼此区分的需求。

近几年，对于品牌营销及其作用，我们的看法发生了重大的转变，但是大多数重要元素依然保存了下来。人们不再有意识地使用并分析这些元素，比如早期社会中的品牌商品赋予了消费者一种特殊性与社会地位，可此后的时期，品牌商品的售卖却不再具有这一特性，而是更加注重商品的优质功能。这是因为，在早期社会，商品的功能性开发得并不完善，所以消费者才会更加注重商品的社会性质。

还有一点也很重要：以下所列有关品牌营销和市场营销发展前景的各个方面，均是不完全且不可逆转的。品牌营销和市场营销的发展要基于社会经济的发展状况，正如亚伯拉罕·马斯洛所说："**人们在眼前的需求获得满足之前，是不会去更高的阶层寻找新需求的。**"同样的道理也可以应用到品牌营销上。

首先，在追求更高阶层的产品或品牌时，我们必须有足够强大的经济基础。

对发达国家的大多数人来说，这一点是可以满足的。当然，这种情况也不是在所有人身上都适用。因为历史因素和文化因素在其中也起着很大的作用。举例说明，我们大多数西方人在20世纪80年代就已经进入了体验经济时代（《体验经济》，1999年；舒尔策，1992年），然而很多亚洲国家或世界其他地区的人们却在近几年才真正踏入体验经济时代。我们只有在考虑到文化物质安全及逆差的时候，才会关注消费行为中的非物质方面；只有在什么都有的时候，才会去想自己还想要点什么。

因此，下文采用时间顺序列出的品牌营销的相关看法，不应当被理解成逐一取代的模式：实际上，各项观点曾经彼此共生共存，层层叠加——而且今天依然如此。**哪一种观点会占据主导地位，要因社会经济状况而发生变化，也因人而异，因时间而异，并在不同程度上因品牌社会参与和社会心理学背景而发生变化。**有时候我们会把品牌当作一种质量保障，而有时候我们会乐于参与到品牌概念中去，完全被品牌的传奇所吸引，或者因为品牌产品能帮助我们与他人建立联系而喜爱品牌概念。

品牌意味着质量保证

宝洁是第一批运用市场走向和沟通策略，开创市场营销和品牌营销的公司之一。

"衣服上沾染着传奇的气息，混合着芦荟和肉桂的香味，在象牙宫殿的外面，一切都由黄金铸造。"这句话是哈利·普罗克特命名"象牙香皂"的灵感来源。作为一个虔诚、自信、精明的人，他把上帝当作自己的终极目标。虽然他只是间接地支持（或者说并没有支付费用），但他以功能和理性为中心的营销策略是完全切合实际的。

"百分之百的纯净"，是"象牙香皂"的卖点。哈利·普罗克特对自己的营销策略抱有信心是有原因的——只有如此纯净的东西才能够比水更轻（维基百科：象牙香皂，2013年8月）。

哈利·普罗克特的营销策略与可口可乐和卡克尔饮料全然不同。在20世纪初，他并未把品牌营销推向商业化，而可口可乐和卡克尔饮料的模式是，把重点放在功能性利益上。品牌营销是指导和保证产品质量的首选途径，从实际出发，把自身的产品和其他产品区分开来，并树立优良的信誉，这使商家得以按照精品的价格对这些产品收取费用。

有趣的是，早前我们经常使用"客户关系"这一营销词汇，客户关系应当建立在信任的基础上，商家试图建立信任偏好，这是一种情感上的缺失，它既能操控客户的购买欲望，又能保证客户的喜爱和忠实。

然而，今天我们的营销水平已经达到了更高的境界，便不再依赖客户关系来实现当初的目标。在后文中，我们会仔细讨论这一问题，正如T.S.艾略特在其著作《小吉丁》中写道："我们所有探索之旅的尽头，就是回到最初的起点，再重新了解这个地方。"（艾略特，1943年）

品牌有自己独特的标识

早在1899年，托斯丹·凡勃伦就在其著作《有闲阶级论》一书中对品牌的象征作用展开了首次讨论（凡勃伦/班塔，2009年）。但是直到20世纪中叶，我们才开始大面积关注品牌营销的社会层面。

1950年，经济学家哈维·莱本斯坦在经济学季刊上发表了一篇题为《消费需求理论中的跟潮效应、逆潮效应和凡勃伦效应》的论文，并且推动了后续的研究、探讨和理论发展，帮助形成了在品牌和品牌营销方面尤其是在信誉品牌方面的有关思想（莱本斯坦，1950年）。

20世纪60年代，欧内斯特·迪希特作为消费动机研究的奠基人，首次引入了"焦点组"的概念（迪希特，1964年），这与万斯·帕卡德在《隐藏的说客》一书中的观点不谋而合（帕克卡，1957年/1987年）。他们将热情都放在了市场营销的文化理论上，并把理论分成两个主要部分。他们的研究标志着人们首次将信誉品牌看作身份象征或者社会勋章。

实际上，"勋章价值"和凡勃伦给予这一理论的原名"有意识消费"已经得到了广泛的认可，并进入了人们的日常语言和日常意识。但极具讽刺意义的是，这些被引入的理论最开始确实是用于解释潜意识或者无意识行为的执行力的。

他们的观点其实很简单：**我们消费的产品表现了我们现在的状态或者我们想要成为的状态。**这一点从品牌营销之初就有所体现，而且超脱了品牌营销之外。简要地讲，我们所有的选择和行为，尤其是消费选择和消费行为，都具有社会或个人维度的考量。

对于市场营销人员和品牌营销专家来说，这一观点打开了一个崭新的领域：运用社会潮流来营销和定位品牌产品，激发并利用所谓的外在动因，向消费者做出承诺：他们获得的社会信誉远远超过产品的功能性利益。

自从"品牌影响生活方式"这一概念被发明出来之后，就一直存在于我们的生活中。

品牌是一套完整的架构

上一节阐述了品牌营销作为某种奢侈生活的社会勋章或社会标识作用，本节所阐释的观点不仅与上节观点相互关联，更是对上节观点的扩展，本节将探讨品牌营销的积木理论，即品牌营销理论的进一步演化。

积木理论的开端与品牌营销的社会化进程几乎处于同一时期，但是它得到广泛应用的时间相对较晚。20世纪70年代到80年代，积木理论才被应用到实处，这十年间一切事物都发生了巨大的转变，变得更大、更好。

这一时期，品牌开创了新的理论，开始公开保证向消费者提供舒适和性感的享受，愉悦和年轻的体验，以及冒险精神和控制欲望……这一时期开创了一个崭新的世界，为我们提供了不计其数的机会，品牌不仅改变了我们的生活方式，还让我们对这种生活方式有了新的认识，至少积木理论是如此运作的。

这一时期，**品牌不再是一个徽章，它变成了建设自我认知、自我认同的积木，甚至构建了我们的整个世界。**这一时期，到处都是广告明星和传媒战争，比如《万宝路男人》及其广告语"自由和冒险的味道"。在我们的集体意识中，当时的一些广告语也流传至今。

这一时期，人们也清楚地意识到，品牌真正的所有者并不是发明品牌的人，而是珍视它们、喜爱它们的消费者。只有在消费者的心中，才能构建出品牌的最终意义。只有在消费者运用品牌产品来满足自身需求的时候，品牌的真正价值才能显现出来。消费者也可以轻易地让品牌失去自身价值，并削弱其构建作用。在这一过程中，公司会从货币的角度出发参与到品牌的考量与估值当中，因而创造了品牌实体的概念。

品牌传播媒介

品牌有三个重要功能：品牌意味着质量保证，品牌有自己独特的标识，品牌是一套完整的架构。但它们不足以满足我们的需求，所以我们在此再补充两个功能。

宝洁在品牌建设的初级阶段，利用电视剧、电影、广播等媒体平台率先推出了自己的产品和品牌理念。在那一时期，品牌本身就是自己的文化信息承载者和品牌营销的媒介。如此一来，品牌就不必再购买传递信息的媒体平台，而是自己创造媒体平台。或者说，更好的一种方法是，**把品牌自身和媒体平台二者兼容，创造出我们如今称为"实质内容"的模式**。这一模式吸引并聚集着消费群体——品牌占据核心地位，周围还环绕着以受众群体的想法和利益为导向的实质。

21世纪，又迎来了品牌建设和市场营销的相关模式。这样的模式与过去唯一的区别是观众比以往更加活跃，彼此间的交流也不断增加，因为观众与电视或广播之间产生了双向关系。观众已经成为传媒途径中的参与者：他们欣赏了电视或广播之后会展开讨论，与此同时，也更倾向于把事物抓在自己的手中。

这一营销奥义一直受到受众的欢迎。虽然受众以往容易受到品牌媒体的限制，但是现在他们已经通过远程控制、DVR和互联网等方式解除了自己获取信息的方式限制，更不必说移动终端给人们带来的极大便利。

品牌不能再从媒体的手上借用或是购买对消费者有吸引力的兴趣点了，品牌必须通过自身的改变来引起消费者的兴趣点。**品牌不能再强行在营销中加入实质内容，品牌自身必须成为营销的实质内容，打通自身与消费者之间的联系，让自身成为对消费者更具吸引力的品牌，以凝聚消费群体，创建彼此间的联系，展开自我参与**。换言之，品牌必须建设自己的媒介平台，笼络具有同样兴趣点的消费个人以形成群体。这一过程，就像过去的消费群体通过广播媒体追看电视剧一样。如今，这样的模式称作"群体营销"——开创品牌与消费群体之间的对话，建设粉丝式消费群体。

虽然可口可乐公司拥有悠久的历史以及过去留下的巨大财富，但是它依然需要以这样的模式开拓创新。众所周知，可口可乐向来走在品牌营销的最前沿。20世纪20年代，它一手打造了圣诞老人的成名之路，是第一批把男性作为偶像的美国公司之一。1998年，它为低卡可乐拍摄了第一支名为"擦窗猛男"的广告。可惜，这条广告并没有受到广泛的关注。

今天，可口可乐公司将品牌广告定位在"有用观点论"这一基调之上。其中最巧妙的一个例子是"幸福计划"：公司在街头安放了一些自动提款机，你可以从这些自动提款机中取出100美元，但是你必须用这100美元给别人创造幸福，比如：给别人购买食品，为伴侣制造浪漫，帮别人支付一次背部按摩的费用。

2012年，可口可乐公司推出了"情侣幸福提款机"，一对情侣在证明彼此间的爱意之后，就能从这台机器中免费获得两罐可乐。在这之后，可口可乐公司又推进了这一想法，与政治活动联系起来。它们试图在克什米尔彼此对立的印度人和巴基斯坦人之间推广分享可乐的行动（源自可口可乐官网，2014年5月）。在可口可乐的广告营销之中，它们没有直接把客户带入营销活动之中，而是向受众展示了"可口可乐给人们带来快乐"的场景。它们并未直接向受众灌输可口可乐的产品益处，而是充分发挥了"客户体验"这一营销模式的优势。

品牌缔造神话

关于品牌，最后一个还未展开讲述的维度是品牌缔造神话。这一功能是现代信誉品牌的七大功能之首，是品牌通过"追求明确目标，相互分享，扩展品牌神话"的模式提升自身影响力的主要手段。

探讨这一功能的方式有很多种。有些研究中，能找到"道德品牌"和"理想品牌"的概念。罗伊·斯宾塞是品牌营销领域的专家，他将自己的理论称为"目的营销"（斯宾塞，2009年）。另一位权威专家是西蒙·西内克，他将自己的理论称为"原因营销"（西内克，2009年）。这些理论的共同点都基于同一原理，即品牌存在需要某种理由。**品牌必须有自己的立场，以建立自己与消费者之间的联系，并最终实现引导消费者的目的，甚至在生活上对消费者起到引领作用。**

还有一个原因是品牌需要重新赢得客户的心，也就是我们之前所说的客户需求。**品牌策划人需要再次向消费者证明，他们并不是只会营销的空壳。实现这一目标的着手点，就需要品牌拥有明确的立场。**有能够令消费者信服的品牌价值和能够与消费者沟通的品牌信仰，是展开品牌客户关系的基本条件。品牌透明度能够帮助消费者减少疑虑，从而实现品牌与消费之间相互依靠的共同认知：在核心信仰指导下的沟通交流是吸引消费者的基本条件。这也是品牌实现消费信任的主要方式，使品牌的竞争有了界限，提高了品牌的商业化程度。

明确的品牌立场在今天无疑是品牌唯一需要的价值。我们之前讨论过品牌能够作为媒介手段——将自身内容传播给不断壮大的忠实消费群体。对此现象，仅仅可以了解原因、区分不同是远远不够的。品牌需要将自己了解到的东西转化成独一无二的竞争力，并不断探索这种转化的方式。它们需要把自己的目的包裹在品牌故事中，让品牌目标更容易被消费者理解和接受，从而记在心里，彼此分享。

品牌也需要把自己的使命融入品牌神话中，映射出强有力的品牌立场，为自身设立一把清晰明了的道德标尺。品牌需要在消费者聚集的地方点亮火把，还要用有趣的故事和传说为消费者在迷茫之中营造梦想。品牌本身就是一位说书人，这就是为什么我们要把品牌神话放在最后一个阶段。

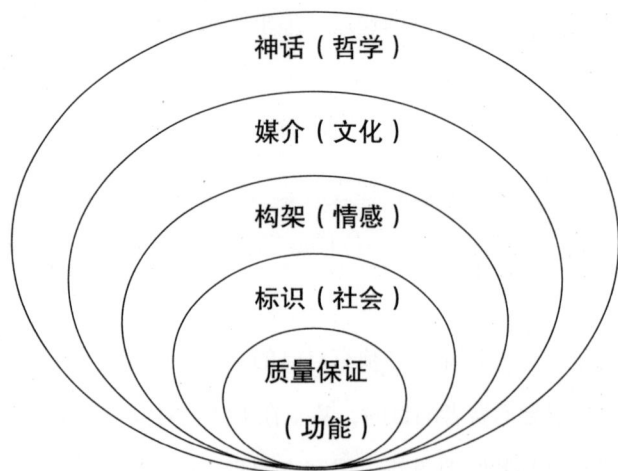

品牌角色演化及其功能

03 信誉的新形式——顶级品牌的意义

在前文中，我们了解了"正在改变的时代"这一概念，接下来我们来探讨信誉概念发生转变的几个动因。我们不断寻找实体层面和精神层面的突破点，以期让营销概念获得新的魔力。文化和商业已经不再是彼此相交，而是二者合为一体，这意味着企业要承担更多的社会责任、民族责任和生态责任。究其原因，是在这个信息透明的时代，消费者的要求在不断提升。

与此同时，我们作为消费者的渴望也在发生转变，即消费主义的再植根以及消费者对于真实、真理和品牌灵魂的重新关注。金钱在提升社会地位的作用上遇到了瓶颈，而知识却成为我们区分社会地位时更重要的标尺。在这样的时代，在从未有过先例的社会融合中，我们还经历着技术上的变革：客户定制使大众都能够获得提升优越感的机会，也改变了我们交流的方式，让我们依然能够找到独立个体的位置。

以上所有方面的集合最终引导信誉品牌走向了准确无误的定位：其一，减少通过抬高价格和提升优越感获得满足的传统方式，增加以优质想法和创意为导向来包装品牌神话故事的新方式；其二，尽量不使用限制产品数量的方式来营造品牌独特性，而是将品牌独特性与品牌包容性彼此统一，将排外性与联结性巧妙地融合、平衡；其三，抱着梦想一定会实现的信念，不要隐藏梦想，而要全力使真理得到升华，使信息得以传播。

我们把这样的品牌定义为一种新型的信誉品牌，即顶级品牌，以避免其余传统观念的混淆，并清晰地传达出这些品牌的特殊属性。当然，在这三个主要方面上，或多或少会有一些差异。

顶级品牌：三个方向，一个定位

我们最先注意的是未发生过改变的方面：现代信誉品牌一直处于行业顶端，既在客户认知的顶端，也在价格设定的顶端。不过，信誉品牌不必在数量上追求顶端，也不必在利润上追求顶端。

根据我们的分析，大多数信誉品牌的利润空间仅在10个百分点左右，远远没有大众品牌的10到20个百分点那么高。而顶级品牌与此完全不同，在文化和各类品牌中，它是最耀眼的明星，它是统领最高端市场的王者，它不断提高自身的价位，却一直占据着整个市场的核心，紧紧抓着消费者的心。

总体来说，顶级品牌与传统信誉品牌非常一致。那么，让它变得现代化的因素是什么呢？让它不断推陈出新的动力是什么呢？答案是，顶级品牌的行为模式是它实现自身首要地位的重要手段，这一手段在不同的方面各有不同的体现。这些模式可以依次划分到我们的7大不败奥秘中来，总体来说，这些模式可以划分为三个重要方向：

○ 使命与神话的必要性

艾莉·塔丝答里德作为汤姆斯在欧洲、中东和非洲的几个大市场的营销冠军，开创了我们现今称作"一对一"供给的营销模式。她在采访中说："我们从不会带着产品或者商业目的去接近顾客，而是向他们传达我们的思想理论和我们的品牌认同。这些才是顾客真正想要买的东西。"

这种一来一去的营销模式来自汤姆斯的品牌创始人布雷克·麦考斯基。他说，这一概念源于他在阿根廷的一次旅行，最开始他只是在私下里和人分享这一概念，后来索性就把这一概念以"汤姆斯2.0"命名，并拍成视频上传到YouTube（世界上最大的视频网站）上面。

由此，我们可以得出这样的结论：现代信誉品牌不仅仅是汤姆斯这样的新型品牌，更是爱马仕那样拥有悠久历史的传统品牌，那些老品牌不但保留了原有的传统，还将这样的传统一直带到了21世纪的今天。它们带着振兴品牌的目的撰写自身的品牌故事，制造自己的品牌神话。它们为自己所做的努力立下承诺——向自己保证，向所有股东保证，也向生态环境做出保证。

顶级品牌建立在优秀的想法之上，甚至有时建立在品牌远景之上，它们就是在这样的推动下砥砺前行，不断创造神话。 正因为有了敢想敢做的精神、果敢坚毅的决断和心系生态的责任，才能培育出前所未有的团队精神和无坚不摧的意志，并青出于蓝而胜于蓝。

顶级品牌对自己撰写的神话故事一清二楚，它们会确保这些故事准确无误，并且带领着企业股东、公司员工、贸易伙伴和产品客户，带领所有人一起走向创造神话的旅程。

在这样的旅程中，顶级品牌所做的不仅是带领大家行走在路上，更多的时候，它们会鼓励大家、影响大家，让所有人都能够参与其中。这样一路走来，我们便创造出了具有神话色彩的顶级品牌。

○ 在分合之间寻找平衡

新新人类（"00后"），从未见过电脑普及以前的世界，他们出生在千禧年之后，用与众不同的方式来提升自己的社会地位。他们既能让自己置身于社会之中，又能让自己置身于群体之外。他们的最终目标依然是实现自己独特的价值，创造自我认知，实现优越感。但是实现目标的方法已经比前人更加平和、更加易于接受。

顶级品牌也在关注着新一代的处事方式，它们竭尽全力去平衡群体与个体之间的关系，而以往，信誉品牌只关注社会的个体属性。**顶级品牌所获得的成功远远超出了我们的想象，但是丝毫没有损害信誉品牌所带来的优越感。**这样的运作模式要紧紧依靠于顶级品牌的核心客户群体，他们使得顶级品牌的神话和使命获得了最大限度的个性化。

红牛就是最好的例子，作为极具价格优势的能量型苏打饮料品牌，红牛为自己创造出了一个新的产品类别，也给自身品牌带来了巨大的成功（具体案例将在原理二中详尽描述）。这样的品牌营销活动和品牌营销方法早已成为神话，几乎所有人都耳熟能详。尽管如此，红牛仍在不断努力，以期做得更好，比如借助跳伞运动员菲利克斯·鲍姆加特纳这样万众瞩目的"能量偶像"，不断为自身的品牌神话添加新的活力。正是这样的努力，红牛才创造出了特有属性。

顶级品牌绝不会坐以待毙、固步自封，等着消费者来喜欢上自己。它们既努力为自己创造出市场推动力，也会为自己找到一个永远不会削弱的牵引力。在很大程度上，它们会通过自我创造、线上分享、合作创新等方式成为时代的核心。

○ 需求真理

我们身处信息交流的时代，个体意愿被集体智慧所取代，以往单一渠道的营销模式已经被后来多轨模式的营销手段所取代。在过去，消费者获取建议的渠道往往是专业的媒体人，而如今他们则更愿意从身边的朋友口中了解品牌信息。

营销专家已经不能再用"新型产品有待提高"这样的借口来掩饰自身的错误，因为消费者在多元模式下探查过度营销的速度远远超过了品牌处理公关危机的速度。伦理裂痕和文化差异在公关人员发现之前，就会被放大展示出来。这一模式也因此改变了我们建设信誉品牌的方法。并不是由外而内，而是由内而外地发生彻底地变革。并不是画蛇添足地通过营销来刺激消费欲望，而是把实物和品牌风格有机地结合在一起。最优秀的信誉品牌一直在使用这样的营销模式，这也正是本书要介绍这一模式的原因。

现代信誉品牌或顶级品牌极其注重营销承诺的兑现，顶级品牌更倾向于谦虚地阐释自己的营销理念，而不是对自己的品牌进行过度包装。顶级品牌往往会采取吸引消费者的模式，而不是榨干他们。顶级品牌会给客户时间，让他们自己去慢慢发现真理、建设真理，由此把客户群体由小做大，在客户基础牢固完整的情况下发起营销的烈焰。

没错，产品包装模式现在已经变得越来越大，这样的大包装使得某些品牌要比其他同类品更加耀眼夺目。但是正如艾莉·塔丝答里德所说，这一点绝对不可以成为品牌过度包装自己的借口。恰恰相反，大量包装对品牌自身产生了更深、更广泛、更深远的影响。

总体来说：顶级品牌在于元，而非在大。大乃力开山河、翻云覆雨之力，元为发散思维、开拓道路之念。这一点就是现代信誉品牌与过去的最大差异。与过去相比，顶级品牌或现代信誉品牌给予自身的重要性在不断降低，但是对于自身的认知和反省却得到了不断的提高。顶级品牌并不会过度重视自己，但极其重视自身品牌使命和品牌神话。**顶级品牌不会通过贬低他人来提升自己在客户心中的地位，而是永远先人一步，不断追求真理的核心。**顶级品牌不仅在产品上出类拔萃，在品牌自身的建设上也十分优秀。这就是为什么顶级品牌不分大小、不分行业，也不会在意价格高低。

真正使顶级品牌实现更高水准并且保持领军地位的原因，是顶级品牌给消费者创造的优越感和品牌自身的不懈努力，这才是顶级品牌无以估量的最高价值。

顶级品牌：重新组合的旧词条

读到现在，你可能已经了解为什么我们迫切地想要给现代信誉品牌想出一个新的术语与之对应。你也应该了解为什么我们会引入"顶级"这个术语。为了满足对词源学感兴趣的读者，我们下面将解释为什么"顶级"这个术语会如此符合21世纪的市场营销概念。

1873年，德国哲学家尼采在他的著作《查拉图斯特拉如是说》中首次使用了"超脱普通的人"这一术语。超脱普通的人（或说超脱普通的男人或女人，因为普通人一词表示集合，并没有区分男女）是指那些为了人类社会甘冒风险的人，与之相对的是只考虑自身利益的普通人。超脱普通的人通过努力建设自身的价值，同时在建设价值的过程中也对他人的生活产生了影响，激励和引导着他们走向更高、更具精神价值的层面，使他们果敢决断、按照自己的选择做事，而不会受到外力或外部际遇的干扰。

这就是现今一个强大的品牌正在做的事情，特别是现代信誉品牌或顶级品牌正在做的事情。对此，我们在品牌营销的7大奥秘中会详尽解释。无论我们是否喜欢这些事情，这些事情从始至终都在不断延伸扩展着它们的社会意义和文化内涵。

顶级品牌早已不再是身份的勋章或是构建自我认同的工具，顶级品牌的文化已经越来越多地融入社会领导者和传奇事物的内涵中。这些文化已经创造出了独特的发展框架，让我们聚集在一起的活动变得有意义。这些文化影响了我们，也引导了我们的生活，不仅在物质上对我们产生影响，同时在情感、伦理，甚至精神上也对我们产生了重大影响。

苹果是顶级品牌中最好的一个例子，它创建品牌信仰的过程中不仅仅着眼于优秀的设计和产品的创新，同时也把大部分精力放到品牌的终极使命之上，即让科技成为"创新阶级"的独有特征，这是苹果公司延续至今的营销理念。

1984年，苹果公司把企业的终极目标定为创造企业神话，随即开始了偶像化的商业帝国建设。在第二十届超级碗时期，苹果公司得到了飞跃式的发展。在同一时期，建设了著名的苹果集团，随后又建立了IBM，尽管这一说法遭到了戴维的反对。

一名金发碧眼的女子手舞铁锤，冲进了电影院，影院里坐着的尽是旅鼠一般的呆滞民众。只见这女子手持铁锤，狠狠地砸向影院的荧屏，巨大的荧屏被砸裂、撕碎，同时也摧毁了掌权者构建的权利网络。就在此刻，反抗文化的偶像诞生了。尽管苹果时至今日已经为自己建设好了一切，大多数消费者也不再了解那个名不见经传的小企业，但是苹果品牌的精神依然延续至今，引导着我们开创"独特的思维"。

在品牌文化的成长过程之中，苹果公司全力以赴地维护品牌概念，不断更新品牌名片。在品牌旗舰店横行的时期，依然保持自我，一次只开一家旗舰店。在音乐产业方面，苹果公司也不断创新，再次研发单曲下载的产业模式。**苹果公司一直重视并守护着自己的品牌文化，这也是为什么消费者一直忠实拥护苹果公司**。从苹果公司的经营理念中，我们享受它创造的生活方式。

在恪守品牌文化的同时，苹果公司也尝试创新，使我们感受到曾经或者现在一直想要的新鲜事物。正是这样的精神追求和态度追求使得苹果公司成为顶级品牌中的佼佼者，也由此保证了消费者的品牌忠诚度。当然，苹果公司对于产品的要求无疑也是其能够成为行业领军的重要因素。尽管苹果公司一直坚持给予消费者自我激励、无拘无束的理念，但是就目前来说，苹果公司一直在做的恰恰是激励并引导着我们的生活或消费行为。

20世纪50年代，美国社会学家戴维·瑞斯曼曾开创并推进了"孤独人群"的社会学理论。这一理论指出了为何奢侈品品牌能够成为社会文化和社会伦理的领军者，也指出了奢侈品品牌进一步成为顶级品牌的原因，还指出了消费者与品牌之间既存在联系又彼此相合的概念。根据戴维·瑞斯曼的理论，社会和人群的演化发生在以下三个阶段（瑞斯曼，2001年）。

第一阶段以传统为导向，人们受到社会礼节的约束，过着与前人预言一致的生活，深陷在编码式的社会之中。第二阶段是以内心为导向的阶段，这一阶段人们为自己设定社会预期，同时也不断寻找内在导向，引领整体生活。**社会演化的第三阶段是外向型的，社会完全开放，整体实现商业化，以往强势的精神信仰已经不再重要，人们的灵活性却不断增加。**

以社会情景为导向的决策模式和整体远景已经获得了大众的认可。机遇主义引领着人们的生活，因为不断变化的世界需要可以随时适应其变化的优秀劳动力。没有什么是不可能的，所有事物都息息相关、彼此统一，引领着我们取得品牌文化的价值标杆，领导力已然是天方夜谭。

对于瑞斯曼来说，理论发展到此已经到了结束之时。但他似乎并没有预料到，历史的长河总会在某一个节点开始回头逆流。可能我们在第三阶段"外向型"的情况下已经达到了峰值，随后的发展也开始再次转回第二阶段"内向型"的趋势中来。在社会层面、理论层面，甚至是商业层面上，我们发现人们一直在定位价值取向，不断证实已经存在的观点，寻找能够掌握的清晰观点和理念。这一点也是现代信誉品牌演化或顶级品牌诞生的原因之一。

由于顶级品牌有着强烈的社会认同感和神话故事，使之能在瞬息万变的社会中为人们提供社会导向和原则，也能对社会现象追根溯源。在愈加黏腻的土地上，顶级品牌依然竖立着绝对的价值观。顶级品牌滋养了我们不断成长的自我认同感，既有助于我们的发展，又能拒绝我们不切实际的想法，在摇摆不定的世界里为我们指引方向。

从传统来说，品牌营销曾经是外物导向型社会最主要的缩影，过去的发展一直关注于客户需求的认知——旨在尽可能多地促进现代信誉品牌或顶级品牌建设它们的权力和社会地位，诱导顶级品牌走向截然相反的道路。**这些品牌现在更倾向于以目的为导向，而非以产品为导向，不再以老板为中心，而是以客户和市场为中心，且更倾向于自我信念的认同。**

史蒂夫·乔布斯宣布开展社会分块调查之后，后续调查仅有一个焦点小组，对他来说，这意味着他已经带领着苹果公司走向了行业顶端。换句话来说，乔布斯对于我们的需求有着深刻的了解，尽管我们自己都不一定知道自己真正想要什么，尽管我们对于未来仍然迷茫无知，但是我们依然敞开钱包，被苹果公司牵着鼻子走下去。

在我们的生活中，以形象为导向的品牌理所当然要比以市场为导向的品牌多得多，这些品牌都是由创立者一手经营的品牌。其实，信誉品牌若要生存，就必须找到足以支撑下去的方向。从这一层面上来说，顶级品牌也将一直作为外向型的品牌而存在——这是因为顶级品牌的命运终究掌握在股东手中。

我们今天看到的众多现代成功案例中，顶级品牌都有着相同的内向型属性。这些成功品牌着眼于缔造自身神话、完成品牌使命，而忽视影响品牌建设的其他外界因素。这使得品牌成就达到了一个新的高度，或者说回到了在市场导向前的大好局面。**成功的顶级品牌树立自身信息，追求品牌使命，不执着于低回报的需求。敢于拒绝，绝不会以任何代价讨好他人。**或者借用瑞斯曼的话："成功的品**牌保有自己的尊严，而其他外向型的品牌却不惜代价只想获得喜爱。**"这一点正是顶级品牌在现代社会能够获得信誉的原因，这一点使得信誉品牌保持着最真实的心态。

PART 2
顶级品牌的七大奥秘
The seven secrets of Ueber-Brands

04 七条营销原理

在对下面即将提到的原理或者说奥秘进行开发、巩固和宣传时，我们不仅仅依赖于过去50年承接各品牌分析、塑造和营销工作所积累的经验，同时也采访了众多行业翘楚和各领域的专家，其中包括某些品牌的创始人、首席执行官、市场策略师、杂志撰稿人和学者。

我们整合所有经验，提取出其中100多项案例展开分析，对各行业、各规模下具有价格优越性的品牌进行了比较。这些品牌既包括香皂行业这类微型创业企业，也包括老牌的金融服务业巨头，正如我们在第一章中所说的那样，现在对信誉品牌的定义早已不似从前那般狭隘。

我们发现构成"现代信誉"的元素可以分为三个维度。顶级品牌植根于品牌使命与品牌神话的叙述，巧妙地把内在与外在层面的品牌结构连接起来。大多数情况下，顶级品牌会整合自身的品牌文化，而不仅仅想成为营销世界中的一个典型案例。为了更好地理解这些维度和转变的真正内涵，我们把这些想法转换成了七条营销原理，每一条都着眼于一个不同的方面：

1.最高使命

这有关于所有现代信誉品牌的核心内容，即信誉品牌的建设信仰和存在意义。我们不仅要了解问题所在，还要了解品牌的行为方式，更重要的是，要了解这些表象背后的真实原因。

2.渴望与归属感

第二重要的原理是，定义受众群体以及与受众群体的沟通方式，学会平衡受众群体的包容性与排斥性，使得消费者能够一直保有双重体验，即渴望与归属感。

3.非销售行为

第三点是基于第二点发展起来的：如何与品牌开展沟通和交流，如何使用混合的信号系统，如何处理与客户关系的远近，尤其是在我们把销售营销转向艺术吸引的过程中如何处理品牌与客户的关系？

4.从神话到意义

这一条将以现代信誉品牌的最终目标为核心展开讨论，向读者解释为什么追求深度是我们目前看来最有效的提升方式——从个体喜好的品牌转变成文化著名品牌的过程，以及这一过程中匠人精神在消费者群体中的体现。我们还会探讨如何使消费者以自己所知为信仰，以及如何使他们相信自己所知事物存在的问题。

5.让产品独一无二

这一条解释有关于产品的重要性，即便在现代背景下，信誉品牌行业对于质量的要求也远远高于其他行业，对于虚假的忽视程度也远远高于其他行业。因为在信誉品牌看来，产品不仅仅是其兑现承诺的重要手段，同时也是其建造品牌神话的重要内容，更加是把无形的品牌义化变成有彤资产的重要手段。

6.筑梦而生

这一条的目标可能是品牌行业最难实现的任务：如何实现品牌梦想，如何定义品牌神话和品牌核心元素，以及如何把品牌梦想向大众展示，如何创造品牌文化和手工精神完美结合的泡沫，又能够使泡沫恒久保持光彩、永不破灭？

7.成长永无止境

最后一条是说如何引领传统信誉品牌面对现代新挑战，如何使信誉品牌在成长的过程中不受到歧视与排斥，如何使其平稳、舒缓、安定地发展自身。

在我们展开详细讨论之前，我们先简要地了解一下本书的两大特点。

切合实际——注重交流

为了保证本书在讲解理论的同时，还能具有实际作用和实验科学属性，我们引入了大量源于现实生活的案例。本书贯穿着大量事实举例，以及成功运营人的专业观点。每介绍一条原理之后，本书都会给出一家顶级品牌的成功案例，这些案例不仅与相应章节的背景有关，而且向读者们具体地展示了七条营销原理作为一个整体在品牌营销中的应用。

顶级品牌的建立总在不经意之间——东方文华酒店及其忠实拥趸埃德娜夫人和巴里·汉弗莱斯。

鸣谢东方酒店集团，图片来自里奇·菲尔德。

由于信誉品牌涉及的行业非常广泛，因此本书也将涵盖各行业、各领域内的经典案例，既包括汽车品牌，又包括护肤行业，既有新型产业，又有长久存在的老牌企业。这些企业在规模上、价格区间上和企业态度上都保持着高度的多样性。我们也会讲述一些非顶级品牌的企业，但是这些品牌有着顶级品牌才有的独特性质。

本书写到的每条营销原理都基于"如何去做"的基本模式，在本书结尾还附加了与七条原理相关的质疑与提问，帮助读者构建或审视独家顶级品牌。

本书摒弃了教条化的语言模式，转而采用与读者沟通的模式。每章结尾都会给出相关原理的营销特征，以供对此话题感兴趣的读者做后续阅读和参考之用。

系统性的体现——把神话放在最重要的位置

最后，本书中所列出的七条原理并非仅在逻辑上和实践上发挥着神奇的作用——这七条原理在设置模式上也有着高水准的系统性，巧妙地安排好理论与行动的位置，处理好关系与组织的平衡。

在七条原理的中间位置，也就是第四条原理中，安排了顶级品牌最重要的概念——"从神话到意义"。前三条原理逐步引领读者走向顶级品牌文化的核心，紧密围绕在顶级品牌与现代信誉品牌的外在联系之上，以第一条原理"最高使命"开始，通过平衡第二条原理"渴望与归属感"的关系，直到第三条原理"非销售行为"的开展。

另一边，从第五条原理到第七条原理着眼于现代信誉品牌的文化与内部策略的相互联系：后三条原理的联系，从第五条原理"让产品独一无二"开始，通过对第六条原理"筑梦而生"的解释，结尾于第七条原理"成长永无止境"。

七条原理，彼此相连，形成了一颗闪亮的金星，接下来的分析中你将会感受到这颗金星的闪耀。

希望你通过阅读本书，能够在顶级品牌营销的领域内获得一些启示。

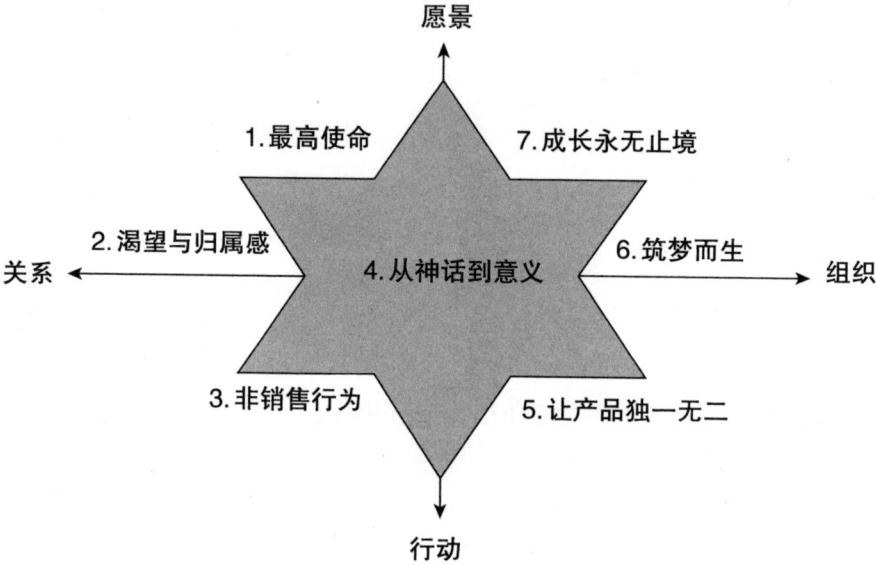

顶级品牌金星示意图

05 原理一：最高使命，即第一要务——成为独一无二

最开始的一个点子，或者说是一个理想。它让人跃跃欲试——点子是一个挑战，能燃起你的斗志，使你做出改变。好点子的第一条准则是要有抱负，它应该打破常规、勇于创新。你要有实现它的野心，大胆地去追求。这对世上所有优秀企业来说都是真理，对品牌也不例外。

当然，这世上有不少只追求利益却又非常成功的企业，也有一心只想仿效别人，吃别人的残羹剩饭来维生的企业。今时今日，你认为这些企业还能赢得信誉吗？它们能成为人们的话题，获得顶级品牌的荣誉吗？不大可能，至少我们能想到的例子没有几个。这就是为什么品牌信誉的第一原则与品牌使命密不可分；这最好是别人不能比拟，能自成一格，甚至不怕与传统相悖。

如果你切身体会一下顶级品牌在我们生活中的地位，其实这道理显而易见。就如我们在第一部分讲过的，这些顶级品牌能引导我们，给我们还没有的东西，并让我们觉得它们是不能没有的东西。

要让我们达到这种需求，品牌必须先一步想在我们之前，要站在我们之上。这样，品牌才能创造欲望，成为营销术语里所谓的"参照"。只有当品牌有清晰的自我认知和强大的信念时，它们才能领导我们，使我们成为它们的支持者。也只有这样，它们的产品才会让我们产生共鸣，甚至成为铸造、巩固消费者自我的一部分。总而言之，**顶级品牌要想履行它们的使命，它们必须先有一个使命。**

简单地说，顶级品牌要实现最高使命，有两种方法：

第一种是通过"贵族义务"，也就是使命中的制胜法宝，一般称之为目的，让社会、经济、政治等目的成为你存在的核心，把商品、服务等商务当作筹资活动。举个例子，本＆杰瑞雪糕品牌，它存在的真正理由是"去发现有没有可能用商业工具来修补社会"（派吉和卡兹，2012 年）。还有一个意志更加坚定的企业例子——世界顶级户外奢侈品品牌巴塔哥尼亚。如果我们追溯这个品牌的历史，就会发现它是环境保护者里最大胆，也是最早期的改革者之一。我们会详细审视近代出现的那些风险项目，探讨将"做好事"变成企业 DNA 的企业和单单用社会责任方案来"漂绿"自己的企业之间的不同与机会。

第二种是让你的品牌宣传不那么激进、铺张，我们称之为重塑：重新定义一个类型和标准，使你和你的支持者之间的存在价值上升到一个更高的层次。星巴克就是用这种方法挑战并超过竞争对手的——它让美国人心甘情愿地为一杯拿铁咖啡掏 5 美元，然而拿铁咖啡的平均成本仅一美元左右。又比如红牛，它以泰国、奥地利苏打糖浆为原料开辟了一种新型能量饮料，既能保持一种时尚、逆主流的形象，又能保持它的价位。2011 年，它在全球 160 个国家中卖出了超过 40 亿罐。

不论你采用哪一种方法，要完成什么样的使命，最重要的是大胆醒目。不仅要以满足市场需求为目的，还要听从你自己的内心。不要畏惧成为异类，**尽管与大众观点相悖，大多数顶级品牌的成功都不是因为它们做得最好，而是因为它们与众不同。**

与众不同、独领风骚、不可超越

"从前，约翰希望糖果能带来更好的美食体验，于是他与大家分享甘草粉的强大魔力，把它与精选的材料合成……"这是糖果品牌甘草糖网站的开场白。其创始人约翰·布罗是一个普通的丹麦人，他打算把被跨国巨头所支配且已经商品化的食品变得更加高级。

这是一篇叙述得非常不错的故事，我们推荐你去看看，从中获取灵感（《约翰·布罗与他的甘草糖品牌》，2014年8月）。值得注意的是，约翰·布罗所描述的故事和他旗下品牌的使命，生动而又直白，不可思议而又完全符合逻辑。

○ 品牌目标感

清晰、明确的品牌目标是现今顶级品牌的特色。无论是大肆宣传的新数字公司，还是悄然稳步上升的传统企业，它们都有一个使命——不限于填充或开发市场的空白，当然也不仅仅为了创造利益。它们拥有（明显有）一个强大的信念，知道这个世界为什么需要它们，为什么有它们世界会更好，以及为什么它们有权利存在并获得成功。这些"为什么"成为它们的核心。很多时候"为什么"要比"什么"更加重要，因为"什么"（比如产品的特点或者服务）要想成为一个不同点或者一个真正的进步会比较困难，就算可以，也不一定能持久。

现代的信誉品牌对产品的关注越来越少，反而越来越注重对品牌精神的塑造。产品的存在，在品牌信誉的影响下，从以前作为买卖的中心变体为一种达到目的的手段。品牌用它们的产品作为一种媒介，来表达和分享它们的态度。这就是为什么会有信誉品牌的存在，也是我们会购买它们的产品的原因。

一手创办起"买一双，捐一双"模式的汤姆斯公司无疑是此类型的一个代表。最初，它们的产品只有鞋子，现在已经扩展到眼镜、咖啡……而且由于近期贝恩资金公司的巨额投资，汤姆斯可能还会不停地扩展（奥康纳，2014年）。

我们采访了汤姆斯的营销总监艾莉·塔丝答里德，谈论了汤姆斯如何成为当代最成功的超级品牌之一，如何推动了当代品牌文化。艾莉直率地承认了他们的产品质量的确"不好"，换句话说，起初更多是象征性的存在。但其实这并不重要，因为是购买动机推动着汤姆斯这个品牌，而不是产品本身。2006年，汤姆斯品牌创始人布雷克·麦考斯基在阿根廷旅游时，发现很多孩子没有鞋子穿，他由此思考了一连串的问题，包括从健康到教育的各个方面，从而推进了汤姆斯的品牌定位（源自麦考斯基人物简介，2012年）。

就像《急速前进》（一档"一群人环游世界进行竞速比赛"的真人秀节目）的参赛者们和成功的连续创业者那样，布雷克曾多次创业。但是，这一次他的目的并非是盈利，而更像是一个"社会企业"，贩卖阿根廷的国民鞋——帆布轻便鞋。与此同时，在"买一双，捐一双"的模式下，他也为美国有需要的孩子提供同样的鞋子。每卖一双帆布轻便鞋，汤姆斯就送出一双款式合适、码数合适的新鞋，以此取代传统的捐赠。

很多时候，捐赠募来的都是一些对受赠者没有多大用处的商品。直到今天，已是"赠鞋首席"的他还在继续送鞋，不同的是，他的这个风险投资现今已成为市值6000万美元的企业了，遍布在世界多个国家的气候区，既帮助非洲学生买校服鞋，也帮助叙利亚难民买冬靴。他进一步完善了这一商业模型，与筛选出的

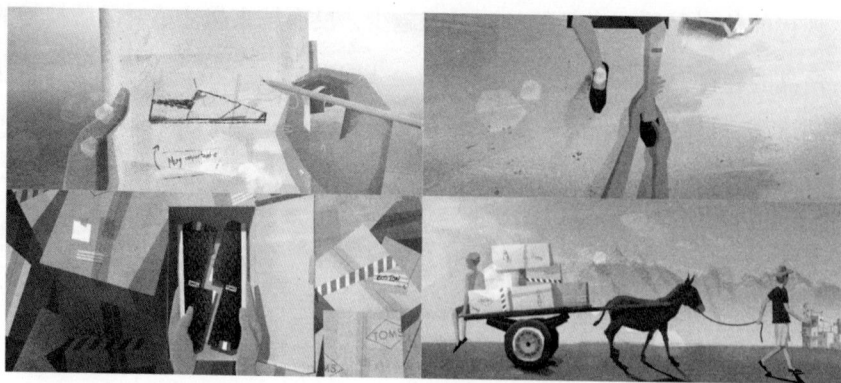

顶级品牌不在于买什么，而在于得到什么。汤姆斯"一对一给予模式"即最好的案例。
图片鸣谢汤姆斯。

几个"捐赠伙伴"合作，让他们作为生产商和零售商，提供"最后冲刺的费用"来保证当地组织有资金去为有需要的人买鞋（同时也不浪费仓储），同时允许并鼓励职员们去参加此类"捐赠之旅"，让他们亲自感受到自己做的善事。

汤姆斯只聘用相信它使命的人，而这些人将会成为一台台有爱的奇妙的传话机，帮它宣传产品。他们铸造了一个有共同信念、共同目的的团体，这就是重点。除此以外，产品会自然而然地随着时间的推移变得越来越好。竞争何时都有，但现今多数人把竞争当作超越。这是因为，就算现代信誉中"为什么"很重要，但要成为长久的赢家，也不能忽略"什么"。**做善事不足以成为不把产品做好的理由，这样看来，就算是现代信誉，也不能离开传统。**

汤姆斯的商业模型如此成功，是因为它把企业构建在理想之上，而且适时推出了新观念。很多公司也效仿此模型，包括因"买一副，送一副"为世人所知的美国处方眼镜公司瓦尔比派克。最近一个，着重"为什么"的新企业例子是朱尼珀里奇荒野香水，它号称自己是世界上唯一的荒野炼香厂（源自朱尼珀里奇官网）。再一个是石诺拉，一个尝试用美国怀旧主义和爱国主义来建造信誉的品牌（源自石诺拉官网），它试图重塑一个战前在底特律享有盛名的品牌——石诺拉鞋油，通过制造高级手表和自行车来复兴一座被经济进化所打击的城市及其劳动人口，从信誉方面重新定义"美国制造"。最近，石诺拉的执行总裁史蒂夫·波克在纽约的L2大会上告诉我们："我们想创造一家辅助公司来叙述一个'底特律制造'的故事，我们相信底特律，相信它在市场上与众不同。"

○ 概念消费

现今，我们已经处于市场主导性社会中。创业人、员工和消费者都希望企业和品牌有实质意义，以便能提供一个正当理由——为什么它的产品价格会高于同类产品的平均价格。

在今天这个有求必应的社会里，单单改善产品已经不能满足消费者。改善产品的同时又要减低产品的不良影响，让其更加健全、更使人惊喜，还要找到新的元素让普通产品也能给人耳目一新感觉，并更加地引人注意。简单地说，就是创造出真正的差别。对很多现代信誉品牌来说，这种差别已经超越产品本身，而且建立在产品之上。它是一种态度，一种哲学。**当物质满足对大多数人来说已经是理所当然的时候，能给消费者带来无形的心理满足，品牌才能在世界上立足。**杜克大学行为经济学教授丹·艾瑞里和哈佛商学院市场学助理教授米歇尔·诺顿称这种现象为"概念消费"。(《2009年心理学年鉴》)

众所周知，品牌是社会和文化的引导者。我们利用品牌，特别是信誉品牌，来给我们自己代言，就如我们以"牌子"看待人一样。我们从牌子那里寻求思想和行为上的灵感，帮助我们构建、组织现实生活。就算那些刻意抵制某些品牌的人，也是因为拒绝某些品牌所提倡的价值观。举个例子，日本极简系品牌无印良品，它的产品虽然真如其名一样"无印"，但辨识度非常高，至少对行家来说是这样。杰出的瑞士德裔传播学理论家兼思想家保罗·瓦茨拉维克曾说过"你不能不交流"(瓦茨拉维克、比文和杰克逊，1969年/1985年)。在我们的世界里，这句话的意思其实是，品牌存在与否，你都不能不交流。

○ 在我之上

为了发挥好这一作用，信誉品牌必须满足三个层面。它们并非像好朋友一样心照不宣，它们要告诉我们，它们"喜欢我""与我相似"以及"在我之上"。

第一个层面是任何关系的基本：你需要基本程度的意气相投和信任。只有当我觉得一个品牌尊重、珍惜作为顾客的我时，我才会给予它一定程度的关注。也只有当一个品牌在意我时，我才有可能给予它同样的关心。

第二个层面，一定要与消费者有关联，至少在兴趣上要有交叉点，使其产生共鸣。一个品牌需要在某种程度上"和我相像"，与消费者有同样的态度、价值观、风格等。品牌必须和我平起平坐、视角相似。

然而，第三个层面才是最重要的，品牌只有满足了这一层面才能化身为超级品牌。要想打动消费者，品牌必须给消费者带来"在'我'之上"的感觉。它需要给"我"提供"我"没有的东西，更准确地讲，就是要把"我"变成"不是'我'"。这对"我"来说不是功能上的满足，而是社会心理上的满足。一个强大的品牌必须给人以感动，丰富并提升"我"的生活。它的产品需要让"我"感到更加强大，比没有它的时候会更好。就算只是一时也好，它必须让"我"临时改变"我"在这世界上存在的立场。

这有很多方法可以做到。最简单也是最常用的是传统的信誉方法：暗示某个社会地位。最近出现的信誉品牌都倾向于更巧妙、更细腻的方法：帮助消费者过上符合他们自身原则和期待的生活，满足他们社会、生活或生态原则上要求。通过以"我"的名义给"我"最支持的慈善机构捐款等行为（比如 fraisr.com），减轻我过度购物的罪恶感；通过手工制品在这动荡的世界里给"我"一丝安定（比如 etsy.com）；通过用本土采购和制造来倒转"我"的生态足迹造成过的负面影响（比如 chipotle.com）；通过购买更好的酸奶，让"我"从工业化养殖里拯救牛群，保护我们的世界（比如 stonyfield.com）；通过一个投资和后代的故事影片说服"我"，让"我"觉得花五万美元买一块手表是明智、正常之举（比如 patek.com）。

因此，市场专家最近一项研究得出结论："73%的消费者更倾向于立场明显、有清晰世界角色的品牌。"（伍尔德里奇，2013年6月）今时今日，信用卡小票再也不是消费凭据，而是越来越像现代的"嗜好信"。或许，从一个不那么消极的角度来看：我们越来越像是在购买一张张选票，从而帮我们改善自己和迎接一个更好的未来。

完成使命的航线之一：伟大的代价就是责任

温斯顿·丘吉尔曾说："伟大的代价就是责任。"当然，他当时不是在说像品牌推广这种平庸粗鲁的事情，要不然他这句名言可能让他成为今天这个品牌使命的立命先驱了。我们称它为"贵族责任"，在法国传统中，贵族的地位与领导权必须与他们的社会责任与光荣事迹对等。对现世的超级品牌来说，要想成为信誉品牌，很难找到比这个更好的奉行准则了。

爱德曼是一家跨国公关公司，它们从2007年开始对"积极目标"进行调查研究，结果显示，社会、政治、生态或所有这三个因素对买卖的影响正在持续上升。超过50%的受访者表示，"当产品的价格与质量对等时，社会目的是他们做出抉择的最重要因素"（源自爱德曼官网，2012年）。

宝洁前任行销总监吉姆·史丹格尔于2011年委托米尔伍德·布朗做的一份研究显示，50个高目的性品牌的表现比500个普通品牌强胜400%（史丹格尔和加布，2011年）。顺带说一句，这种情况发生在所有行业。这是因为史丹格尔调查的50品牌涵盖了各行各业的品牌，从个人护理（多芬）到电子服务（谷歌），从家用清洁剂（美则）到果汁（思慕雪）。这些公司的共同点是大众都赋予它们较高的价值，并让它们肩负起榜样的责任——不单单满足它们自身和股东的目的。

意外的是，其他研究显示，新兴市场似乎比起西方社会更能成功地要求企业承担社会意识、负起社会责任。的确，你可以说这是因为他们的社会作风不透明、不廉明，不像已经养成对事物抱有一种怀疑态度的西方消费者。但就算把这种现象看作"经济体适应全球道德标准的行为"，它与"目的驱动型经济"或

"理想型品牌推广"的中心思想也是相符合的。

顶级品牌必须履行这类责任，无论它们在美国或欧洲也好，亚洲或拉美洲也好，新兴市场或成熟市场也好，哪里都要这样。今日，**信誉品牌要想获得实质性好处，就必须通过履行更大的责任来实现——无论经济水平和影响范畴是什么状态**。现代社会，要想用一个无与伦比、不可阻挡的任务来降低消费者对价格的敏感度，你必须有一个原因。所以，有一些市场专家已经在讨论在四个经典"P"之后的第五个"P"的存在：即产品、产地、价格、营销（译者注：英文以字母P开头）之外的第五价值。

○ 从毛绒到面粉

说一个最有名也最成功的例子：创立于1972年的加州高档户外活动服装品牌巴塔哥尼亚。2013年，它的营业额约六亿美元（请看本原理后的案例研究）。创始人伊冯·乔伊纳德一再重申，他们关注的不仅仅是户外服装的本身，还"反思生产、消费量和相应而生的社会责任"。这两个的优先顺序差不多是完全掉转了，把企业降级为一台准资金机器，赋予它一个更高级的目的——鼓励和支持解决环境问题。

当然，对社会环境的积极关注并不会让企业的名声或产品质量下降，反而能让这些上升。举个例子，这家企业发明了一款更防水、更耐用的合成材料，对环境的影响比同类型产品更少了。而在2011年，这家企业劝消费者不要买它的新产品（宁愿让顾客继续维修他们之前买的旧产品），结果它的年销售增长率提高了30%，远高于行业平均值4%。

另一个例子也是一个自我超越的品牌——特斯拉。它避开了传统市场的推广途径，通过追求与众不同的使命而快速成为超级品牌。也许不是巧合，特斯拉汽

特斯拉通过严格监控网络，以产品展示厅的形式创建顶级品牌。例如品牌在柏林的展示厅，与其称之为汽车经销商的展示处，不如说它是时尚商店。

图片来自沃尔夫冈·谢弗。

车公司的总部在美国加州，同样倡导"拯救地球"，又可以借伊隆·马斯克（贝宝亿万富翁和特斯拉创始人）的话："帮助促进从一个烧矿经济到太阳能经济的转换。"（马斯克，2006 年）根据该公司的官网，他们能达到这种转换的方法是"把他们生产的汽车部件卖给其他汽车生产商，来作为一种催化剂，为其他生产商做一个好榜样"。

那是一个非常特别的任务，如果那也算一个任务的话：开一家公司来吸引竞争，让自己在某一天被淘汰。特斯拉从零起步到现在已经是加州奢侈轿车销量排名第三位的品牌(仅次于宝马 5 系列和奔驰 E 系列)，几年之内就在美国、欧洲和亚洲开设了 35 家零售店，而且积累了上百万的支持者，从萨克拉门托到上海的车评界，对它都是好评连连。只有未来可以告诉我们特斯拉的"无私"努力能否让它支撑下去，抑或败给自己预期的任务而销声匿迹。但现在，特斯拉这个汽车超级品牌却让宝马和奔驰奋起直追。

再说一个没那么大胆，一直专注于传统领域的例子——艾德卡。这是德国一个高质量百年杂货公司，它最近才在这个低价和折扣引起的食物战争中彻底转型，扭转了战局。它借助品牌任务和口号"我爱食物"，重新把自己定位在"本地优质食物专家"的位置，这与它之前的形象相符。它不但对抗了无处不在、经常占上风的竞争对手，例如阿尔多和里德尔（市场占比40%），还战胜了不断增加的有机食物连锁店。

通过这种单纯的功能改变，它将品牌人性化、感情化，并通过提升服务来拯救自己。在这场激烈的竞争里，它用大"P"（目标）取代了传统的四个"P"（价格、产品、产地、营销），成功保住了12000间店面、30万名员工，而且还扩大了自己的地盘，让自己可以更加舒适、更加有利地存活。

虽然艾德卡无论从哪个角度来看都不像顶级品牌，但是它成功证明了顶级品牌原则的广泛性。它不仅适用于像巴塔哥尼亚和特斯拉那样，有着重要的社会、生活或环保大议题，扮演着崇高"施善者"的企业，也适用于承载传统的企业。

在艾德卡之前，美国零售商全食品公司也证明了只要用相对传统的价值观和目的，来建立一个完整实际的经营范畴，也是可能成功的。当然，前提是，你必须有一个明确的理想来引导和激发一切的人和事，并让企业由内而外地贯彻这个理想。

艾德卡这个传统的杂货连锁起源首先是4000家独立店铺，这4000家店铺铺主踊跃地激励着他们的员工，从而让他们一次又一次地赢得了顾客的心。

当然，就像我们讲过的，光有理想是不够的。艾德卡需要通过自家品牌的日常产品来保持此信誉，比如欧米伽-3香肠、健康能量饮品等，它必须全力以赴，追求高质量产品，特别是像肉和奶酪之类的农产品。这是因为农产品通常都是散装买卖，产品的质量与店铺的信誉是直接关联的。

除此之外，它需要一个先发制人而且能吸引人的交流方式，通过自己的媒体来传播"烹饪挚爱"的理念。

一个特别鼓舞人心也特别刺激目的的活动叫"接受不完美"。艾德卡在2013年开展了此活动，鼓励人们购买价格稍低但稍有瑕疵的产品，从而倡导反对食物浪费（源自部落网，2013年）。这很好地证明了它说到做到的态度，与它"爱食品"的主张相符。

在当时的经济压力和价格高涨的情况下，这对它而言是一个既实际又有利的长处，而且它的产品质量确实有些许的不完美。这是一本大师级教材，教我们如何取得、巩固信誉地位，既有声望又有荣誉，就像一个顶级品牌一样。这带动了一系列的类似活动，比如法国的场间公司，就上行下效做了名为"无光水果"的活动（源自YouTube：英特超市，2014年8月），名厨吉米·奥利弗还宣传了他对奇形怪状的蔬菜的喜爱。

○ 先原则，后利益

艾德卡的"接受不完美"活动的另外一个主旨也告诉我们，如果你的品牌让你的整个企业都以满足道德目的为中心目的的话，那么它就可以成为一个可靠的、让人尊敬的顶级品牌。今时今日，对企业来说，负起社会或环境责任已经不单单是一种选择了。

如果你的企业用一些CSR（企业社会责任）计划做一个不在场证明，来遮掩或平衡一些不环保的行为，你就有试图"漂绿"自己的嫌疑。**过去有很多企业让人们一次次失望，他们不再因为企业的一些善举，就轻易相信这个企业是善意的。**现在，每当我们看到一些企业开始重新栽植热带雨林或资助一个孤儿院的时候，几乎马上就会暗想，其背后必有阴谋，并等待随之而来的某些丑闻。最多，我们会认为这是一个明智的名声管理之举。

尤为重要的是，我们做生意时，对于大众已经形成的不信任和冷言冷语，似乎已经达到了一种新的（或旧的）认知水平。

著名经济学家米尔顿·弗里德曼说："企业应该单纯地为其股东赢利，并按常规发展。获利和追求更大的目标是可以共存的，这是一个正在一流的经济学家之间形成的共识。"英国经济学家约翰·凯甚至说："只追求股东价值会破坏企业价值。"

1996年，曾多年领先英国工业的公司ICI，把它的使命词从"为化学应用负责"换成了"为股东创造价值"。此公司的股价在处于高峰几个月之后开始无情地下跌，最终导致这家独立公司倒闭。

英国商管哲学家查尔斯·汉普顿提出了一个有趣的解释："当下的获益可能是过去几十年来所做的几百个决定的结果。"（卡里和斯塔宾斯，2013年）这也是说，利益是自然地根生于过去，一个企业要想成长，要想时刻跟上现实的转变，就必须把眼光放长。要做到这样，你需要一个清晰的视野，知道什么是"应该"，什么是"是"。**如果一个使命能帮助企业在社会、文化和经济等方面布局，能感知当下和未来需要弥补的地方，它就能领导企业本身。**

但是，还有另外一个同样经济实用的原因能促使企业做好事。哈佛大学和伦敦商业学校用十八年时间做了一项研究（惠兰，2011年）：对比一组"高维持型"企业和一组"低维持型"企业，发现前者从头到尾都胜于后者。正如预想的那样，"高维持型"企业更容易从负面新闻中脱身，吸引更多的长期投资者，从而降低企业的资本成本；它们比"低维持型"企业更有能力留住有才能的职员；它们甚至在公对公交易里有更高的品牌信赖感。这也说明了为什么很多做人力资源的人和企业领导都说："大家不再单单根据财政计算而选择一个职业，特别是年轻人。当然，赚钱还是十分重要，但这不再是一个决定性因素了。"在消费者之间也是如此，今时今日，价值的涵义比以前更广了，至少对富足的消费者而言是这样。现在，价值是最重要的，它在价钱和质量之上。

很多顶级品牌都非常认真地对待它们的使命，就是这个原因。特别是那些把年轻人当目标顾客的企业，它们说到做到，也花费了不少精力达到了它们做好事的目的。

孤独星球出版社是一家旅游指南出版社，虽然有好几个同类型的竞争对手，但它仍然继续出版小众的书，比如《微型国》。这虽然不是它们的畅销书，也不大被接受，不大有用（谁想去微型国，还有迷路的危险），但由此可见，这个品牌有多热爱发掘。

同样的，本＆杰瑞雪糕也对发掘新奇口味毫不松懈。这是因为，发掘富有特色、与众不同的口味并不是一个障碍，而是它们品牌成功的跳板，以此赢取粉丝的信赖度。

在现代的信誉世界里，只想把你的使命或社会、环境责任当成一种偶尔的善举或一个敷衍了事的 CSR 方案是远远不够的。如果你想建立你的顶级品牌，那你必须把使命当成企业中心。

我们的眼界变得越来越全面性和多元化，无论你是什么人，任你是投资者也好，职员也好，消费者也好，越变越像是真正的文化中产阶级了。换句话说，**我们正在从原来的以财政或实用回报为中心的营销，向一个更加包容、更加完整的商业营销模式发展，开始考虑尊重心灵、社会和环境。**

如果你想让你的品牌或公司接受这个新世界，成为一个信誉领先品牌，而不单依靠慈善活动来维持信誉，那么你必须有足够的说服力。你心中必须有一个包容的目的，而且用行动给予这个目的的真实性。你要遵从迈克尔·博尔特和慕尼克哲学教授的指引，给管理人一个建议，不光是个人的，而是贯通整个企业的：

"你的行为必须反应你的心灵，否则，你不可能达到长期的健全和成功。"（冯格尔、容布卢特和吕凯，2014年）又或者，遵从大型广告公司DDB的创始人比尔·伯恩巴克所说的那句很有商业意志的话："一个原则在你花钱之前都不是一个原则。"

我们转向文化中产阶级

今天的市场没有把传统的品牌使命当作营销中心，而是把"为品牌定下目标"当作第一动力，艾德卡这一品牌就是解释此现象的最佳案例。艾德卡的例子清楚地证明了为什么人道和个性已经取代了价格和权利等传统价值标杆，一跃成为百货行业战争中新的聚焦点。

消费者的信任对象，从品牌转向公司，最终落脚在人群之中。《纽约时报》上刊登了一篇关于爱彼迎租房网站的文章，这家网站已经是世界范围内人们假期出行时寻找住所的主要渠道。托马斯·弗里德曼引用网站创始人布莱恩·切斯基的话，称爱彼迎不只是一家发布房屋租赁信息的网站，更是网络世界彼此互信的建立者。

以前我们只相信房屋租赁公司和中介，但是现在，爱彼迎网站让我们对陌生人和房屋中介一视同仁，给予他们同样的信任。**我们这一代人，其实并不想要以前那种批量生产的产品和服务，而是更加重视个人特征和产品独特性的发展。**（弗里德曼，2013年）

这种观点其实并不新颖，但是它近些年达到了"引爆点"，最终产生了质的变化——至少帮助了德国的一家百货联盟企业，使其拥有了足够的实力，能够与打价格战的行业巨头背水一战。

2000年，戴维·布鲁克在他的著作《天堂中的鲍勃》中写道："世界已经实

现了商业和观念的融合，中产阶级和文化阶级也已经合二为一，融为一体。"（布鲁克，2000年）

由此，戴维在书中为中产阶级和文化阶级融合之后形成的新型群体命名为"文化中产阶级"。

新型精英人群偏好一系列与众不同的词语来定位自己，这样可以加强自身的魅力，鼓舞自己的精神，使自身与其他人群得以区分开来，这些词语包括：权威、自然、温暖、简单、诚实、真挚等。

2015年，这些特征已经不限于描述这些新型精英群体了，而是可以用在越来越多的人群身上。正如卡尔·马克思所说的那样，中产阶级会把所有神圣的事物都变得低俗，而文化中产阶级则会把所有低俗的事物都变得神圣起来。

如今的世界充斥着无休止的营销策划和社会丑闻，面对精神和道德的选择，我们毫无前例可依，我们一直陷在迷茫之中，但也一直在一切可能之处寻求我们需要的真理和指导。

我们希望自己的行为变得有意义，这就是说我们希望自己的消费变得有意义，因为消费已经成为我们大部分时间里所从事的活动。消费是我们表达自身关切和选择时最简单的方式，同时也是我们表达自我、制造不同时最简洁的方法。用消费来表达自己要比投票选举在速度上快得多、直接得多，也要比参加社会活动简单得多。

我们正在努力构建"启蒙资本主义"的概念，尝试打破多年以来商业统治社会的局面。我们正试图实现商业、道德和生态三者的再平衡和再统一。也就是说，我们不仅仅期待生意兴隆和优质的产品，我们更加期待优秀的品牌和企业。

我们希望这些企业和品牌能够做出有意义的举动，这是因为我们自身就想成为一个对社会有意义的人——但是与此同时，我们又不想失去优越的生活。我们既想当中产阶级，又想做知识分子；既想开发世界，又想保护世界；我们既想在开车时开足100马力，又想避免空气污染；我们甚至想要一嘴两用，想在吃蛋糕的同时高声欢呼。而有些企业正好满足了我们的需求，比如说巴塔哥尼亚、特斯拉、博特小蜜蜂、鼹鼠皮、艾德克等。

完成使命的航线之二：重塑与责任并重

就如艾德卡那样，设定一个让自己出众的使命，并不是如拯救世界般高尚冒险的专利，这在日常和世俗中也同样有用。接下来的例子将会展示你要如何打造一个"布道式"超级品牌，当你只关注你的核心业务、类型和产品，还没有一个进一步或优胜的主旨时，如何达到更高的现代信誉地位。

首先浮现于脑海的例子就是星巴克，单凭一个简单的理念——为美国人提供意大利烘焙咖啡，这家位于西雅图的小咖啡店，用华丽的意大利风格和语言，给它同类型的企业和这个时代带来了革命和升级。当然，报道常说霍华德·舒尔茨的想法是给客人建立一个家庭与工作场所外的第三场所。但也可以说，他把咖啡这种传统的、已经被广泛商业化的产品重新塑造、升级，其理念才是星巴克发达的因素。当然，这也需要很大的勇气，因为大多数革命性的想法在早期看起来都不像《灌篮高手》般震撼。

星巴克创建于1971年，开业后的很长一段时间，它的规模都相对较小、相对本地化。直到20世纪80年代中后期由霍华德·舒尔茨接管后，它才开始借助精品咖啡路线顺利起飞。它的品牌定位是打造精品、高质量咖啡，但这远远不足以让它发达。其实，消费者调查也一再确认，这样的定位存在问题。美国公众对那一罐罐"棕色水"（指美国本土咖啡）的无限迷恋，也证明了星巴克的咖啡对主流消费者来说太浓、太苦。不过，很多评论家都认为星巴克现在的咖啡已经达到优质标准。

星巴克的天才之处，也是使它成功的关键因素在于它精明（也时而不留情面）的宣传。它不单引进了一种新型的、未必高级的产品，还创造了一个有自己的语言、标准和仪式的新世界。中杯低脂拿铁、大杯抹茶星冰乐、白巧克力摩卡……二十年前几乎没人知道这些是什么意思。现在，这对许多人来说已经成为早晨仪式，至少在比较富裕的（亚）市区是这样，甚至有些社会学家已经开始说起"玛奇朵设定"。我们已经开始用这种不同于以往的仪式来安排我们的早晨、休息或与朋友的消遣时光，这也给予了星巴克世界性的信誉，使它成为一个暴发户和顶级品牌。

重点是，星巴克只是在卖高价咖啡和周边商品，它并不能给予我们更好的环境、更健康的生活或者更好的社会。它的确跟上了公平贸易和积极回收的浪潮，但相对来说比较迟。没有人会为了做善事而去星巴克，除非是为了自己。它能获得现在这种品牌现象，还有顶级品牌的地位，是因为它敢于重塑一种深受人们喜爱的产品，甚至是整个类别。

不同口味、不同包装、不同名字、不同分布，这一切都使星巴克独一无二、无可比拟，至少在意大利以外的地方是这样的。它不一定比别人更好，但它很容易辨别，这也是使命成功的关键。

你必须打破一些规则，不一定是全部，但至少能让你建立新的公平竞争，把自己放在既定标准以外。这也会让你的形象和价格无可比拟、与众不同、脱颖而出。想要在这个过于饱和，无聊透顶的世界中突围，这是前提条件，也是致富之道。

红牛是一个类似的例子，一个最初源于泰国、奥地利的高价能量饮品，它的产品自成一类，仅用了二十年就成为一个价值将近五亿欧元的企业。我们会用"像糖浆"、"太甜"、"有药味"、"恶心"等词语来形容它的味道，总之，那不是你想听到的形容。但也正是这种两极分化的味道让红牛获得了成功，因为没有一种苏打汽水的味道和它类似，所以它的奇特性激起了人们的好奇心，让它更加独一无二。充其量，你可以说它是一种嗜好，就像星巴克一样，可它轻易有效地把"内行"的人与其他人分开了。如果你想收取高价并变成一个顶级品牌，这就是核心动力。

除此以外，那"恶心"的味道和暗红的颜色都满足了一个实用目的：它们支撑着红牛的一种神秘力量。很简单，它有五种药效，它的样子和味道看起来都像药，所以它很大可能也有药效。当公关大力推动有关红牛的宣传时，会通过精心挑选的徽标、高能量运动和彻夜狂欢者营造一种市场氛围。这只有一个目的，就是让品牌更加突出，超越现存的标准。通过一个强大的使命让品牌变得不可超越，通过比独特更独特的产品来现实化，通过不停高调地宣传活动和噱头来传递和丰富品牌的使命。

○　当感性遇到理性

时尚是品牌再生的有效手段，也能够为品牌注入新的活力。当品牌从过去的营销概念中脱离出来时，时尚便成为创造优势的重要手段。有趣的是，品牌在开发自身生意时，是不可能凭借一个概念一劳永逸的，时尚品牌每年都需要开发出至少两个新概念。与其他品牌不同的是，时尚品牌不需要为自己建设标志性的外观，也不需要提高自己的认知度。时尚品牌有着自己的营销方式：为品牌树立长远的振奋人心又强大的品牌个性。

几乎没有一个大型时尚企业会一成不变，这些企业绝对不会只靠一两位活着的或离世的时尚大师来给自己撑场面。这样的例子不胜枚举，香奈儿、卡尔·拉格斐、路易威登、古驰、汤姆·福特、艾迪·斯理曼等品牌都是如此。它们都有着强大的市场控制力，有着清晰的商业目标和方向。

这样的模式向我们清楚地揭示了创意是企业创新过程中的重要基础，但是也必须依靠于其他元素，因为创意本身并不具备任何商业价值。做到这一点，品牌就得有强大的基础。许多业界的"老大哥"企业把企业责任作为品牌建设的中心，这就需要企业稳定而快速地发展。

品牌创新需要反叛精神，不可循规守旧。在美国国家广播电视台的采访中，阿里恩·劳德表示，自己既能发扬从祖母那里继承的产业品牌，又能开发自己独立的品牌企业，主要是因为自己具有反叛精神。我们要勇于说"不"：**有些事物可能当下正确无误，但是在未来的发展中却会给品牌带来巨大的伤害**（美国国家广播电视台，2014年）。

要想创建顶级品牌，我们需要将感性与理性结合，与此同时，还要有极大的勇气。在顶级品牌的创建过程中，必须为品牌设下无可比拟的品牌使命。在瞬息万变的当代社会，品牌要想维持完美状态，就要使公众对它的基本认知保持不变。

我们可以每五分钟便否定自己一次，并不断创新、开发自己，这对我们来说并非不可实现。但是让我们的头脑不断转动的，是我们永恒不变的跳动的心。即便寸步不移，我们也可触手摘星，这就是品牌为自己设定无可比拟的使命的最终意义。

有一家顶级品牌在沉痛的教训中才学到这一点，尽管它再次步入正轨，但是它失去了英雄创始人史蒂夫·乔布斯——这家品牌就是苹果。也许正是因为失去了灵魂人物，苹果公司才开始追求破旧立新的理念，吸纳优秀的人力资源和并购政策。

2014年，苹果公司接连雇用了两位时尚界大咖担任高层职位，一位是巴黎时装公司圣罗兰前任首席执行官保罗·丹尼弗，另一位是曾为博柏利效力的安吉拉·阿伦茨。

苹果公司还和耳机品牌"节拍"开展了合作关系，以其为中间代理，邀请戴尔博士和吉米·艾文两位音乐大师的加盟。这项合作是为了开发品牌音乐传送活动，完善英语传送软件Spotify的算法功能。对此，苹果公司总裁库克在《纽约时报》上发表了自己的看法："我们认为人性化理念的普及是一项宏大的目标，科技公司自己是无法实现这一目标的。"（曼基奥，2014年）

当然，苹果公司的这些举措，也可以单就品牌实体的层面来看，把它们视为市场导向的营销活动，体现了企业本身的些许不同之处。我们完全可以认为，苹果公司只是一家想通过人性化的理念来区别自己的科技公司。

我们也可以像本·汤普森那样有更深层次的思考，本·汤普森是一位专栏作家，他认为苹果公司正在向大型时尚公司转型，现在苹果公司的产品更注重自身的营销表象，而非产品本身的功能优势。尽管苹果公司雇佣阿伦茨只是为了让她管理品牌的门店设计和苹果手表设计，但是我们还是能够发现这一举措的过人之处。

目前来说，雇佣时尚大师是维持品牌最好的一种方式。无论这些时尚大师做出的决定和采取的行动与否正确，我们必须承认这些措施必定会推进品牌不断向前发展。企业文化和经济行业的领军人物建立长期联系，达成雇佣关系，无疑会给企业带来极大的利好（如上文解释过的企业四大属性）。这种关系既保证了品牌的"人性化因素"，又是品牌保持偶像地位、提升品位、引领潮流的最有效的方式。

这就是成为信誉品牌和顶级品牌的必经之路：构建并保持品牌的文化知名度，使其凌驾于品牌的个体相关性之上。保持品牌本心，一如既往地坚持创新，不断发展和诠释新鲜事物，转化和增加新的品牌故事，用品牌经验创造新惊喜。品牌的使命会给我们带来对品牌的好感，使其成为我们生命中不可缺少的最爱，就像是一段持久永恒的爱情。毕竟，品牌也就是人的集合而已。

○ 丘神之恕，蛮牛之怒

巴塔哥尼亚品牌创始人伊冯·乔伊纳德，不久前在《财富》杂志的访谈中讲道："如果你没有在社会中前 50% 的行列，那就说明你还不够努力。"（麦肯齐，2013 年）这一说法可能有些偏激，但是对顶级品牌来说，要想实现无可比拟的使命，就必须如此。

市面上的大多数品牌，尤其是大众品牌，对消费者来说，从未发生过排外现象，但是现代信誉品牌或者顶级品牌却必须以此来增加个人魅力。如果一个品牌老少咸宜，那它恐怕就没什么看头了。在这个世界上有些事物虽然获得了社会的广泛认可，但是人们在谈论它们的时候仍然需要一点勇气，例如打击"黑手党"（译者注：意大利大型暴力组织）这样的话题。

这一现象的原理大抵如此：如果所有人都同意你的观点，那你的观点一定毫无新意；如果所有人都喜欢你，那你一定是个伪君子；如果你是个伪君子，那你就真不是什么好东西了，更加不值得消费者付出高价，也不会引起消费者的任何反应，好的坏的反应都不会有，而这些反应才是顶级品牌想要实现的东西。顶级品牌希望自己能够带给消费意想不到的承诺，从而得到消费者忠诚购买的回报。这样的回报只有品牌承认自己具有的独特性，有时甚至需要做到极致，才能够得以实现。

因此我们才会对拉丁谚语"对丘比特容许之事，对牛则不被容许"倍加喜爱，丘比特和耕地的牛本来就毫不相同，它们的表现自然也天差地别。两者来自两个不同的等级——天神本身就能够脱离世俗，而鄙陋的牛却不可以。但有一点更加重要，那就是两者存在的生活期待也并不相同。

如果你想要做人上之人，就要有人上人的表现，你要努力证明自己能够成为人上人。你要掌握好能够帮助自己踏入上流社会的权利，要敢于探索未知的领域，这样才能展现出自己想要成为领军阶级的愿望和能力。

如果说有哪一家品牌将这一点落到实处，坚持奉行了几十年之久，并且从未懈怠，那就不得不说哈雷·戴维森了。它坚信自己的品牌影片能够成为传奇，并且会超越品牌粉丝和市场的喜爱。这一品牌的成功源于不随世俗洪流沉浮，不畏惧流言蜚语，也不向凡尘大众低头，它有着自己赖以身存的神圣使命（哈雷·戴维森，2008年）。

无独有偶，本&杰瑞这家传奇的冰淇淋品牌也有着同样的品牌使命，它总会秉持着一种"反战"等不随世俗大众的观念。有时品牌还会给自己冠上与大众反抗的帽子，像是"迷糊与迷惑"和"好的，山核桃"（这两个名称当年是为了庆祝美国前总统奥巴马当选而设立），这一品牌趋势处处散发着自己的极端思想，不断向臭名昭著的美国世俗文化发起挑战。

塞巴斯汀护发产品有限公司在这一方面的做法略有"风格"，它是美发行业的偶像品牌，隶属于宝洁集团旗下。塞巴斯汀于20世纪70年代成立于美国洛杉矶，此后因给众多名人设计过发型而迅速风靡整个行业（来自塞巴斯汀护官网）。这一品牌做过的著名造型和产品有芭芭拉·史翠珊波浪卷发、微卷发丝和定性发泥等时代突破性产品。但是随着品牌的发展和繁荣，它逐渐失去自我，最后和我们大多数人一样彻底迷失。

2007年重装开业之后，塞巴斯蒂安重拾自信，追溯企业初心，在"逐步奋进"精神的指导下，品牌坚持不懈、不畏艰辛，终于再次找回了曾经的辉煌，重新站到了时尚和造型行业的尖端。

从汉娜玛莎（时尚产业）到夏洛特龙森（音乐产业）再到瓦伦杜匹兹和尼克桑顿（电影业），所有创意产业中都能看到塞巴斯汀的身影。塞巴斯汀的创意团队也是实力强劲，他们聘请了米歇尔·普利斯和赛尔·戴普斯来开发团队潜力，激发品牌创意灵感。塞巴斯汀开发并重组企业形象，打破陈旧风气，紧紧抓住投资机遇，品牌以积极活跃的态度和艺术投射在自己与消费者的交流和互动之中。它不畏惧站在前人的肩膀上前行，而且这正是它重新获得企业核心的根本：最前沿的时尚造型。塞巴斯汀既保持着企业的激情，又秉承着自己的坚持。2008年，这家企业获得了世界时尚潮流网颁发的最佳复出企业奖。

本＆杰瑞广告《说出你的内心》。
鸣谢本＆杰瑞。

奥秘一：最高使命法则

1.想法快人一步

将品牌提升到顶级品牌的地位。

2.超越竞争对手

使命在不知不觉中已经实现。

3.设立客户目标

品牌所相信的，其支持者也能从中获得启迪。

4.承担责任

责任是最闪耀夺目的，它也是今天的品牌客户最能接受的营销模式。

5.遵循原则而生存

要想发挥价格优势，就要把价值观摆放在价值之上。

6.再发明

创造自我价值标准，原创性高于优越性。

7.敢于创造不同

即使不能彻底改变，也要勇于创造独一无二的品牌特色。

顶级品牌需要为自己定下品牌使命。顶级品牌必须敢想敢做，遵从自己的内心，勇往直前。只有如此，顶级品牌才能超越消费者，才能给消费者以启迪。顶级品牌不仅仅是消费者的"朋友"，还是消费者的"向导"。

顶级品牌案例研究一：巴塔哥尼亚对自然的深度探索

巴塔哥尼亚是一家顶级户外登山运动品牌，产品素来色彩丰富，材料科技高端（价格也很高昂），而且还注重关爱生态。然而这样一家高端的顶级品牌，却是从极其卑微的位置一路走来。其品牌创始人伊冯·乔伊纳德十八岁时只是一名狂热的登山爱好者，他在家里的后院向志同道合的朋友出售登山钉鞋。最初，他经济非常困难，有时甚至连一处正经住所也没有。

20世纪60年代初，乔伊纳德为了补贴家用，也为了和别人分享自己的设计和想法，做起了小生意。一开始，他用废弃的汽车轮轴手工制作岩钉，然后卖给登山爱好者。到了1970年，他的小公司已经成为全美国最大的登山服饰销售公司（此后更名为乔伊纳德登山器材公司，巴塔哥尼亚这一品牌创立于1976年）。

虽然乔伊纳德制造的登山岩钉在美国越来越受欢迎，但是他发现人们使用这些岩钉规划登山路线时，破坏了原有的美丽风景。为此，他果断停止售卖这款畅销产品——这款产品在当时已经占据了整体销售额度的70%——而且他还在原有岩钉留下的痕迹处楔入铝制岩钉。此后，他在公司手册中添加了长达十七页的文章向公众解释原因，并且呼吁公众"爬山时保持清洁"。这一举措也仅仅是乔伊纳德众多明智之举中的一个而已。

然而，巴塔哥尼亚这一品牌的销售量却在过去四十年里远远高于行业标准，从未因此受到影响。仅在2014年，总销售额就超过了六亿美元。

○ **品牌使命：开发却不破坏**

定制销售铁制岩钉是巴塔哥尼亚历史中的一次标准性运动，也奠定了其品牌使命：创造最好的产品，避免一切对环境造成伤害的因素，利用商业为环境危机提供优质的解决方案（源自巴塔哥尼亚官网）。巴塔哥尼亚也用它的实际行动向我们证明了，这一使命已经落到了实处。

20世纪80年代，巴塔哥尼亚的主营产品从登山器材转向登山服装。与此同时，公司发现自己生产的粗棉服饰备受消费者欢迎，但是粗棉给环境带来了负面影响，还给穿戴者带来了潜在危险。因此，巴塔哥尼亚决定开展高昂的实验探索，寻找更优质的材料。这一努力也使其成为无杀虫剂棉花的主要使用者和有力倡导者，并且促进了加利福尼亚州有机棉花工业的蓬勃发展。

这一创举让巴塔哥尼亚成为一家非常负责的企业，并宣言永远不会抛弃自己的企业责任（阿莫斯，2014年）。**对于大多数客户来说，他们消费时并不想了解企业如此高远的志向，而企业自己却深知这些大胆的创举会造成什么样的影响。**

1973年，乔伊纳德登山器材公司（巴塔哥尼亚品牌隶属的前身公司）邀请了一位颇为激进的环保主义者开展企业活动，这位环保家当时声称，他要亲力亲为，清理一条已经受到工业污染的河渠。这一想法可谓天马行空，但得到了公司所有员工和附近社区的支持。这一创举至今仍被引用为企业承担社会责任的典范。1985年，巴塔哥尼亚成为首批引入"十一课税"的企业，承诺将企业年利润的十分之一捐赠出来，用于保护野生动物。

巴塔哥尼亚还开展了名为"大坝家园"的公益项目，旨在拆除大坝或者是重建水坝，以避免其对野生鱼类迁徙产生阻碍。乔伊纳德本人也为这　项目拍摄并出品了同名纪录片，还设计出了限量版T恤衫以提高人们保护野生动物的意识。

2013年，巴塔哥尼亚又一次加大了赌注，这一回它以"视而不见的错误"为标题映射自身是以利益增长为基础的资本主义企业。巴塔哥尼亚对其公司类别进行了改革，变成了一家"获益企业"（源自获益企业官网，2014年），并且向公众承诺"坚持制造对社会和环境有积极意义的产品"，将自己的信托责任延展到了不要求任何金融利益的层面。尽管它只是一家私营企业，但是它对自己展开了企业审计。对于一些人来说，这样的做法听着像天方夜谭，然而对巴塔哥尼亚来说，正是这些创举提升了自身的道德标准，从而赢得了目标客户的忠实支持。

○ 观察：如何用非销售行为提高销售量

巴塔哥尼亚所生产的产品，具有设计简洁、功能强大、使用持久等特性，因此既能进一步加强探索，又能将负面影响降到最低。而品牌的作用则是创造一些事迹，向公众展示这一过程，使与此有关的各个方面都能更轻易地传递给公众。

在品牌建设中，有这样一个例子。乔伊纳德发现了一件缺了纽扣的 T 恤衫，严令设计部门必须找到使纽扣紧实不脱落的方法，并且对此不惜代价。另外一个例子是，巴塔哥尼亚在登山服的设计上力求尽可能多的增加衣服口袋的数量，这是为了让登山爱好者能够尽可能多的携带登山物品，尽管增加口袋会带来许多不必要的材料损耗。

这些建议来自80位登山爱好者组成的巴塔哥尼亚客户团体，或者品牌网站浏览者留下的建议。80位专业的品牌客户通过博客、文章、短视频或纪录片的形式向品牌展示登山探险过程中发现的问题，业余登山爱好者则会从自身出发，向品牌诉说自己在登山探险中发现的服装问题，而且这些问题并不限于巴塔哥尼亚这一品牌。

由于同时具有两种反馈模式，巴塔哥尼亚品牌才能真正获得有价值的参考信息，又不会强迫消费者参加"备受折磨的产品性能测试"。登山探险者们都是我们的英雄，但是巴塔哥尼亚品牌提供的支持也功不可没。

巴塔哥尼亚也在其主要产品的环保属性方面，做过许多没有结果的努力。"足迹历程"项目就是这样一个例子，公司曾怀疑，为它们的主要产品提供皮革原料的农场涉嫌强迫喂食鹅禽。巴塔哥尼亚对此开展了长期的调查，直到2014年百分之百确认并无此类现象发生之后才结束调查。此后，企业尽可能避免使用此类产品。

严格的自我检查，使企业和产品都提高到了一个更高的水准。在企业门店里，就可以取到巴塔哥尼亚免费发放的企业宣传手册，它设计美观简洁，内容包括企业责任，企业治理，废物回收，企业声明以及服装产品的再利用和处理，很适合作为茶余饭后的日常读物。

巴塔哥尼亚在2013年发布的一则广告中，把产品上一直关注的元素集合起来开展了一系列的"非销售活动"。巴塔哥尼亚生产的一款卫衣布夹克衫早已成为一种偶像产品，获得了人们的广泛关注，但是品牌并没有以一种销售的口吻对其进行营销，而是以一种完全相反的模式来营销这一产品：卫衣布是一种新型的人工合成材料。

20世纪80年代初，因为这一材料优质的保暖性能及其抗皱防水的特性，巴塔哥尼亚首次在登山服装上使用这一面料。有证据表明，卫衣布可以用回收的废品来生产，例如废旧的马桶坐垫或者喝空的苏打水瓶。通过再次纺织，就能够将这些废旧物品制造成颜色丰富的服装。这就是巴塔哥尼亚真正的典范精神所在。

巴塔哥尼亚用这种面料生产的T型套头衫和R2型夹克衫一直畅销了30年之久，并顺理成章地登上《纽约时报》为西方购物街"黑色星期五"（译者注：西方国家商场促销日）编辑的整版页面。

然而，在这一页广告上却用超大标题写着"请勿购买此款夹克"（译者注：此处标语为反语），巴塔哥尼亚并没有在广告中大肆宣传这种面料是利用回收原料生产的环保产品，而是向读者介绍购买新的衣物会给环境带来负面影响，还向读者推荐公司开展的"企业客户共同合作"旧衣物回收项目，倡导消费者修补、转卖或回收旧的巴塔哥尼亚服装，而不是直接扔掉。

DON'T BUY THIS JACKET

2011 年，巴塔哥尼亚通过"非销售"手段，将广告刊登在当年的《纽约时代周刊》"黑色星期五"版面上，引起了广大消费者的注意。

　　只要受众看过这条广告，并且查阅有关媒体上的相关讨论，就不难发现大众消费者对于巴塔哥尼亚品牌的认知和尊重——尤其是这一品牌的目标客户，即登山探险运动爱好者，他们对其更是偏爱有佳，而他们原本对商业是有着一定的批判态度的。还有一点值得注意，在这样的道德承诺之下，价格的提高就显得更容易让人接受了。

○ "脏包"神话——社会团体的归属感渴望

巴塔哥尼亚的品牌神话在于它对探险家们的改变，原本持享乐主义观点的探险家们在发现了品牌消费和探险本身带来的负面影响之后，变成了积极的环保行动者。巴塔哥尼亚的品牌商标就暗示了自身与户外运动间千丝万缕的联系，其商标中心画着菲茨罗伊山脉及其背后的天际线，这座山峰是世界上极具挑战性的攀岩去处之一。但是对大多数人来说，只有巴塔哥尼亚的品牌名称才能体现出这样的情感。

如果你对巴塔哥尼亚展开深入探究，就会发现菲茨罗伊山脉对其品牌神话的建设发挥着里程碑式的作用。1968年，乔伊纳德和一支登山队一起征服了这座高耸入云的山峰。他们在那次旅行中所拍摄的影片和记录的故事，为"脏包"户外组织的成立奠定了坚实的基础。这一组织后来成为登山狂热者眼中的神话：想要从事登山运动，就要放弃锦衣玉食的生活。居住在城市中的人有时候会被他们打动，迫不及待地想成为他们中的一员——尽管有些人仅仅是穿过巴塔哥尼亚品牌的衣服。

乔伊纳德预期创立的品牌一直都致力于落实"脏包"神话的创建。巴塔哥尼亚会向公众报告，许多百万富翁虽然开着老式汽车，没有智能手机和电脑，但是他们会把时间花在外出野钓或者手工铸造上，而不是每天到公司办公室去报道（史蒂文森，2012年）。巴塔哥尼亚网站本身就是"脏包"协会的一个论坛，用于展示所有会员的想法和建议，网站上到处都是这些探险队员的照片：有的在生火煮罐头，有的在山间溪流中取水，还有的在悬崖峭壁边上踢起花毽。但是，所有活动都以"保护地球"为主旨。

这就顺理成章地成为区分外行人和内行人的显著特征，也是为什么巴塔哥尼亚为自己定义时尚的原因。其实，巴塔哥尼亚品牌服装的追捧者相当广泛。穿着巴塔哥尼亚 T 恤的客户里，时尚先锋要比登山队员多很多。因为许多名人把这一品牌称作"巴塔哥－古驰"，在太阳舞电影节的结束宴会上，许多名人都穿着这一品牌的衣服出现在公众面前。

然而，品牌创始人却讽刺道："我们的忠实客户不断增长，现在我们的衣服已经卖到了那些装腔作势、盲目无脑的消费者手中了。这些人其实并不需要我们的衣服来装点他们，他们完全可以开着切诺基吉普车到康涅狄格州欢度周末呀。"（斯旺斯伯格，2012年）这些尖酸刻薄的话语再次确认了巴塔哥尼亚的核心目标客户才是真正的巴塔哥尼亚人，这家品牌并不需要靠其他客户来维持生产。

○ 勉强妥协的商人，一直活在自己的梦想世界

巴塔哥尼亚的品牌行动和经营模式以及对门户网站的管理，都彰显着品牌信念和品牌故事。在巴塔哥尼亚总部文图拉的后面，有一座配有波浪形铁皮瓦片的建筑，制造这些瓦片的原料都源于品牌早期生产的岩钉。乔伊纳德把这里当作会客场所，这里还堆放着回收来的破旧衣物以及用过的餐刀和铁罐。

乔伊纳德在《任性总裁的成功创业法则》一书中，总结了他的企业管理和企业构建经验（乔伊纳德，2006年）。巴塔哥尼亚是一家经过自我选择的企业，志同道合的人们来到这里尽情发展。巴塔哥尼亚的企业园区世界闻名，在这里你可以看到员工在后院一起打沙滩排球，也可以品尝到美味的有机食品，甚至还有员工子女的看护中心，如此人性化的设计要比谷歌的产业园区早上几十年。巴塔哥尼亚的企业管理相当特别，大家可以穿着潜水服召开董事会议，午餐休息一直被称作休闲时光，连产品开发也是从老板到员工之间来来回回，数月之后，几经试用才会正式投产。

企业还设有"环境实习项目"，为项目员工提供带薪假期。目前为止，这可

以算得上是员工最支持的企业项目了。这一项目的相关成果也会通过名为"最洁净线路"的博客与公众分享，任何与项目有关的建议都可以通过免费的客户服务热线和巴塔哥尼亚进行分享。

巴塔哥尼亚的故事构建和价值体现都可以从它的品牌旗舰店中反映出来，这些门店的装修和总部一样，都有着山间小屋的既视感。但是通过店内的图片和展品，你能够看到巴塔哥尼亚品牌神话的塑造过程，既有乔伊纳德于1968年在菲茨罗伊山脉探险的照片，也有挂在墙上的VW老式厢货车，还有一系列展品记录着一件羊毛服装的生产历程和穿旧之后企业的循环回收过程。在美术馆旁边，陈列着由回收来的旧羊毛衣物重新生产的"真实材料"衣服。企业鼓励所有员工积极

巴塔哥尼亚的品牌使命、品牌神话和品牌的自然追求，都在其门店中得以实现。

图片来自J.P. 库尔文。

参加到环保项目中来，借力于消费者，为环保事业做出正确的选择。在公司设定"商民合作项目的"企业政策之前，巴塔哥尼亚的诸多门店就已经开展过客户以旧换新的活动：穿满十年的运动短裤可以免费到店换新。因此，巴塔哥尼亚的店员业绩只有25%的营业额，而同行业品牌零售商的店员销售业绩足足占了100%的营业额（亨尼曼，2011年）。

终年如一日的坚持和深入人心的奉献精神，并非一蹴而就，这需要企业的特别支持。在过去的几十年里，乔伊纳德为了坚守梦想，推掉了许多绝佳的销售机会和外来资金的加盟，使企业一直保持着健康的发展速率。

乔伊纳德认为，他在企业经营中犯过的最大错误，就是在20世纪80年代"自由花销"期间没有抵抗住扩大企业知名度的诱惑，引入了市场营销专家参与企业管理（韦尔斯，1992年）。尽管最后企业营销还是被清出了企业中心，但利益最大化的策略与企业宗旨间存在的冲突还是给企业带来了不利影响。此后金融风暴席卷全球，当时市场营销的热潮瞬间退去，一同消失的还有那些宽松的银行信贷政策和不可一世的企业营销经理人们。而巴塔哥尼亚面临的则是大量库存积压，不得不降价出售，甚至通过裁员20%来挽救公司。

在市场惨淡时期，多"业界专家"判定，像巴塔哥尼亚这种不走寻常路的做法终将导致企业灭亡。1992年，艾迪·鲍尔接受《Inc.》杂志采访时表示："很多人认为这样的企业精神使企业更受欢迎，但是归根结底，只有利润和销售业绩才能帮助企业进步。"然而，历史毫不留情地证明了艾迪的错误言论，他的公司在2009年彻底破产，他自己也只好到一家私募企业任职。而巴塔哥尼亚却在此后恢复如初，继续坚持着自己的企业价值，并且在过去的35年里实现了年平均增长率16%的目标，尽管巴塔哥尼亚从未向市场营销低头妥协。

06 原理二：渴望与归属感——挑战是双向的

营销的重要目标之一是传播信息，将信息传播给尽可能多的群体，以赢得最大客户群。信息接收群体的体量和规模并不是营销效果的唯一影响因素，却是成功营销的必要条件和首要动力，原因在于：信息传播是营销的重要目标和成功标准。

然而，对优质品牌产品进行营销宣传，要求就不那么简单了。虽然销量最大化仍是营销活动的终极目标，但为了构建品牌形象、保证品牌品质，此类营销活动一定要加倍用心，多方面考虑，并且蕴含能够迎合大众心理、符合大众精神、平衡现实矛盾的意愿和能力。

为什么要这样？因为**传统的大众市场营销活动仅仅关注满足需求，而优质品牌的营销则需要创造市场需求**。它们要在消费者已经拥有一类产品时，创造更有吸引力的同类竞品，使消费者产生更新产品的消费需求。它们的产品一般有着更长的使用寿命，而不是快速消费品。即使它们的产品是所谓的快速消费品或定期补给品，其价格也会高于同类竞品的均价。

它们的产品必须站稳市场，凌驾于同类竞品之上。它们不仅要卖出商品，更要吸引消费者。这种吸引力营销的难度非常大，因为不仅要煽动消费情绪，还要煽动大众的非理性消费情绪。这种营销利用了人性的根本矛盾，即个人与集体、安全与自由、支配与接受，很多现代优质品牌已经将平衡这一系列矛盾的艺术磨练得炉火纯青。

与如今的知名企业相比，前辈企业们在以同样速率增长的同时，**尤其重视以商品独有性抵消品类全面性，既给我们以归属感，又让我们保持对商品的渴望。他们可以不断让消费者感到特殊性，即使消费者明显意识到自己并不特殊。**

大多数品牌做到这点通常采用以下两种战略，深刻体现了二分法的精神，并解决了平衡"接近与距离"的最高挑战。

1.达到高点，赢得市场。

2.保持低调，留住市场。

战略的第一步，它们用一种特殊的，所谓自上而下与自下而上的方法关注需求的本身。现代优质品牌或顶级品牌会在产品设计和目标客户间进行细致的区分，一般说来，它们会努力在产品相关领域结交一些风尚发起者和潮流引领者，倚仗其原始拥护者逐步发展壮大。这样，既能证明产品的优越性和必要性，又能帮助品牌定位目标客户群，抢占市场。

战略的第二步，它们会更多地关注产品和服务，而非消费者。顶级品牌会创造一种稀有感，以构建独特性，继而战略性地控制供应，以刺激需求量。这种手段并无新奇之处，但十分重要——从前很重要，将来仍然很重要。实现这种局面可以采取很多手段，比如从特制版、限量版到季节珍藏版，到特殊渠道供货，再到高度控制、模糊或假想分销战略。另外，还有一个古老而普遍的方法，通过高端定价，将部分消费者排除在外，使剩余部分感受到独特性。

我们将认真观察这些手段，并提供大量实例，还会特别关注这些手段如何自然地在大众范畴中发生作用。在高端耐用品或奢侈品领域应用稀缺性手段很容易，但如果商品本身具有一定的普及性，使用上述营销手段则具有很大的挑战性——这种情况时常发生在现代优质品牌的营销案例中。

天鹅绒绳子的魔力

优质品牌并不轻松，它们既要保持销量，又不该卖给我们太多产品。它们一定要引领消费者，让消费者向往，并心甘情愿地付出超过商品价值的价钱。

那么现代优质品牌或顶级品牌是如何实现这一点的呢？它们是如何创造独特魅力，让我们丧失判断理性，诱导我进行消费的呢？

其实，它们很大程度上是让我们产生一种"渴望拥有"的感觉，让我们接触一些看到后就不想错过的东西，一些令人兴奋、能丰富人们生活的东西，给我们带来更多的快感和乐趣，甚至是一种更加有意义的体验。**换句话说，它们挂起了一条天鹅绒绳子，当然这并不是真正的绳子，只是一种比喻；就像是一道引人好奇的屏障，诱使人们想要投身其中，进行尝试——这就会让人们有一种神秘的距离感，即使距离不过半米，甚至差之毫厘，也依然神秘。**

大量资料证明，天鹅绒绳子的发明者是乔治和罗伊斯·波尔特。1894年，他们在纽约市第五大道第33号街上开了第一家华尔道夫旅馆（后来的华尔道夫酒店）。天鹅绒绳子理论后来被伊恩·施拉格和史蒂夫·鲁贝尔重视并完善，他们就是创立于1977年的另一个纽约符号54号俱乐部的老板。虽然这家俱乐部仅运营了短短四年，但它的超选择性进场模式却成为行业典型，为创造顶级魅力品牌树立了典范。

施拉格和鲁贝尔发现了一个在人性深处已然根深蒂固地的东西，并把它提升到迷人的高度，以至于全世界大部分夜店仍在使用这种手段。香港KEE艺术家精英俱乐部的创办主席克里斯蒂安·罗伯格告诉我们："让大家对我们着迷的秘密就在于，我们让他们越过那条'天鹅绒绳子'，进入到顶级群体中去"。因此，各大品牌通常会将自身风格化，比如艾伯克龙比和菲奇公司就在大多数店面前直接挂置一条天鹅绒绳子，并配有身材一流的半裸男侍从作为吸引点。

人们大都为两种需求而自我矛盾：融入集体和寻求独立。一方面人类是群体动物，需要互相依赖而活，一定要有一种情感纽带，彼此联系，依偎拥抱。然而另一方面，人类还有着自我意识，这驱使着我们去探索并体验我们的独立需求——我们都是不同的个体，或者说至少希望独处。有句话是这么说的："我们团结在一起是为了感受各自的不可取代。"但使这句话自相矛盾的是，我们只能在与人相依且相争的时候才能实现那些需求。我们只有在集体中才能体会自身的个体，我们需要他人来帮助我们体会自身。这给萨特带来了灵感，写出了著名的存在主义名言"他人即是地狱。"（萨特，1947年）

54号俱乐部并非单纯地利用了这一点人性矛盾，它走得更远，增加了一个极端的变体：不可预知性。这点使它变得极度不可遏制，甚至对那些从不担心无法进场的人，比如丽莎·明尼里或戴安娜·罗斯，也同样不可预知。这就是成功的现代"优质天鹅绒绳子"——无论是在夜店，还是在我们的品牌世界中都一样。你无法单凭金钱买到进入54号俱乐部的入场券，也无法依靠你的某种穿着进入其中，就像起初华尔道夫酒店花园庭院的天鹅绒绳子。你不知道自己是否具有足够的魅力，你甚至不知道自己明天是否能进场，因为你今天就没有进去。这一切全凭看门人史蒂夫·鲁贝尔的主观意愿和他游移不定的心情状态，他决定你是进场还是继续期望——每晚都不同。

顶级品牌十分看重这一点，它们不仅以传统的形式应用天鹅绒绳子理论，而且在其他各种形式上都会去尝试。它们之所以有那么大的魅力，是因为它们在一定程度上可以超出你的控制范围。当然，你仍然是消费者，顾客就是上帝，但一切都是你无法掌控的。顶级品牌不会让自身变得很容易获取，甚至对你来说可有可无。它们不会把自己装扮成沃尔玛门店前的脚踏垫一样，做甜甜的呆笑状，而是让你如履薄冰，让你永远猜不透你是否被它们选中，以及如何被它们选中。它们始终坚持核心理念，但有时也会给我们惊喜，就像时尚设计师一样，避免被同行们猜到他的想法。顶级品牌会不断地重新定义核心部分，将"天鹅绒绳子"不断地移动，以至于我们别无选择，只能被其迷惑并继续追随。它们在进退之间的平衡手段十分高明——把"天鹅绒绳子"绷紧，拽着我们前行。

○ 新的规则：很好，但是……

宝马旗下的迷你品牌是应用这种平衡手段的最佳案例，它在需求欲与归属感中稳扎稳打，持续了将近六十年，直到2001年重新发布，才令世人赞不绝口。宝马迷你的成功体现了在现代商业世界里如何进行得体的营销。它们创造需求与公平，同时以两位数的增长率不断发展，这全倚仗其严格坚守的新规则：很好，但是……

提到"很好，但是……"这个手段，第一个也是最明显的标志就是，迷你美国公司在2002年开展的一项营销战略：踩着刹车进入市场。它们并不追求大批量销售，而是有意将车辆限制在两万五千台，尽管随后的年产量达到二十万台。它们想征服一个新市场、一个新大陆，同时也想构建并保护自身的独特性。这的确如一条绷紧的绳子，十分冒险，但事实证明，这个手段卓有成效，还不到年底就已经售罄，并且在接下来的三年里一直保持着这种销售状态。更重要的是，大家对迷你品牌的认同度从2001年的12%上升到2002年底的53%（源自爱车网）。

宝马汽车集团的媒体预算仅向两千万美元，在美国，这种预算对于一个汽车品牌来讲简直微不足道。此外，标准款车型的平均售价在两万美元到两万五千美元左右，这明显高于同类市场竞品。然而，还有一点需要注意，迷你车型在市场上并不存在竞品。宝马发布这款车的目的就在于打造独一无二的产品，以向美国人展示德国人的实力。迷你至今仍是小型车的经典，就像它展示给世人的样子一样。宝马汽车集团使用过人的营销手段，使迷你一度成为巅峰之作。

换一个角度讲，迷你并没有主动推进，而是采用了一种大师级的吸引力营销手段。**它不主动出击，这就确保了时刻处于全力备战状态：它吸引消费者的注意，勾起消费者希望自己与众不同的欲望。**这就是它的目标市场所具有的好奇点和兴趣点，这两点将它提升至前所未有的高度，并创造了一种非传统形式的稀有感和独特性。

就像54号俱乐部一样，它"运用人们邀请朋友到家里做客时会用到的方式"（亚达·元，2007年）来选择顾客，以此来营造一种集体感，或者说是家庭感。在这里，金钱并不能让你买到入场券，而是让你以一种不可预知的复杂方式来成为"被选择的少数精英"。它不像法拉利那样，人人都有资格购买，而是像纽约居民董事会那样，去挑选自己的客户。事实上，这很像先到达先服务，先满足一

布达佩斯迷你吧——顶级品牌运用天鹅绒绳子理论的直接体现。

图片来自科迪·拉斯左罗，由宝马集团提供。

大批预订客户，但给人的感觉是，你必须是渴望成功的创造型精英人士，或是颇有教养的博学之人，这样你才能拥有一辆迷你汽车。同时，你必须积极分享迷你品牌的这种反叛文化，才能被选上，才有资格拥有一辆迷你。品牌炙手可热，车主也似乎提高了身份。

与此同时，迷你品牌还进化了它的天鹅绒绳子理论，它创立了各种内部团体和车主俱乐部，成为真正的多层级别团体和志趣相投之人的小团体。它甚至还开设了真正的迷你休息室，比如在马德里或布达佩斯就有。它带来的是一种独一无二的、具有都市感的、突破传统的种群品牌精神，真正进入了迷你粉丝们的生活。

然而，"很好，但是……"规则还可以走得更远。在本质上，它要求现代优质品牌在所有客户中都使用模棱两可的手段，让客户总是在能否被接受之间徘徊，以此来构建诱惑点，使之全神贯注，一直思考自己是否有资格越过那条"天鹅绒绳子"。**这就要涉及平衡的手段，如何在每一个接触点、每一个行为和每一次选择间设定合适的距离。**看似时刻为你准备，实则障碍重重；看似随处可见，实则永远具有独特魅力。

从确定目标和营销推广角度讲，有两个简单的"必须"，让整个原理变得切实可操作："达到高点"和"保持低调"。下面让我们先来看看"达到高点"。

天鹅绒绳子理论一：达到高点，赢得市场

第一点也是很有争议的一点，如果你希望天鹅绒绳子理论能对你的品牌有所帮助，让你的目标人群对你的产品产生需求欲，那么你首先就要抓住消费者。这个概念建立在人们被集体感和独立性"撕裂"的基础上。那些理论上可以成为局内人的人将会决定谁在局外等待，这可以确保你顺利实行激励式的吸引力营销。

接近目标客户群有两种方式，一种叫作自上而下，另一种叫作自下而上。就像任何一本营销图书里写的那样，他们要确定战略目标，即能让他们成功赢取利益的客户群体。但是，他们首先要清晰地确定"设计指标"，也就是理想的客户群体，我们通常把这部分客户称作"顶级目标客户"。

顶级品牌的"达到顶点，赢得市场"就是，使用激发好奇心和购买欲的手段，让消费者感到无所适从，然后引领他们走向原本不属于他们的地方，为他们营造一种优越感。 对顶级品牌而言，这个"顶级目标客户群"是它一切行为的基准，它要想方设法与这部分客户发生联系。因为它知道，只有与消费者的梦想保持一致，才能让它继续保持梦想。那些梦想大多与消费者的内心需求有关，比如怎样做才能活得像某人一样，或者他们希望自己在别人眼中是什么样子。

○ 特斯拉的自上而下战略

自上而下战略中最具时代感的案例是特斯拉公司，这是一个炙手可热的豪华轿车品牌，它在美国的汽车行业中销量排第三，至少在加利福尼亚州是这样。

除了清晰且吸引人的行业使命外，特斯拉汽车的优势还包括智能性，以及更吸引人的自上而下的合理战略。

特斯拉的首席执行官埃隆·马斯克非常注重也倾向于利用人们的虚荣心，他打着生态科技这一具有吸引力的旗号，创建了一个终极汽车帝国——几乎每个车库里都有他旗下的电动车。

特斯拉的架构呈现出一个非常简单的阶梯状模型：首先触顶赢得高端市场，随后向下游发展，利用顶端资本逐渐膨胀至中、低端，逐步实现民主化。按照这个架构，特斯拉首先推出了特斯拉跑车——一款高电动化运动跑车，随后从2008年到2012年，发布了特斯拉S系列，一款全电动化跑车。

第一代特斯拉跑车的售价超过11万美元，第二代在9万美元左右。它可以满足客户的大部分需求，唯一的问题是价格高昂，因为特斯拉初期只是一家名不见经传的汽车公司。然而，特斯拉成功了——正是运用了天鹅绒绳子理论，马斯克给自己定下任务，要让旗下轿车大量行驶在好莱坞的街道上，最终他做到了。

从本·阿弗莱克和詹妮弗·加纳到劳伦斯·菲什伯恩，再到布拉德·皮特和安吉丽娜·朱莉，特斯拉的粉丝就好像是奥斯卡颁奖典礼的名单。好莱坞甚至还制作了一部关于19世纪电气工程师尼古拉·特斯拉的电影，特斯拉的名字就是来自这位电气工程师。虽然开着特斯拉汽车的名人们声称自己并不在意这种营销方式，以及"开着特斯拉汽车的人都是名人"这种观念，但是他们也推断，随着其他好莱坞名人的"入局"，将有助于特斯拉汽车不断增加吸引力。

然而，特斯拉汽车的粉丝们也认识到，他们当中最大的明星其实是马斯克本人。马斯克先生所研制的发电技术，照亮了整个行业，他的Twitter（推特，一家美国社交网络及微博服务网站）上有超过100万的粉丝。这种情况对他的汽车产业当然很有帮助，尤其是当你看到他如汽车制造行业的救世主般存在于这个世界时。他是乔布斯和戈尔的综合体，是一个"创造型思想者和实力健将的结合体"，有着迷人的性格和坚定的信念。这是一个让人无法抗拒的吸引点，而不仅仅在于他是环保意识精英中的佼佼者。他就是他自己顶级的客户群，有着大量财富和名望，同时富有远见，这是任何人都想成为的样子——疯狂，勇敢，亲力亲为，而且有能力将世界变得更美好。

正因为马斯克追求自上而下的战略，所以"达到高点，赢得市场"成为特斯拉与生俱来的特质。马斯克最终追求的从来不是将产品变成人人都买得起的大众消费级电动汽车，他只利用上层资源来实现自己的理想。2008年，马斯克在Twitter上发文说："简单来说，我的总体规划是这样的：一，发布运动跑车；二，用运动跑车的盈利来制造大众消费级汽车；三，用二中的盈利制造性价比更高的汽车；四，实现以上三点后，继续提供零排放发电能源。"如今他在网站上发表了更为详细的战略规划："特斯拉的战略是进入高端市场，那里的消费者资金充足，愿意付出，随后再进入下级市场。"（源自特斯拉官网）

埃隆·马斯克从来不隐藏他引领消费者的野心。他总是能用直率的方式拉紧我们的神经，让我们都为他着迷，或者说我们并不是被他摆布，而是发自内心地对他感兴趣。我们相信他的使命，心甘情愿地助他一臂之力，并为此感到荣幸。于是我们都有了成为环保精英的意愿，挣脱所有任人摆布的感觉，快乐地变成这位环保大师手里的棋子。

○ 合作构成独特性

然而，促使特斯拉战略成功的因素不仅仅是马斯克的个人魅力或他的抱负。尽管他对事业的态度非常开放，但是单凭这个他可能不会成功。他的成功还在于他做的东西越来越流行，通过这些东西，他得以继续开展自上而下的战略，也称作"达到高点2.0版"。

在更为年轻化、受教育程度更高的客户成为营销行家的时代，唯一能够有效套牢客户的手段可能是某种合作手段。

埃里克·米基卡夫斯基利用Kickstarter（美国一家众筹网站平台）作为平台，创造了两个合作社区，一方面有着热情的软硬件开发者，另一方面有着很大的个体投资者群体，由此制造了一款可穿戴电脑——Pebble智能手表。

2012年，Pebble品牌奇迹般筹集了一亿美元，售出了四十万块智能手表。2015年，即便Pebble品牌已经有充足的资金开发经典款，但它依然选择众筹来进行产品开发。在不到一小时的时间里，就筹到了一百万美元，同时还直接借此扩大了客户群。

这反映出人人都希望成为参与者，而不是被动接受者。有时我们甚至希望被当作笑话里的小丑，因为尽管被愚弄，但我们有了参与感。

顶级品牌以设定理想客户的手段来诱导我们，就算我们看穿了这一点，也一样无法自拔，因为我们无法控制自身的欲望和感受。我们总想成为梦想团体中的一员，即使那永远是个梦。就像曾获诺贝尔奖的心理学家、行为经济学家丹尼尔·卡尼曼和他的团队一再证明的那样：**人类的直觉和天性是容易受蒙骗的，即使学历和受教育程度再高，有多么批判式的理性思维和逻辑能力也无法避免。人们永远会表现出某种程度的"非理性"，影响着最初的判断，从而被高明的营销方式或类似的手段所摆布。**

但对我们来讲，新型的自上而下战略可能会更简单。它在我们的"感受"和"知识"间周旋，它承认我们对营销的认识，并通过给予我们一种跟随感，而不是诱惑感，来安抚我们的批判思维。换句话说，它利用包容性来创造一种独特性，包容我们的思想和身体。它让我们融入，同时让我们甘心做快乐的跟随者。

有一些像特斯拉这样的公司，会凭借它们的目标或"华丽的使命"来吸引人们的眼球。另一个类似的例子是露露柠檬，这是一家运动服饰品牌，短短八年时间，它的净值就达到了十四亿美元。它们靠专注于实用美观的女性瑜伽服起家，在这期间还开创了跑步系列和排汗服系列。它们从一开始就没打断把时间浪费在传统市场上，而是专注于社群建设，追求自卜而下的经典战略。这种战略实际上是雇用了它们的"理想客户"和称为"露露头"的虚构用户——他们彼此认同，以此为傲。

教练穿着它们的品牌服装，在室内活动厅教授瑜伽或防身术，在目标设置厅跟学员们讲授训练项目。这一做法，扩大了产品认知度，也与地方社群建立了联系。此外，露露柠檬还通过当地的Facebook页面，邀请它们的客户在Instagram（一款图片分享App）和Twitter上分享衣着体验。在其官方网站上，它们鼓励

"体现露露柠檬生活方式和文化魅力的个体将会成为其品牌大使"。一旦被认同，这些品牌大使们就会获得大量的店内额度（一千美元），他们的照片、个人简介等信息会挂在露露柠檬的官方网站上。如此一来，品牌大使们觉得自己魅力大增，同时也使得这个品牌有了像俱乐部一样的真实感。

就像露露柠檬前首席执行官克里斯汀·黛伊说的那样："首要目标是建立一个健康的社群。如果说露露柠檬有什么超能力的话，那就是它的参与性：我们不怕痛快玩闹，不怕为某事代言，不怕为某物发声。我们的服装就是一个媒介，人们可以通过它表现自己喜欢的生活方式。"（马尔科姆，2013年）这让露露柠檬很快跻身顶级品牌行列，成为现代优质品牌的领头羊。

还有一个偏门的方法，能够帮我们构建这种"包容的"排它意识，那就是运用反语和夸张。这种方法对那些还没成为顶级品牌的新晋品牌十分有效，比如格力布鹏在Facebook主页上倡导"高品位社会"，它不像一般品牌那样想方设法去获取关注者们的"赞"，其创立者卡夫食品公司会对粉丝进行限制，大家必须完整阅读了说明，比如进行烹饪、吃健康食品等，才能成为"被接受的一员"。这是一种重构社会媒体，迅速将品牌提升至大众水准之上的绝妙方法。

无论你追随哪种方法，如果你是在极端保密或极端开放的情况下"达到顶点"，通过华丽的使命感招募你的"理想客户"，就总能得出一个结果：**与潮流引领者建立联系，以此造成"局内"和"局外"的感觉，使你的目标客户成为你的粉丝和忠实追随者。**

让你的品牌赶在潮流之前，同时使它成为社会动向的中心。利用植根人性深处的需求，将人们拽进局内，渴望拥有产品。虽然这些方法和战术在现代优质品牌中有各种形式的变体，但是它们的基础原理是不变的。人们渴望与人沟通，通过他人定义并发现自我。

如何设计顶级品牌

如果你想找到理想的目标客户或是你所认为的顶级客户，通常有两种方法。

第一种主要针对深知自身品牌理念的品牌创立者。很多知名的例子出现在时尚、美妆或生活方式等领域，例如汤丽·柏琦，她在很短时间内就将自己打造成时尚潮流人士。2013年，她就入选福布斯时尚领域富豪榜，这距她的同名品牌发行仅过了短短十年时间。她的品牌理念里混合了上层人群优雅、放松的人生态度，以及20世纪70年代风靡全球的嬉皮士精神。在这种生活方式的呈现上，没有人能超过柏琦本人，这点从她的博客粉丝数量或她所占据的媒体封面就能看出。每一次采访或自拍照片，都彰显着其品牌DNA的核心，而粉丝们则沉醉于欣赏她分享的豪宅生活或与名人朋友们的聚会。

如果你是一位男士，受到鼓励去做一个衣着讲究的精英分子，并在很多内行人才会聊起的领域有所洞察和见解（比如小布施町酒店供应的早餐是不是最棒的），那么泰勒·布鲁尔——《纽约时报》称其为时代先生、国际风潮鉴赏家——就会成为你的偶像。

布鲁尔于1996年首创了《墙纸》杂志，这本杂志被称为都市创新领域的"圣经"。2007年，他又打造了更具影响力的媒体王国《Monocle》。他通过他的杂志和《金融时报》的一个专栏，以及他的网络电台来宣传他的都市时尚理念，川且真正地忠于自己的追求，从不在社交媒体比如Facebook或Twitter上做文章。《Monocle》的订阅者（从各种层面上的）不仅每年需要支付150美元，还要购买由布鲁尔亲自挑选的《Monocle X》选集中的复古单品。想要感受这种专属于一个人的顶级品牌，你必须到《Monocle》富有禅意的办公室兼商店兼咖啡厅的店里，他的小店分别开在伦敦、纽约、香港和东兴。我们甚至能受邀参加他本人举行的聚会。

　　第二种打造顶级目标的方法，需要紧随文化暗流去触动有影响力的人群，创建吸引大部分人的产品。A&F是这方面的好手。这个以理想生活方式为核心的品牌，至今已经有过两次生命了。A&F创立于1892年，起初是为了迎合那些"假体面"的探索者，或那些追随A&F的名人消费者，比如泰德·罗斯福、阿梅莉亚·埃尔哈特和约翰·斯坦贝克。在这些超级偶像们去世后，这个品牌也逐渐走向末路，一家有限公司（现在是一家名为L的公司）在1988年将其收购。迈克·杰弗瑞担任总裁，准备将它打造成年轻人喜爱的顶级品牌。

　　我们发现了一些很酷的孩子——他们态度友好、朋友众多。但是，我们也发现，很多人没有朋友群体，不能融入人群。他们是被排除在外的吗？绝对是。**那些陷入困境的公司就试图将产品定位在每一个人身上：年轻人、老年人、胖人、瘦人……你不会疏远任何人，但是你也不会让任何人对你很感兴趣。**（德尼泽特·路易斯，2006年）

　　他们当然会尝试取悦众人。虽然有一些户外品牌和传统品牌仍在坚持，但情感拉动主要来自单纯的泛"性"理论，它刺激着年轻人的需求，通过一切接触方式满足他们。从半裸的少年在门口欢迎你，到室内弥漫的浓烈的古龙香水，再到墙上挂着的公司最具知名度的摄影师布鲁斯·韦伯的照片。这一切都在告诉孩子们，阿伯克龙比（美国时尚休闲服装品牌）非常酷，值得你花100美元买一件与众不同的运动衫。对此，美国礼仪协会和平等就业知识分子一度感到不满。杰弗瑞在2014年底就离开了这家品牌公司，他有着大量的孩子粉丝，尤其在美国，这为他之后的成功打下了基础。

　　现代顶级品牌都以真实或虚构的人物为形象代言人，让我们想要追随他们，而不是别人。这可能是旅行达人汤丽，或是与城郊风情正相反的泰勒，或是骑着中级座驾的哈雷骑手。

网络中的渴望与归属

互联网是一个放置天鹅绒绳子的绝佳地点，它可以随时随地让任何人沟通，以最现代的方式赞颂你的顶级目标，仅仅是手指点击的距离，却又那么遥远。

NAP（折扣）是一家时尚奢侈品网络零售商、生活方式传播媒体，诞生于2000年。它们提高了自己的顶级目标，专注于服务优质时尚达人、高净值人群和EIPs（极其重要人士），并利用这些人来建立品牌吸引力。它们满足重量级购物者的需求（这些人比一般人多花20倍的时间），以非常亲密又公开可见的方式，从个性化书目到免费杂志，再到指定个人店主，从预发行版本和精装珍藏版，再到同日礼箱送达，如果你在伦敦、纽约、香港或是上海的话，偶尔还会遇到惊喜。

普通的NAP购物者，每年花费数千美元，就可以在网站的评论和博客晒图上了解那些精英人士及其特权，让EIPs们评价自己美丽的衣服和享受的服务。然而，更广阔的目标群不得不身处局外，观望着、梦想着、等待着轮到自己接收"为您推荐新品"邮件的机会。由此可见，天鹅绒绳子理论在现代数字载体上也可以应用。

《VOGUE》杂志非常正式地推出了在线手工精选"影响力者网络"，以此来提升其品味制造者的影响力，力争达到新千年目标。这家网络成立于2011年，类似独家俱乐部性质，拥有约1000名高级博主。博主们宣扬着他们的热情、风格、感悟，并带领追随者们接受他们的时尚观和审美观。就像出版部总监苏珊·布拉格曼告诉我们的一样："自命不凡的专家有很多，而《VOGUE》杂志只会选择那些真正拥有天赋，并有着巨大影响力的专家来合作。"

博主社区曾爆发过一次强烈的抗议，抗议那些任意性的选择标准，因为这些标准导致《VOGUE》网络成员无法得到代言费。但是《VOGUE》集团回应说："《VOGUE》是潮流的先驱者就体现在这里。"博主们希望与《VOGUE》发现联系，并歌颂自己"被选择"。衷心的追随者们阅读代言大使的言语，当作向导，《VOGUE》在增加吸引力的同时也增加了广告收入。

迷你是一个非常强势的顶级品牌，它们通过多种方式对网络产生影响，比如通过提升社区债券、创建共享程序和契约的方式区分它们的粉丝。热心支持者可以得到"配置程序"，用来设计他们自己的迷你轿车；那些被选中并成为迷你车主的人，可以进入"迷你车主休息室"，以追寻他们特制款汽车的诞生；"迷你太空"只召集那些有共同想法的迷你车主，以此证明他们是最快乐的车主。除了这些，迷你仍然在紧锣密鼓地做着各种网络宣传，比如从创立全球迷你成员摄影奖到发行斋月艺术车，再到其最火爆的阿联酋酋长博主（来自鼹鼠皮官网）。

鼹鼠皮，这个笔记本品牌成功地把笔记本带回了大众视线的焦点。现如今，真正拥有它，无论出于什么目的，都是一件非常有创意的事情。在一次很长的采访中，其联合创始人马里拉·西布雷贡迪深入地解释了一系列问题，比如品牌如何与顶级用户群"有创造力的专业人群和有学问的工人"发生联系，如何提升品牌的吸引力，如何通过品牌提升其粉丝的需求。

从模拟到数字再到模拟的完美故事模式——鼹鼠皮。

图片来自朱克交流社区，由鼹鼠皮提供。

通过这次采访，我们可以了解到，除了线下的赞助商和社区，他们还有无可匹敌的线上社群，例如通过手机上免费应用和模板，有创造力的人就可以凭借他们的想法和创意进行创作，并分享给更多的人看——这不仅鼓励了他们自己，也为这个品牌灌注了酷酷的文化感。总之，西布雷贡迪不甘于只做一个"数字时代的人类"，还想构建一个与数字体验相同的东西，发行并支持全新的项目，比如与Livescribe或Voyageure（均为视频网站）合作。所有的这一切都花销巨大，因为其中很多项目和产品都具有超前意识，但经济价值仍然有所限制。不过，他们能够稳定顶级用户，并保证用户对品牌的迷恋，这种能力是不可否认的。

以上四个例子表示，很多方法都将数字媒体变成了宣扬个性和优越感的手段。事实上，它可以做得比其他方式更好：虽然在真实世界里，设置天鹅绒绳子时要非常小心，最好不要让别人发现它，但是在网络的虚拟环境中，可以完全开放。它让我们获得归属，同时又满心向往，仅仅一屏之隔、一触之力，就可以看到进入"内部人士"的特权。

天鹅绒绳子理论二：保持低调，留住市场

相传保时捷的总裁说过："当我看到一条街上有两辆保时捷在行驶时，我就开始担心了。"现在，在某些城市，他可能时常会遭受这种焦虑的打击，因为这个来自德国的豪华汽车品牌十分受欢迎。但他的话却说出了问题的重点。

第二个介于渴望与拥有之间的方式，不再把焦点放在人身上，而是更加关注产品的稀有性。这仍然是天鹅绒绳子理论的延展，但它不再依赖于"向往"，而是通过"拥有"将"局内"和"局外"划分开来。保时捷便是通过稀有性创造独特性，并让那些还没有意愿冲破价格障碍的人们渴望"升级"他们的地位。这不

是一个新方法，但它会持续有效。

要实现这种社会分配，最显著的方式是用定价将消费者划分开来。这种方式如同古代以物换物般陈旧，但一直有效：后来这个方法被神经学证实。根据斯坦福研究生院和加州理工学院2008年的一项调查（特莱，2008年）：如果你把两杯一样的酒分给两个人品尝，却告诉他们，一杯价值5美元，另一杯价值45美元。此时，以为自己在喝高价酒的人，其大脑中主导愉快感的部分就会十分活跃。然而，**价格因素也不像从前那样有效了，因为越来越多的人有实力购买昂贵商品和奢侈品，不经常买也会偶尔买。越来越多的品牌走向下游确保利润增长，价格的分化作用就越来越弱。**

全球有很多人已经达到了中产阶级，有更多的经济资本接触奢侈品。除此之外，优质品牌不推出廉价产品是很难生存的，除非像一些实力雄厚的法国奢侈品牌，例如爱马仕或香奈儿。好多入门级商品，例如香水和配饰，也开始拓展品牌专营权。这种现象导致商品的独特性遭到了腐蚀，让奢侈品褪去了光环（托马斯，2007年）。如果每个人都可以拥有奢侈品，那么它对社会地位的体现、概念和感受就受到了限制。

然而，不仅是财富的增长使顶级品牌的独特性受到损害，我们对营销知识和商业经验的增加，都使顶级品牌的发展更加微妙而不易察觉，它们以难以预测的方式保持着我们的需求欲。在体验经济时代，购买所带来的满足感不像从前那么令人愉悦了（派恩和吉尔莫，1999年）。连青少年都知道"每个人都能买昂贵商品"，虽然这种想法会受到不同地区具体情况的限制，但这种态度在全世界十分流行——在人们的意识里，有能力购买昂贵品的人群已经超过了实际有能力购买的人群（克鲁格和谢弗，1995年）。现金和其他天然物品，还有本来明显的身份区分物都失去了它们本来的能力。我们希望看到更复杂且智能的挑战，用以通过各种"测试"，使"划分"变得有意义，让我们最终感到自我提升。在一个所有商品看起来都唾手可得的时代，那些金钱买不到的东西变得更加有意义。在信息时代，这种东西就是知识。

○　知与不知，非此即彼

爱马仕铂金包据说是世界上最知名的手包。为什么？它自1984年诞生起就是符号化的经典品牌，这不仅仅是因为它背后关于法国歌手兼演员简·柏金的轶事，还在于它做工精细、用料考究，由艺术家级别的工艺大师耗时多天制作完成，就像其他令人尊敬的法国奢侈品一样。

它非常昂贵，用鳄鱼皮和鸵鸟皮制作，基本款要一万美元起售，特别款可以轻松超过十万美元。然而，真正让这款包成为欲望巅峰的关键，是因为它限量发行。若只谈到工艺和材质，有好多品牌都可以达到相同水平，但在2010年4月后就大不一样了。爱马仕前经理告诉我们，现在只能够预约特别款，谁也不能插队，必须排队等候。

谁都无能为力，必须排队等候，然后付钱取包。一切都超出了我们的控制，只能听命于幸运女神，让专柜的柜员决定你是否有资格拥有你理想的包包。我们都知道这是多么不可预测的事，即使对于那些最终拿到手包的人来说也一样。换句话说，爱马仕铂金包就像凯莉包一样，进入了稀有财富的王国，你只能满怀期待地等候上帝的打赏。这就是现代优质品牌的典型，尽管已经持续了几十年，但仍然能让人追捧到难以置信的地步。

爱马仕品牌实际上非常保守（或者说有它自身的传承，这取决于你看待的角度），正如道格向我们保证的那样：他们对名人也一视同仁，也不会发放赠品。唯一可以肯定的是VIP可以得到优先服务。但VIP也需要像其他人一样排队等候，结账付款——维多利亚·贝克汉姆用她的实际行动证明：他们也很愿意这样做。

因为这能给他们带来信誉，维护形象。这种方式也向全世界展示了这些人备受尊敬，或者说他们的身份地位符合爱马仕的要求，才会成为精选出的那一小部分人中的几个。

当然，"真正的家庭主妇"背着铂金包出现在大庭广众之下，这种情况也时有发生，毕竟我们还有很大的二级市场（雅克布，2013年）。但是，总体来说，爱马仕包的销售方式就像极其珍贵的珠宝或者备受追捧的艺术品那样。爱马仕手包的销售渠道并不是很清晰，需要掌握信息的公众人物才能获得。除了那些人，我们就只能远远观望，然后由衷地羡慕了。

有个有趣的副作用：所有成功购买到铂金手包的人都会把这个经历作为自己的原动力。他们会分享自己"成功"的经验，在某些地方添油加醋，以庆祝他们的坚持和社会手段，同时也可以抵消潜在购买人群的懊悔情绪。

每一个购买铂金包的人，都会促使这个品牌的神秘性达到顶峰，并逐渐走向神秘，从而引发人们渴望拥有的欲望——同时，也增加了拥有者的自豪感和保护欲。这款贵重的手包，成了一种社交货币。

但是，你不一定非要有这样一个高档手包或其他产品，来表达你"保持低调"的理念。一个价格没有这么昂贵，但也同样拥有奢华厚度的现代优质品牌，同样能赋予你这种理念，它就是帕纳拉面包坊（源自帕纳拉官网）。

在过去的两年时间里，帕纳拉面包坊迅速席卷了北美。小店静静地伫立在街边某处，里面有三明治和沙拉，你只有进去品尝过，才能把它分享给你身边的人。这种方式证明是有效的，帕纳拉建立了一套健康"隐式菜单"，每天变换菜品，这些都是只有懂的人才知道的。这些食品不会写在店内菜单上，不会跟其他日供饮食一样写在宣传板上，服务生也不会主动告诉你那些隐式菜谱。只有你是帕纳拉俱乐部的一员，才能在朋友的口中或在他们的官方网站上找到隐藏菜单，这样你才能点单享用。这会让你有一种身处某个小集体中的愉悦感，俱乐部成员间有一种大家庭的感觉，他们可以享受特殊的入口和特殊的服务。这种方式跟米其林主厨餐厅近几年的方式有异曲同工之妙——即使这样，你也不必非要去了解内部信息。

真正使爱马仕手包或帕纳拉的隐式菜单以非常现代的方式凸显而出的，给予它们"顶级品牌"光环的，是你不得不去了解这个品牌，它们的内部工作方法以及进入它们"兄弟会"或"姐妹会"的方法。这是一个通过内部信息传播而形成的消费选择，表明了只有你像它们一样足够特别，你才能找到它们，并获得入会资格。或者相反，如果你遵循它们的风格形式，你也会像它们一样特别。就像那些隐藏在小巷里的酒吧一样，就像典当行柜台后面的隐秘门一样，或其他有着神秘遮挡物的地方一样，没有任何人提示，因此只有事先知道的人们才能找到它们。它们非常节制，并有所保留，你常常连它们的天鹅绒绳子都看不到。但是你一定会在靠近的过程中逐渐感受到它们。

○　如果你可以，请抓住我

另一种能够让我们"保持低调"，并对产品保持向往的方式，更加成熟、民主，也更加平凡，那就是想方设法限制发售——**分季发行、限量珍藏和区域专供，让产品只在特定时间、特定地点限量发售，以此保证产品的吸引力，真正抓住消费者。**

费列罗集团旗下顶级糖果品牌柴丽尔蒙，只在欧洲地区限季发行。每到冬季，费列罗集团只发行樱桃夹心巧克力，因为夏季的炎热使它不易贮藏。如今，贮藏因素可能也有一定的干扰，但费列罗集团仍在保持这种传统的真正原因在于，这已经形成了一种成功的营销方案——让产品暂时下架，熬过漫长的夏季，等秋季到来就可以强势回归了。

当然，这个原理本身并无新意，薄酒莱新酒和风靡德国的白笋都用了同样的原理。有意思的是，好多小品牌和小的特供商店都在使用这种实际上并没有效果的手段，只是单纯地给自己增加特殊性砝码。

不过，人们明明知道这只是商家的故弄玄虚，依然愿意花钱购买。也许这只是人们的怀旧心理作祟，希望踏出每周七天，每天二十四小时的轮回圈，重回那个只有地球、月亮和太阳和谐运转的世界中去。这让我们意识到一件更重要的事——享受生命的衰退和流逝，并发现了一个事实——我们无法掌控一切——但依然带着一种希望，认为这一切都是真实的、健康的，是世界本来的样子。

以同样的方式，**通过限季和限量来约束你的欲望，这是构建优质品牌的重要特色。同时也是让人们购买不必要商品和重复购买已有商品的最有效且获利最高的手段。没有一种方法比它更有效，即让我们觉得明天可能买不到了，于是迫不及待地跑去商店消费。**

我们几乎每年都会有，至少会有一次这样的体验，那就是在旅行的时候，有些商品受到地域的限制（即使在这个全球化的世界），我们不能每天都获得，这就会刺激我们进行消费。现在你想象一下，有一件商品本身的数量是受限的，不仅是因为它距离遥远或者价值昂贵，更是因为它本身就数量有限。这样你就会自然而然地想要购买，这就是一个很好的机会，让你愚蠢得很得体，同时使商品好像珍藏品一样提升了价值。我们几乎可以把它看作一次投资，而不是一次冲动消费，这样有助于缓解我们的理性判断和感性体验。

迷你在这方面做得十分杰出。即使在年销量超过几十万台的今天，迷你也仍在进行变化（例如水平线），而不是扩大（市场深度）销量。

2014年底，迷你在重新发售后，发布了第11款车型。每一次新款车都给它们带来经典车型的完美诠释，例如SUV、敞篷车、运动系跑车或一款多用车。这一切使得迷你一直保持着稀有性，十分特别，不盲从于大众车市场，使品牌具有独特的文化性，以及买家渴望的独特性。

这种富有意义的高于平均价值水平的坚持是一个很好的手段，但一定要小心：要在品牌文化和车型迭代之间，在限制某个限量款和不时更新产品之间保持均衡。后者可以正好实现前者的对立面，好多汽车制造商就陷入了这样的僵局。每次公司发布新车，升级模型，都会自然而然地带来上一代产品价值的下降，这样就会一步一步地毁坏品牌产品间的公平性。这就是为什么坚持研发核心产品是重要环节，还要一次又一次地对其进行重新解读：换个包装，不换内容。这样随着时间的推移，产品就会为大众所接受，超过同类竞品。同时，**每次重新解读新款产品，都是产品符号地位的一种庆祝，而不是考虑哪些地方还有不足。这就是构建品牌的螺旋式上升价值，可以通过每一次版本、款式的迭代，同时使产品和品牌更加强大。**当你的客户知道他买的产品能够保值时，会沉浸在喜悦的心情之中——即使不能永远保值，也能保持很长一段时间。

最后，在区域专供方面还需要这样升级：控制产品的流动性，避免失去其区域专属特色。列德肯，一款半专业头发护理品牌，一直在宣传一个理念：你只能在专业的沙龙上买到它的产品，尽管实际上大家在各处的药房都能买到。这种方式保证了它们的品牌有专业品牌一样的吸引力和价位——这就与纯零售品牌划分了界限。斯蒂尔，德国高端电力工具制造品牌，曾有很长一段时间宣称"不在劳氏和家得宝公司（这两家公司是北美最大的家装零售商）出售产品"，只在小型、特色型零售商场提供服务，这样就能保证他们的产品品质，并满足特定客户的需求。

那些机场商店的不协调增长也建立在这种理念之上。中国人的奢侈品消费有25%来自机场（《精日传媒》，2013年2月）。机场的"优质购买力"并不仅仅植根于乘客被限制在机场这一原因，还在于这里的商品可以免于安检。这源于机场能给出行的旅行提供便捷的服务，而且所有乘客几乎都有时间在这里消费。它们的将理念，比如旅行的梦想、都市感和精致的生活方式，联结至全球范围，让我们随处可见，同时又觉得他们很特别。这也是现代优质品牌和顶级品牌所需要平衡的一点，让自己的产品遍布各处，但并不平庸。

以上三种方式显然都避免了随处可得、随时可买的特点，但这些方法都是近几年才开始流行的，不像时尚业、美食业或饰品业使用得那么早。可以说，现代优质品牌布下了一个网，横跨各种边界和范畴。

奥秘二：渴望与归属感法则

1.达到高点

想赢得市场，最好的方法就是建立一个华丽的目标和使命。

2.很好，但是……

通过天鹅绒绳子理论小心地调节距离感。让我们成为一部分——但永远无法被完全接纳。

3.在融入中将你排除在外

这取决于品牌的目标客户，放开地让大众融入进来，随后建立独特性，刺激大众的营销智慧。

4.保持低调

确保永不过度宣传，但一直在进行宣传。

5.让一些人知道

从而让另一些人不知道。当今社会，信息是最有力的分化剂。

6.限量

季度款、限量版或发行版，越少越珍贵。现在即使再说一次，也一样如此，对大众商品而言也不例外。

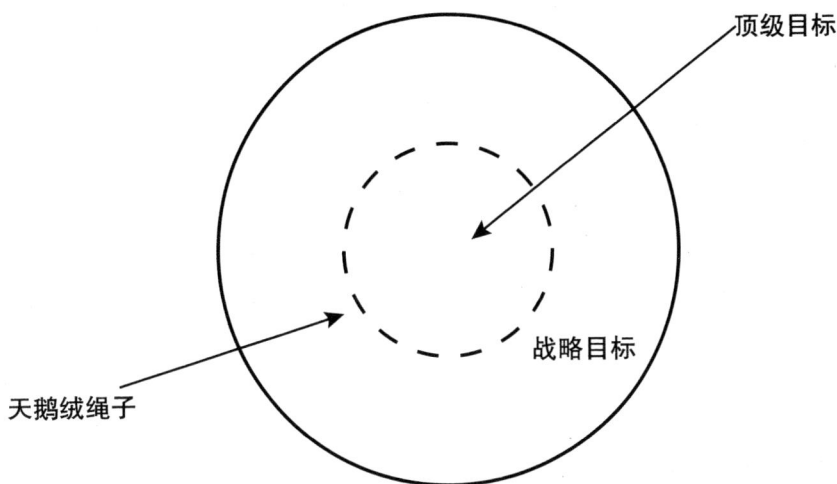

顶级品牌运用天鹅绒绳子理论，让目标客户对产品拥有归属感，同时保持渴望。另外，要建立一个社区，将目标客户聚集起来，并根据他们的目标和理想将之划分成不同等级。

顶级品牌案例研究二：红牛——渴望拥有翅膀

红牛，功能性饮料，自20世纪80年代末就广受好动青少年、卡车司机和易困倦的职场人士的喜爱。红牛的理念多年来长久不衰——牛磺酸在20世纪30年代的英国被宣传成"功能恢复饮料"——但没有任何同类产品能匹敌红牛的地位。

这一切都源于奥地利的迪克·梅特舒兹发现了一种来自东方的能力混合剂Krateng Dang（红牛水），当时他刚出差到亚洲，正在倒时差，他觉得这可能是他学习生涯中的天赐良机，于是他辞掉了营销经理的工作，与泰国制造商联合制作红牛饮料。随后经历了五年的配方、包装、名称和宣传的调试阶段，一遍又一遍地品尝测试后，红牛总算开始发售了。那年是1987年，始发地在奥地利。

○ 渴望得到冒险者般的归属感

红牛的理想目标是那些享受肾上腺素分泌的人，可能是运动员、特技演员、摇滚明星或DJ。这些人在红牛赞助的比赛中是核心角色，也是吸引更广大消费者的重要角色，因为红牛十分精通天鹅绒绳子的艺术。它让一些团体和有影响力的个体成为英雄，同时也在其他行业里大放异彩，让人们为之向往。

就拿法国人赛德克·格西亚为例，他是2003年"红牛狂冲"山地自行车竞赛的先锋冠军之一。这个项目非常特别，需要花费几年时间来研究如何更好地保护骑手的生命。赛德克的胜利激起了人们的兴奋点，促使更多的新人加入红牛消费者的行列。

同年，红牛还赞助冒险家菲利克斯·鲍姆加特纳横穿英吉利海峡。菲利克斯从10000米的高空落下，滑翔了35千米之后平安着地。这是他与红牛的第一次合作，红牛的市场估值在那一年得到了提升。

法律是天鹅绒绳子所不能逾越的，但是红牛在平衡"渴望与归属"之间表现得十分出色。就像大部分红牛赛事一样，红牛狂冲赛只邀请真正的骑手。因此，受邀成为圈内人士是一件值得骄傲的事。

红牛音乐学院是另一个有效掌握平衡的案例。《L》杂志的杰夫·克林曼将它描述为"行走在超越和灾难之间，结合了学术沙龙和实验艺术展，前途不可预知"（克林曼，2014年）。在不同的时尚社区，艺术家们提交作品，期待能参加为期一个月的"思想会议"。这类赛事，其实是红牛给圈外人的一个入口，让他们见识并体验一下圈内人的生活。

红牛创立的一系列赛事均反响巨大，从"集体艺术项目"到"你能做到吗"再到"公元前1年"，它只需把精力放在参与赛事的数百人身上，就能得到大众的关注。

这些赛事都属于极限挑战，因此总能令人振奋。从地方性的滑坡比赛到类似于美国宇航局NASA一样的任务，无不给人留下深刻印象，并很好地表达了不服输、不信邪的精神。赛事的机制是不变的：首先找一些人直接参与活动，然后再找一些有影响力的人、支持者和观察者进行证实，最后由红牛媒体部和内容库的专业人士制作成效果惊艳的事件，并把它传播给最广大的人群，由此展开炒作，进行商业化。

2009年，发生了一起重大事故。瑞士高楼跳跃达人尤利·金丝查特和加拿大极限滑雪者肖恩·麦肯基在红牛的镜头前身亡。尽管舆论呈现两极分化，但客户们目睹了这起悲惨事件之后，对他们心目中的英雄及其勇敢精神更加崇敬，对红牛品牌也增添了尊敬之情。

○ 使命与神话：给你翅膀

红牛的官网上写着这样一句话："给人类和思想插上翅膀。"这个使命的直接含义是，通过红牛赛事影响人们的生活，让人们在身体和精神的极限实现超越。

这个口号以"翅膀团队"的形式进行宣传，他们开着迷你车，在车背后系着很多红牛饮料罐，让参加完聚会的人、出租车司机、倒班的工人以及所有需要及时补充能量的人看到红牛。

红牛的神话可以概括成这样一句话："红牛为你带来超能力和梦幻般的体验。"这个神话的中心部分是那个红色的有点药物味道的果汁，以及它神话般的成分牛磺酸。

时不时会有谣言传出，说牛磺酸是从牛的胆汁、尿液甚至睾丸里提取的。夜店的人将红牛和伏特加掺在一起，称之为"酒精可卡"或"罐中之速"。

红牛被监管部门和家长们怀疑是在所难免的，但是像法国和澳大利亚那样下达禁令，只会让青少年们对这种"违禁饮料"更加无法抗拒（麦克唐纳，2011年）。

红牛依然保持着神话般的发展。它举办了"红牛超自然"滑雪比赛（源自红牛官网）；它举办了霹雳舞比赛，冠军被描述成"史诗般的霹雳舞对决，以及身体力量的超人展示"；它举办了冲浪比赛，竞赛选手们在亚马孙河湾的潮头中起起伏伏，努力避开碎片、树枝、食人鱼以及其他致命生物……看到这些赛事，你除了震撼别无他言。

红牛组织的各项赛事：飞跃加西亚悬崖，太空跳跃，霹雳舞竞赛，赛车。

照片由红牛媒体部门提供，作者：约翰·金伯森、简·诺漫斯、迪安·特雷姆尔。

○　享受极限

雷蒙德·杜利与红牛曾有过多次赛事合作，他向我们解释了红牛是怎样把品牌融入生活的："赛事与品牌的理念是一致的。参赛者如何绞尽脑汁制造飞行器，如何竭尽全力参加赛事，其中的细节我们很难讲明，但消费者完全可以心领神会。"

红牛和极限运动有着解不开的联系，《外部》杂志的编辑认为，如果没有红牛品牌，极限运动根本不可能兴起（《外部》杂志，2011年）。

起初，极限运动是一个很小的圈子，但如今成了全球最时尚、最具潮流性的运动，有了越来越多的粉丝，其中有普通人，也有运动员。

鲍姆加特纳和塞巴斯蒂安·维特尔在职业生涯之初就得到了红牛的资助，时至今日，红牛依然在资助他们。维特尔从十一岁起就得到了红牛的资助。红牛不会把商标印在他的车上，而是帮他专门打造一款车。

斯塔图的太空跳跃是由红牛构思、计划并执行的，耗时长达七年。

以上就可以解释为什么红牛花费几十亿美金进行营销，但只有很少一部分花在传统营销上，例如广告或店内促销（杜勒，2012年）。

红牛是私有公司，这有助于他们推广那些看起来耗时很长的计划，而梅特舒兹也有实力和耐心去经营。结果是喜人的，付出得到了应有的回报。红牛在维特尔赢得第一个F1冠军后，制作了长达九十分钟的访谈视频，并在红牛的专属电台和网站上独家播放。据保守估计，它产生的媒体曝光率价值十七亿美元，获得了超过八百万人次的网络观看量，创造了社媒奇迹。这样的独家权利和内容控制权，是领先于很多企业的，这让红牛成为强大的极限运动和生活方式媒体（赫恩，2012年）。

○ 成长永无止境——从活力到体验

红牛的业务扩展全部来自内部资金，企图创造一种"有机成长"。它的意识和渴望都十分超前，不是因为钱，也不是因为利益。它在大众需求之前进行分销，通过折扣和促销拉动销量。而这种方法恰好有效，因为产品并不是为了赢得测试，而是为了营造神话。因此，"一切尽在控制之内的向上发展"呈现出更具创造力和挑战的战略和经验。

红牛有超过六百名运动员，他们在红牛的Youtube频道带来了大量话题，以及三百五十多万观众（截至2014年7月）。与此相比，可口可乐和怪兽能量只有五十万观众，ESPN（二十四小时专门播放体育节目的美国有线电视联播网）只有一百五十万观众。

随着红牛频道和赛事的含金量不断上涨，红牛开始出售广告，并引进赞助商。类似红牛媒体屋或红牛特许签名这样的项目，已经转换地位，从营销投入部门变为盈利部门（杰索普，2012年）。放眼未来，红牛的业务可能会自然而然地从"可以"转移到"可以参与"，不再依靠饮料销售获取利润，而是从体育赛事的高价门票中赢得收入。

将活力饮料变为活力体验——这很符合红牛那潜藏无限可能的顶级品牌身份。

07　原理三：非销售行为——诱惑至上

前几条原理详述了顶级品牌如何走向领军地位，并在客户亲疏关系间划分界线，即在消费市场中时远时近，适度接纳消费者。而消费者更愿意或者渴望成为"被选中的少数特权群体"，这就是所谓的"隔离线原理"。

在这一行为的利益相关者面前，消费者手中掌握的"隔离线"已经成了一道既受到外在限制，又限制他人的门槛。它不仅有助于顶级品牌订立目标或制定配送战略，还能让产品的交互作用得以更好的发挥，同时也让不消费的人了解消费行业的"入门标准"。

顶级品牌需要在一定程度上夸大自身的销量，以此来展现与大众品牌的不同之处。**顶级品牌最大的挑战是，既要树立能吸引消费者的品牌形象，又要为消费者营造购物气氛；而不是靠吹捧产品和降低价位来刺激销量、吸引客户，这种做法虽然也能激起消费者的购买欲望，但收效其微。**为了刺激消费，顶级品牌会着眼于市场沟通与宣传中的传统理念，即"非销售行为"。它通常有以下四种模式：

模式一，即"展现骄傲，挑衅消费"，这是对"远近平衡"最通俗的理解。顶级品牌从不会主动取悦消费者，而是努力给消费者留下最佳印象。在经历了艰难的尝试后，顶级品牌最终决定以高傲示人，不接受被消费者"呼之即来，挥之即去"的自我状态。在品牌为王的时代，商家与我们交流时，难免会流露出以自我为中心的情绪，这样的情绪有时甚至会显得自恃过人。他们态度傲慢，一颗高昂的头颅似乎随时都想刻意挑起争端，好像只有这样做，才能证明他们"有两把刷子"。

模式二，即"避免过度曝光"。这种模式呈现出更加微妙的状态，内里联系也更加错综复杂。这一理论并不支持品牌展示自我力量或澄清彼此的立场，而是通过一些技巧和手段，营造出神秘的色彩。因为这样可以传达出更多的信息，给顾客留下自我开发的空间。综合各个方面，便会产生更加令人满意的结果。

模式三，即"艺术手法"。现代顶级品牌与艺术手法之间的联系，近年来愈发紧密。这不禁引人心忧，担心他们会相互扼杀，扼住对方的喉咙。模式一显然是具有商业倾向的，模式二的商业倾向没有那么明显，但这二者都在力求"跻身高端阶层"。以此看来，它们是可以做到彼此补充的。它们需要通过更进一步的操作来支撑彼此、检验彼此，赢得相互的尊重。因此，虽然顶级品牌在这一领域中有着广泛的研究价值，但它依然存在一定的风险，只是还未显露。

模式四是发展最晚的一个，但是它在此之后迅速成为顶级品牌"非销售行为"的主要模式，即"言出必行"。"非销售行为"的目的不在于营销，而是找寻与目标人群更匹配的沟通方式，尽量减少沟通过程中的迫切感与拘束感。顶级品牌更加倾向于以"客户获利媒介"和"自有媒介"来代替"客户付费媒介"：顶级品牌的营销不再是"谈论"产品，而是直接走入消费者的生活当中。

顶级品牌推崇互动模式，这使得推销在视觉感受上不再与广告营销同类。它们倾向于把自己包装成一种消费媒介、团体中心或客户顾问，为消费者提供有效的内容、信息、娱乐及服务咨询，让自身的营销模式看上去有思想深度，或者至少是精心包装过的。这样一来，客户在消费时便有了自我付出的感受，这正是拥有"特权"的人才能享受到的感触。而这样的营销模式，在很大程度上都源于数字革命的兴起，是人工智能发展的结果。数字革命会使品牌，特别是现代信誉品牌，以一种全新的、激动人心的方式得以呈现，这就是人们常说的"品牌公关"，但是它仍然要受到主流媒介和出版编辑的约束和限制。

有关"骄傲"与"挑衅"

有一个现象值得我们注意：当你看时尚杂志《Vogue》时，会发现广告里的模特眼神大都绝望肃杀，就算不是极度鄙视，也充满了厌世嫉俗的情感。然而，当你看《InStyle》（美国一家女性杂志）时，杂志里的模特却都笑容满面，仿佛从未有过忧伤。这便是"隔离线理论"在信息传播中最好的应用，也是"非销售行为"在实践中的典型范例。时尚界有着广为流传的说法：你的嘴角每上扬一毫米，你的身价便会掉下一个档次。不管我们喜欢与否，事实就是这样。

多数低价位品牌喜欢在广告中使用笑脸盈盈的模特，因为这样会使品牌看起来同模特的表情一样平易近人。而对此类营销，顶级品牌有着不一样的看法和目标。

即使在人们相对容易接触到的领域，顶级品牌也必须呈现出一种居高临下的姿态，以此来区别它与其他品牌的价格及差异。这就使得顶级品牌在做营销时，从一开始就拥有与众不同的立意——它既自信又权威。

妮维雅唇膏的案例：它在Facebook上打出"微笑生活""让我们更亲近"的标语，这样的广告营销确实有一定效果，它能让你会心一笑，进而想大拉近与它之间的距离。

广告中那些充满欢乐的人物以及青春和活力，会直接为品牌及产品打造出温馨向上的形象，这一效果出乎品牌的意料。

迪奥品牌的营销模式，法国时尚界知名高价口红的经典案例：凯特·莫斯（以性感著称的女演员）在画面中俯视着你，目光中流露着挑衅与倨傲；或者屏幕中出现达芙妮·葛洛妮维尔德（法国女演员）的一个面部特写，镜头中她性感撩人，紧接着广告标语以字幕的形象出现——"让你与众不同"。迪奥近来推出的一版商业海报中，达芙妮拿着"魅惑系列"的桃色口红，表现得阳光向上，宛若21世纪的碧姬·芭铎（形象积极开朗的女影星），尽管如此，达芙妮曾经肃杀高傲的"第一印象"依然烙印在消费者的脑海里，所有迪奥口红的宗旨——让你与众不同，依旧给人毫无争议的严肃之感。

这种营销方式并没有对错，只是在与客户沟通的方式上产生了不同而已，这样的差异取决于品牌自身的定位：保持大众品牌或者进军顶级品牌。

大众品牌会以一种友好的方式进行营销，去迎合客户的审美；顶级品牌，即使它极具现代特征，依然会以特权阶层的身份，控制自身与客户之间的交流，以灌输它想传递的思想。此类现象在美妆和时尚领域最为明显。而现实中，我们并不能复制某些品牌优越的视觉效果，因为我们无法获得允许。

○　承诺的信心

成为现代信誉品牌的首要条件是，能否为用户带来社会地位提升的体验。最直接也最传统的方式是，尽可能将信誉品牌与代言形象的每一处细节都建立起有机联系。

在当今时代大潮流下，这一点还是比较容易实现的，有时甚至还会看到自嘲的元素出现在品牌宣传里（回想一下2014年香奈儿的春季代言人卡尔·拉格斐，同卡拉·迪瓦伊和蕾哈娜坐在购物车里的幽默画面）。

如果品牌代言人表现出一种凶狠或者忧伤的姿态，宣传效果可能会更进一步。这是因为人类大脑经过几千年的智商更迭和积累，能够自动将这种有明显感官冲击的信号理解为"这一形象不会刻意去营造和谐的氛围，也不必担心自己会与他人对立，因为他（或她）对自己拥有足够的自信"。在贸易术语中，人们将这种现象称为"不平衡关系"。

正常且健康的交流起点被替换后，比如"我很好，你也不错"被替换成"我很好，但你不好"（伯尔尼，1964年）。如果不是彼此开玩笑，那么传达出的信息就必然有所映射。

对于大多数人来说，这种营销方法就像具有魔力的咒语一样行之有效。我们绝不会承认自己"低人一等"（难道有人会这么做吗），甚至许多人对此还会十分愤怒。因此，我们在与他人交谈时，总会不由自主地表现出"高人一等"的姿态。同理，**在品牌营销中，我们也会本能地去选择那些能衬托出我们高贵身份的品牌产品，我们认为自己本就属于这一品牌或者我们想要成为这一品牌产品的持有者。**

有趣的是，受这样的小把戏影响，当我们与比我们弱势或和我们平级的人共事时，彼此间的沟通效率往往更高。这也是为什么当你看到一个18岁男孩出现在布里奥尼的广告中时，会嗅到空气中弥漫着荣耀与权力的味道，并感觉到男孩的自信和年轻的活力。

男孩倚在一个罗马雕塑旁，身后是气派的私家花园，他自然会被衬托得更加华丽。男孩活力四射，身后的设置也变得恢宏异常。然而，品牌真正的伎俩却放在了男孩的话语和姿势上面：他的语气严谨且犀利，以至于你会自动联想到布里奥尼考究的剪裁与做工及其品牌定位和徽章价值。

还有一点值得一提，布里奥尼的广告语"生来唯一"，与上面所说的广告相比，就显得有些老套、不够引人注目了。这样的广告语在以前十分卖座，但在现代化急速发展的今天，产生的效果就没有那么明显了。这样的广告语配上现代化视觉篇幅，就能把广告设计的意图展现得很清晰了，即旨在打破视觉上的唯美画面。这无疑是一个优秀的营销手段，下意识诱导顾客与产品交流，激活了顾客的认知系统，让我们不禁开始思考，是什么让我们如此着迷。

○ 独特的态度

有勇气去挑衅，也是一种表达强势与优越感的方式。这一做法十分时尚，但也很危险。这说明当一个品牌敢于表达自己独特的观点时，那些同样有主见的消费者便会提升对它的好感度。这一做法虽然极端，但能达到理想的效果，即吸引到那些想要跻身上流社会的消费者群体。

还有些案例令我们印象深刻，通常是那些非著名品牌，它们会借鉴公众熟知品牌的营销噱头，尽管它们最终会由于某种原因而受到抵制，但此后反而得到了更多的关注。

举个例子：贝纳通的广告牌上曾出现过一位艾滋病人。毫无疑问，这是刻意谋划的营销手段，以此激起民愤，吸引公众注意力。他们在品质上符合一般品牌的公平与个性，但在宣传模式上走上了极端的道路，不以常规的方式与顾客交流。

再举一个更加经典的例子，2009年一炮而红的男士内裤品牌柏同尼创立于日本，在品牌建设之初，它选择的营销方式独特而又大胆。在走向世界舞台的道路上，柏同尼举起了反对的旗帜，颠覆了我们曾经熟悉或者在脑海中设想过的所有营销模式。

它选用的内裤男模，不是神话人物般驰骋于足球场的欧洲或巴西足球队员，他没有雕塑般棱角分明的身材，甚至连肌肉健硕的性感男性形象都没有。

相反，柏同尼走了另一条路线来展现性感的概念：它经常给模特的头发染上诡异的色彩，绝对不是我们常见的性感金发。它凭借这种风格一举成名，获得了大量消费者的关注，并以每条25美元的高价，在市场中出售自己的商品。

取得这样的成功，并不全是因为他们研发出了"无缝拼接内裤"。最近一项调查表明，产品本身的性能优势其实基本可以忽略不计。这一品牌成功的主要原因在于形象包装，即品牌所反射出的态度。一条有趣的内裤并不会产生新意，即便能给人们带来欢笑，也不能成为提高价位的依据。大众需要的是直击内心的幽默，柏同尼能赢得大众的青睐正因于此，它更注重打造睿智的形象，以此来代替幽默感。它使用幽默的元素，是为了抵制"靠雄性激素来吸引人"的陈词滥调。它敢于打破陈规，这不意味着它不尊重传统，相反，它恰恰将内裤产业推上了一个新高度。这才是让柏同尼内裤贯名性感的真正原因，尽管它的产品并没有什么特别之处。

42纬之下是另一个"与众不同"的品牌，这家品牌来自新西兰，主营高价位伏特加酒。它的产品曾席卷全球，现已被百加得公司收入麾下。它的创始人杰

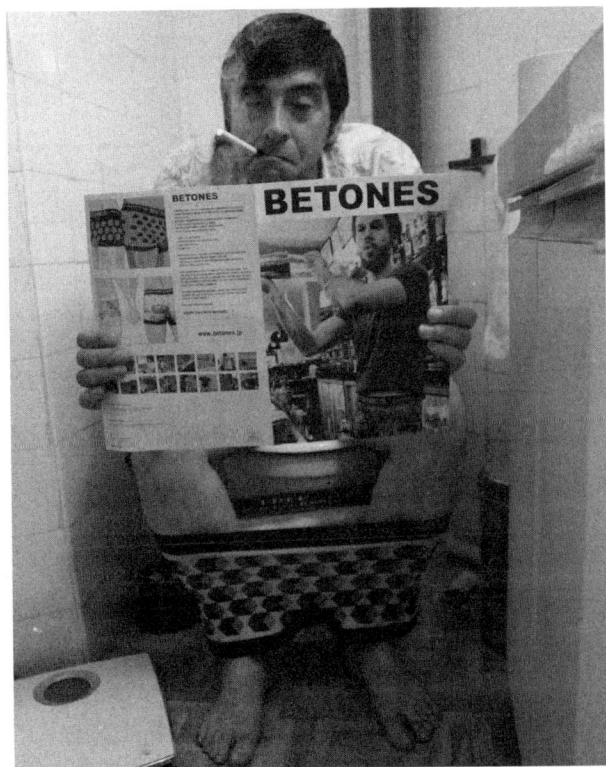

柏同尼男士内裤品牌虽然并非信誉品牌，但它利用标新立异的优势形象打入了信誉品牌的行列。

图片鸣谢柏同尼。

夫·罗斯将品牌的神话故事汇编成书（罗斯，2011年），读过之后你就会理解品牌的独特态度对于品牌构建有多么重要了。他的成功很大一部分取决于他的大胆精神（这里没有贬低之意）。

罗斯于2000年创立42纬之下品牌，当时，新出产的高端伏特加品牌已经很难在世界上开拓市场，因为四年之前，灰雁（现已被百加得公司收购）和其他一些知名伏特加品牌早已占据了整个市场。罗斯曾多次表示，42纬之下伏特加的成功不仅仅依靠于产品的优秀品质（其品质毋庸置疑），而且在很大程度上还依靠于42纬之下的营销模式。

42纬之下的第一条广告，就以所谓的"丑闻模式"出现，因为这条广告触及了一些敏感的政治元素。它全程以自嘲的口吻向受众传递信息，但正是这样的方式成就了它的品牌神话。

让我们欣赏一下它当时的广告摘语："美国名人购买我们的伏特加就和他们收养第三世界的孤儿一样。"

在这一方面，42纬之下与同行"老大哥"灰雁截然相反，但是罗斯确实受到了灰雁伏特加质地清澈这一特点的启发——不仅延续了灰雁的特点，而且将这一特质应用在了营销策略之上。

灰雁在说明书中才会提及"高度法国原酒"及"棕色质感"这样的字眼，而42纬之下则把"高度提纯"作为广告语与其几维鸟商标直接印在瓶顶。42纬之下打破营销传统，去除了与文化有关的常规手段，从而创立了属于自己的品牌文化。但产品质量仍然是它们唯一的"坚守标准"：即一切为了品质。由此可以看出百加得公司的深谋远虑，能将42纬之下收入旗下，建立起一个多元化的投资组合，以满足酒品鉴赏师和追求新颖文化者的需求，不失为明智之举。

○ 完美的平衡

上一个例子只是想证明我们最开始提到的极端案例，它们的"品牌理念"远比"品牌建设"更重要。后来人们发现，它的迷人之处在于把骄傲与冷漠结合起来，自成套路。它打破了传统与非传统之间的界限，将大量的高端品牌整合到一起，摆脱了产业传统桎梏的束缚，形成了自己的体系。

这样的营销只用作一次性的噱头，是否能形成一种维持骄傲与平衡的体系，还有待观察。总而言之，要用真正现代的方式去扩散其影响力。

2014年，法国高级珠宝品牌尚美巴黎在戛纳电影节展出了配有羽毛的珠宝产品，并推出了系列活动。

明星：玛丽恩·瓦斯模特，新晋女演员，主办方在戛纳电影节放映了她的电影，影片中她饰演一位高级妓女。

主题：一部神秘的艺术影片，主角有自恋倾向，缺乏必要的舆论构建。

影响：从有名到臭名昭著，从觉得美妙到刚性需求，从平庸到引领潮流。

技巧：敢于做身边人不会去做的事情，并以此为自己的风格。将传统产品和高端产品并置对比，有优势也有争议。

当然，尚美巴黎不会立刻激进地推广影片，他们也不应该这样做。尽管他们并不是一个新品牌，其历史可追溯至18世纪，但是他们引起人们的期待，将品牌注入活力，向世界展示他们仍"拥有活力"。他们继承传统，开疆拓土，以具有煽动性的手段展示品牌骄傲：极度时尚，超级性感，顶级概念。

这就是在现代社会非销售行为的理想手段：将品牌骄傲与挑衅相结合，绝不谄媚消费者，同时也能触动他们的心弦。向消费者展示你的立场和可靠性，让他们相信你具有推进文化的能力和勇气，就像一个真正的领导者应该做的那样。制定规则，扰乱消费者，再以一种新方式将规则与消费者绑定在一起。但不要为了挑衅而挑衅，这样会太明显、太廉价，也不要过分高调，那样会显得无趣，容易引起消费者的怨恨，至少对那些了解这种策略的消费者来说是这样。

奢侈品如何将名人效应转移到自己身上

启用知名人士为产品代言，这一做法非常流行，比如大卫·贝克汉姆，已经成为许多品牌的重要"脸面"，比如阿迪达斯、精灵、汉堡王、迪士尼乐园、吉列、摩托罗拉、缪克、百事可乐、桑斯博里、三星、天空电视等，仅举几例，不再一一赘述。以上所有品牌都有以他们的名字推出的产品，例如科迪香水和H&M内裤。因此，我们也可以称贝克汉姆为"雇佣兵先生"。

对顶级品牌而言，放弃来源繁复的特约形象人而启用名人代言，是最常用的营销方法——在某种程度上，源于顶级品牌的产品形象会因为名人的信誉而得到提升。**那些迫切需要明星魅力来保驾护航的大众品牌，对自己的价值往往会估计过低，而顶级品牌是绝对不会发生这种情况的。它们也想提升自己——但绝不期望因此而变得势利。**

顶级品牌通常会把品牌和"名人雇佣兵"之间的关系先阐释清楚，在营销过程中名人的形象往往会变成顶级品牌产品的忠实使用者或顶级品牌的忠实拥护者，商家借此形象来提升品牌产品的信誉。在老天面前，国王和品牌都是平等的。

文华大酒店把知名人士作为品牌追随者的形象转化成了一种典型的运动。自

2000年以来，无数名人包括演员摩根·弗里曼和苏菲·玛索，作者弗雷德里克·福赛斯，建筑师贝聿铭等，都以文华大酒店粉丝的形象出现在人们的视野里。他们与酒店一起向慈善机构捐赠一万美元。这是他们个人的选择，酒店透露捐赠的名人均出自个人意愿。据报道，许多知名人士的捐款都是通过获益媒体的平台。

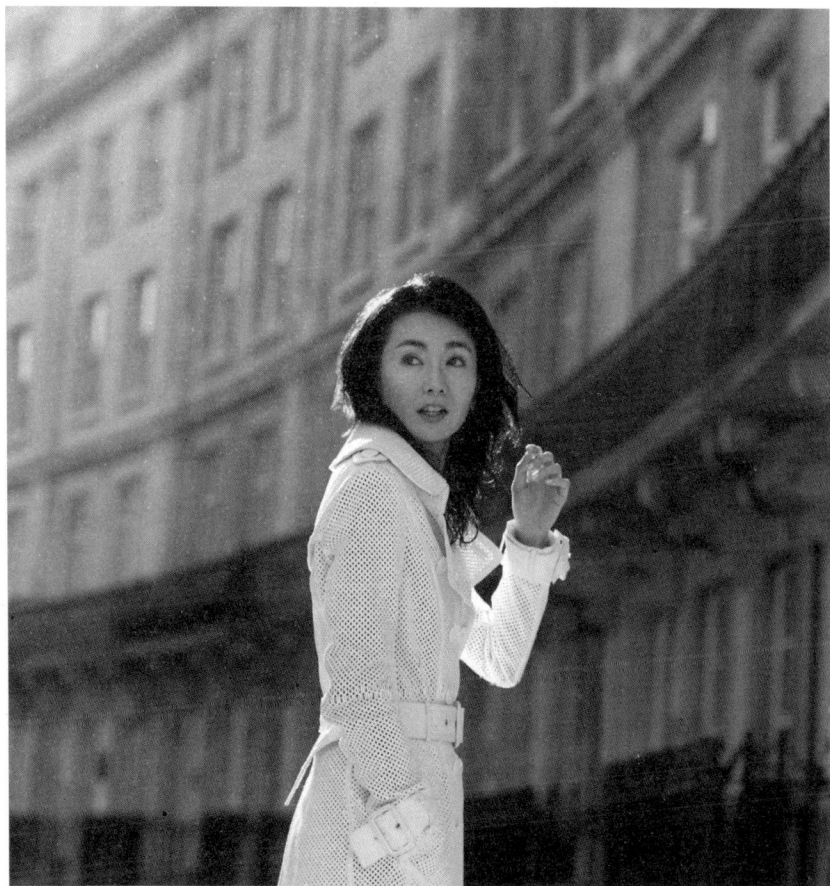

张曼玉作为文华大酒店的粉丝，以品牌追随者的形象展现给大众，而不是付费代言。
图片来自玛丽·麦卡妮，由文华东方酒店集团提供。

红牛可能会花费数亿美元来举办品牌活动，但它的重点在于对运动员的尊敬，红牛从不聘请运动员之外的代言人，也从不解雇运动员代言人。从拳击比赛到 F1 冠军赛上海站，红牛的宣传重点一直都是品牌如何支持运动员们，而不是"运动员们是否喝红牛"。有数据表明，所有高额赞助都是在没有任何正式合同的前提下进行的，也就是所谓的无偿赞助。

雀巢公司向我们透露，雀巢俱乐部成员已经共同推举乔治·克鲁尼为品牌大使，因为乔治将雀巢的产品广告与娱乐联系在了一起。这说明，在某种意义上，乔治获得了俱乐部所有成员的认可。乔治是谁？这样具有讽刺意味的标题也是他成功的广告之一。同样，在杰瑞米·艾恩斯的鞋品广告中，杰瑞米穿的鞋子被嘲讽为"由彼得卖家制造"。

创意活动把此类相互支持或反向支持的想法推向了高潮。这些活动给自己安上了有了知名人士就有特权的标签。这不难理解，想一想著名的真我香水，查理兹·塞隆为了迪奥而走向后台做起了模特，像玛琳·黛德丽、玛丽莲·梦露和格蕾丝·凯莉这些魅力无限的时代巨星也都被引入到活动中来。这样的做法其实大大回避了问题的实质：到底是谁支持谁？查理兹支持了迪奥，还是迪奥成就了查理兹？

避免过度曝光

在文化、商业、交流领域，都颇有建树的现代伟大艺术家基斯·哈林曾说过："毫无神秘感的宣传产生不了任何有效的结果"。这句话应该是本节内容的最佳总结。

顶级品牌通常认为与客户的交流是过犹不及，它们倾向于使用暗示手段去创造心理错觉，用捉迷藏的手法代替直接的品牌展示。它们会精心地营造出一个平行宇宙，在这里，商品如同星星般永不熄灭，它们的价值和价格也绝对不会打折扣。

大众品牌所传递的信息通常浅显易懂，而高端品牌尤其是时尚品牌在传递信息时则更加含蓄。因为**高端品牌大多不需要向顾客极力推销自己，它们自带光环，不必放下身段委屈自己**。因此，在商业广告或大众出版物中，极少能看到高端品牌对自己的产品原料、品牌现状以及最新的生产技术大肆宣传。虽然梅赛德斯和奥迪这样的高端产品已经开始以产品油耗、座椅舒适度以及高新科技为卖点宣传自己，但是总体趋势仍然保持未变。

高端品牌通常会使用引人入胜的故事来包装自己，可是等到消费者完全被吸引时，它们反而会掩饰一些细节——这种宣传手段在高端品牌的官方网站、宣传手册及产品目录中屡见不鲜。在公众面前，它们倾向于讲述故事，以便扩大品牌影响，为其锦上添花。例如，2014年梅赛德斯－奔驰的超级碗现场，奔驰现场讲述其在过去几十年中的标志性车型，并借机发布新系车型（源自超级碗电视台官网）。

顶级品牌偏向减少曝光的营销态度，以朦胧之美示人，而不愿备受瞩目，其背后的原因多种多样——毫无疑问减少曝光能够为品牌营造出一个更具吸引力的形象。另一方面，**无论是对个人还是对品牌营销来说，公开打折总会给人留下蠢笨的印象**，这会极大地影响品牌的尊严和骄傲。

避免公开曝光最主要的原因可能就像凯斯·哈林说的，是为了营造品牌的神秘氛围，加深消费者对品牌的印象，使其发挥出自身的品牌权威性和产品优质性。

○　从到神秘氛围到品牌悲剧

信誉品牌和顶级品牌总是会刺激我们的想象力，因为想象力是打通一切想法的大前提。顶级品牌希望我们控制感性的右脑飞速运转，而负责理性的左脑则尽量停止活动。它批判性地分析和质疑，只是为了使消费者陷入其创造的美好愿景之中。它**必须要让顾客觉得，购买产品之外，还能够获得更多的价值，否则产品的高昂价格就显得不合理了**。从这个层面来看，顶级品牌便站在"所见即所得"的对立面了。

顶级品牌是营造童话感的专家，它们习惯为消费者构建冰山，为消费者提供公主和王子般的享受，营造出蟒蛇吞象的假象，而这样的画面在大多数成年人眼中可能只是一顶老旧的大檐帽而已。（《小王子》，安托万·德·圣埃克苏佩）

瑞士名表百达翡丽的营销策略就是个很好的例子。其著名宣传语是"你从未真正拥有过一块百达翡丽，你只是替你的子女代管"。百达翡丽成功地将自己的定位，从高价位机械手表转变为可以传承的珠宝。这让你在花一万美元买一块手表时，不仅仅能满足自己的虚荣心理，还能产生投资收益的假象。特别是当你注视着这块精心制作的手表，想起那些精致原料和考究手工的小故事时，你就会觉得自己花这些钱十分值得。这时，百达翡丽手表也就不仅仅是看时间的工具了。

如果手表本身做工既不精美，材质又没有价值，甚至在众多瑞士手表中显得平淡无奇，那么即便消费者想象力再丰富，也无法忽视这些重要的方面。也许正印证了格特鲁德·斯泰谈论自己在老家奥克兰度过童年时说的那句名言："这一切都是虚无的。"

这样的案例也发生在现代信誉品牌或者顶级品牌身上。当顶级品牌的信誉已经重于产品时，同样的营销手段就显得尤为重要了。时尚品牌 A&F 就是一个最好的例子，A&F 很少在广告中展示产品，它们的整个广告画面几乎只有半裸的男模，这样的设计无疑会引人遐想。而 A&F 实体店的装潢则更像是酒吧或者舞厅，以至于客户很难看清服装产品样式，更不用说其他剪裁细节了。这样的设计使得消费者在选购时能够体会到朦胧之美，进而加深对其产品的喜爱，因为此时消费者获得的价值已经远远超出了一件毛衣带来的价值。

依云品牌的例子更加贴切，依云作为法国矿泉水品牌，因"宝宝活动"而走入人们的视线。但是这并不意味着，这个采自日内瓦湖的矿泉水在品质上会有所欠缺。

最初，依云营造的品牌神话有些让人乏胃，或说不吸人眼球。毕竟和依云一样带有神话色彩的泉水小镇，数量确实不少。因此，依云在1988年决定将广告营销方向转移重心，使用一些完全杜撰出的故事。

依云通过营销主题告诉我们"人要活得年轻"，它用电脑合成画面，展现婴儿游泳、跳舞的场景。消费者一看到这样的广告，就容易联想到自己。就连最新推出的一条广告，描写了一只小蜘蛛宝宝，也会让人联想到蜘蛛侠的形象。

如果说"婴儿游泳"的广告还能让人联想到水，那"蜘蛛侠"的广告真是和水没什么联系了，蜘蛛与水的唯一联系就是依云能让人像蜘蛛侠一样青春永驻。

这已经不单纯是在营销矿泉水本身了，而是通过广告本身讲述了一种更高级的东西。这种天马行空的想法已然使我们忘记去思考依云最初的商业目的，而是将我们自己提升到了一个更高端的类别之上。

依云的供应水源品质优越，但是依云的广告营销中，最具说服力的一点却是依云矿泉水能够"让人青春永驻"。这就保证了依云"高端瓶装矿泉水品牌"的地位，正因如此，依云矿泉水才拥有了更高的价格定位。依云所营出的良好意境，无论完全来自人力还是得益于机械制造，都促使它不费吹灰之力便成为顶级品牌。

○　进退之间

当然，如果你自己都不知道自己在做什么，那么你的观众也不可能明白你到底想表达什么。也许人们很喜欢依云婴儿系列的产品，但他们对这类产品除了喜欢之外，就再也没有别的想法了。换句话说，当人们看到百达翡丽的广告时，第一反应可能是租借一块手表而非花大价钱购买它。如果人们想拥有这个产品，就应该支付这样的高价，特别是那些处于行业顶端的品牌，价格可能更高。**不论是从物质上还是心理上，顶级品牌都绝不希望所有人都买得起它们的产品。这就是它们彼此间的区别和差异，商家故意让某一部分人群无力消费，从而让其他顾客感觉到自己是高端人士——在所知上高人一等。**

顶级品牌最后都获得了成功，并在这一过程中付出了极大的努力，它们的努力有着许多相似之处，但是彼此之间依然存在着些许不同。它们销售产品的风格更像是在搞教学研究，而不仅仅是传递信息。顶级品牌不愿意把采购过程看成谈判，它们更喜欢让消费活动变成对消费者的一种知识教授，让消费者了解它们的品牌传承、品牌产品、制作过程和产品保养保值。下一次买歌帝梵巧克力或鼹鼠皮笔记本的时候，你可以留意一下随产品附赠的传单。

在这些宣传材料上，所有设计图案和刊印的文字似乎都在鼓励你成为一位纯净世界里的鉴赏家，以此来了解消费物有所值。这种方式能减少消费者心中可能存在的后悔和内疚情绪，在市场营销之中，称之为"认知失调"。

顶级品牌的任务是创造需求，它们要把自己置身于神秘的氛围之中。因为神秘的氛围有助于消费者有新的发现，这正是顶级品牌的刚性需求。顶级品牌希望消费者是在主观喜好之下购买产品，而不是被商家胁迫消费。顶级品牌都心知肚明，消费者的消费投入越多，越难以摆脱品牌诱惑，进而越愿意购买这一品牌的产品。这听上去，像是具有神奇魔力一般，但事实上只是单纯地依仗逻辑规则。

这是一门艺术

顶级品牌通常致力于在某一方面创造艺术魅力。它们的产品处处散发着艺术气息，并且保持着优秀的品质，既重视细节又着眼于手工制作，连产品包装也是设计精美，但它们的价格让大多数人望而却步。当然，通常来说，顶级品牌的店面看上去并不像普通的商店，而更像充满艺术感的画廊。

品牌和艺术的联系在最近几年愈加强烈，艺术已经走下神坛，成为更多人的身份象征，品牌的地位却在逐渐上升，并成功打入了传统意义上十分受限的博物馆世界。

1998年，纽约古根海姆博物馆举办的摩托车艺术展引发了巨大轰动。在那之后不久，该博物馆又举办了乔治·阿玛尼的回顾展览。这两次展览，很多人至今仍记忆犹新。

其后，大都会博物馆举办的以"野性之美"为主题的展览，超越了其他展览成为最受瞩目的一个。这一展览是为了纪念已故时尚巨星亚历山大·麦昆，展览上展出了他设计的大量作品。然而，事实恰恰与我们的设想相反：就像麦昆的展览一样，许多文化机构都认为它是高端品牌，以销售为目的开办展出，但是现在这些文化机构反而被誉为创新的典范，它们举办的展览也常常以巨大的轰动而收尾。当然，我们在这里讨论的并不是那种以营利为目标的省级博物馆。我们讨论的是一种全球化现象，类似于中国北京美术馆举办的以"文化香奈儿"为主题的法国时装展览。

如今，商业与文化乐于彼此互助，一个带来可观的金钱和广泛的吸引力，另一个则提供名誉声望和受众认知。品牌可以带来尊重与承认，使文化机构或穷艺术家也能接触到一般人或者大众接触不到的东西。但是，不论以何种关系，文化与商业在合作中都要小心谨慎，不能在对方的怀抱中失去彼此。它们有着相互倾慕的美丽面孔，可它们在切断对方的脖子时也会毫不留情。

最近《华尔街日报》再次刊登了休斯敦自然科学博物馆举办宝格丽展销的新闻，该展览正是为了给当地宝格丽旗舰店开幕造势（盖默曼，2014年）。

○ 联合协作，提升价值

想要把文化与商业串联起来，有一种最古老的方式——品牌赞助：有钱的新郎（赞助商）在金钱上许诺支持他可爱的娇妻（受赠机构）。此类赞助模式最早可以追溯到文艺复兴时期，佛罗伦萨的梅迪奇家族不仅给艺术家们支付个人佣金，而且资助公共艺术项目和机构来提高自己的声望。

今天，大多数信誉品牌的品名之中都包含着赞助方和创始人名字。开云集团是世界上第三大奢侈品集团（旗下设有古驰、圣罗兰、葆蝶家、拉图尔等著名品牌），其创始人弗朗索瓦皮诺在威尼斯拥有两家博物馆，分别是海关大楼博物馆和格拉西宫，而他还准备将隶属于普拉达基金会的威尼斯王后宫打造成自己的第三个博物馆，目前正在和明星设计师雷姆·库哈斯洽谈，计划在米兰南部盖一座新的总部大楼。巴黎是卡地亚和路易威登两大品牌的发源地，这座时尚之都已经和这两家品牌建立起了密切的合作。

当然，现在几乎每一场大型活动、展览、团体观光或其他文化活动，都被相关的商业合作伙伴冠以品牌名称。商家的目的很明确，那就是成为众人瞩目的焦点，获得更广泛的关注与认可。为了实现这一目的，商家有时候会从支持者越位到头条者的位置，以香奈儿的移动艺术展馆为例，很多年前，它就以香港为起点开始世界巡展了。

有些顶级品牌，比如红牛，几乎把营销重心全部放在了文化活动上。在红牛的例子中，**品牌不仅仅以赞助商身份参与到文化活动中来，还以文化活动的发起者和参与者身份发挥着自己的作用**。当然，在大多数情况之下，红牛品牌只是负责文化活动的营销工作。

文化和商业之间契合点和融合点，在热切而浪漫的社会活动最能体现出来。巴塞尔专营艺术展就是一个典型的例子，这一展览的足迹已经遍布全球，从巴塞尔开始，经迈阿密，又来到香港。另外一场同类展览，名为弗烈兹的专营艺术展，始发于伦敦，现在已经获得了世界第五大国际时装周的美誉（朱达，2013年）。

商业和艺术彼此相连，密不可分。它们之间不仅有相同的提升取向，同时也有着相同的价值目标。在极具审美品位的画展中，受众可能花上几百万美元购买一件中意的艺术品，那他一定也愿意在一件称心如意的手提包上花个几万美元。这样看来，迪奥男装在迈阿密的阳光海滩上举办2014年春夏新品发布会就不足为奇了。

○ 合作激发灵感

另外一种现象，也能体现出现代艺术与品牌信誉的完美结合，即比传统赞助方法更紧密、更严谨的方法——商业合作。第一个把此方法推向流行文化前沿的顶级品牌非伏特加莫属，它在1979年把产品推向了全球市场。营销之初，这家瑞典公司就以造型独特的极简主义酒瓶作为营销中心。除了名为"完美伏特加"的第一支广告外，这一品牌从未在广告中重点宣传产品或产品原料。它大部分活动都充斥着各类文化主题，其中挑衅的态度尤为突出。它在各式各样的瓶子上加上标语，比如完美时间、完美迈阿密、完美出局、彻底无力和完美幻想。完美伏特加已经推出了1500多条类似模式的广告，有些将重点放在新型口味之上，比如柠檬口味伏特加，还有些着眼于特定场合，比如完美玛丽主题的系列产品。

然而，这些广告中最引人注目的还是伏特加与艺术家的合作成果。伏特加品牌于1986年邀请波普艺术大师安迪·沃霍尔在酒瓶上作画，并加上完美沃霍尔的标题。跟随沃霍尔脚步的还有凯斯·哈林、埃德·拉斯查、罗斯·玛丽·特洛科尔、达米安·赫斯特等多位艺术大师，他们的作品依然保存在斯德哥尔摩的精神博物馆中。完美伏特加现在也开始与尚未成名但前途无量的艺术家建立合作，其下一目标是巩固自身文化偶像地位，确保自己处于时尚顶端。

在过去的几年里，许多商业和艺术之间看似突兀的创意合作都来自时尚产业。马克·雅各布在2002年拉开了这一潮流的序幕，他经手打造的路易威登手包是由涂鸦艺术家斯蒂芬·劳斯重新解释后，而成为标志性作品的。这些单品一经推出，很快就被抢购一空。此后马克又和村上隆、草间弥生开展了类似合作，他还和尤尔根·泰勒以及索菲亚·科波拉合作过拍摄活动，和奥拉维尔·埃利亚松一起为路易威登实体店面进行设计。

许多品牌纷纷效仿这种模式，圣劳伦斯和迪奥在某些领域上借助这种潮流走上了行业顶峰。它们几乎同时邀请艾迪·斯利曼和雷夫·西蒙斯作为首席设计师，这两位设计师都反对纯粹的排外艺术，以亲近艺术的理念出名。

顶级品牌的任务在于以大众文化为依托来巩固自己，而不是局限在自己品牌文化的范围内。它们必须保持着凌驾于自己产品之上的眼光，以裁决者的角度审视产品。而获得灵感源泉的最佳方法，就是通过合作把创造和思维联合起来。

正如前文所说，这些品牌的大多数消费者不知道奥拉维尔·埃利亚松是谁，他们可能也不会认出第五大道LV精品店里哪个灯光雕塑是他的作品，但是这些都不重要。重要的是，文化精英能够看懂这些就够了，因为这些文化精英才是品牌的顶级目标客户，才是品牌需要保持密切联系和尊重的人，拥有了这样高端的消费群体，其他受众才会尊重品牌。

○ 实操案例

几乎毫无疑问的是，无论是大众信誉名牌还是顶级品牌，都需要确保它们的信息传递是在高标准的正规途径下进行的。如果你想变得出色，你首先要注意营销过中的每一个环节，而不只是留心你的产品和包装。这一点就是众多信誉品牌，特别是美学主导的信誉品牌，在宣传活动效果上大量投资的原因，这些品牌的营销方案大多与各个领域的精英展开合作，尤其是知名人物。

因此，它们的广告通常具有浓厚的艺术色彩，与真正的艺术品一样为受众呈现出精美图片，在不同层面发挥自身的感染力。这些品牌中，有许多知名摄影师经常游走在高端的商业性工作和真正的艺术摄影之间——比如菲利普·罗卡·迪克西亚、大卫·拉切贝尔、欧文·佩恩等知名设计大师。

最经典的一个例子是运行多年的美国运通竞选——由安妮·莱博维茨——目前世界上信誉最高的摄影大师亲自上阵拍摄。她所拍摄的名人肖像绝对能与纯粹的艺术摄影并肩媲美，艾伦·德杰尼勒斯和柯南·奥布莱恩拍摄的肖像就是一个很好的例子。

与此截然相反，香奈儿五号广告的拍摄地点从2004年开始，迄今为止一直是世界上最昂贵的景点。难怪4200万美元的总体预算中，只有1200万美元到了主角妮可·基德曼（香奈儿5号电影的主角）手中。从创造性的角度来讲，人们对这部影片的艺术优势仍然争论不一，但从生产价值方面来看，香奈儿的广告短片着实令人印象深刻，即便是十多年后的今天，香奈儿广告片的影响也依然深远。鉴于影片的长度（180秒）较短、成本较高以及风格出奇，相比于传统商业短片来讲，将它归类于微电影更为合适。很大程度上，这主要归功于整体品牌的内容变化。也难怪香奈儿在2014年再次与鲁曼合作，却选用了古赛尔米演绎"劳动母亲"的形象。据内部消息称，这一改变确实行之有效，短时间内迅速收到了500万次的收看量，同时营业额也上升了30%。但我们知道，这样的变化不仅仅源于香水产品本身的质量。

有一点极为明显，在上述情况下，"顶级艺术"在平等的基础上将天才们完美地集中在了一起。品牌将自身与艺术融合，笼络各类名人、天才创意总监和叙事小说家。有时神秘莫测，有时平庸无奇，但它总能呈现出高级的营销方式。

以此来看，你是选择花费数百万美元做出香奈儿的效果，还是选择那些名不见经传却价格公道又积极进取的设计师、建筑师和艺术家来为你工作，这取决于自身的目标和构思出来的想法。一般来说后者更有利于品牌的营销工作，日本前卫时尚品牌CDG已经无数次证明了这一点，澳大利亚品牌伊索也是很好的证明。

这一理念的重点在于始终维持文化的推动作用，因为当顶级品牌的出售变为禁止时，就需要保留部分客户，以及文化优势。

言出必行

这一节主要阐述"非销售行为"的概念。这一概念是营销的最新进展之一，因为它关系到数字革命：顶级品牌不但开发出自身的品牌内容，同时也亲自充当营销媒介。这就是现代市场营销更加关注营销离开付费媒介转向自营媒介和获益媒介的原因。付费媒介是指传统的广告，品牌购买独立的广告营销项目并向其付费。自营媒介则亲自创建品牌内容，它既自我经营，又在自己的媒介网站，比如Facebook、YouTube和Twitter等社交平台上进行分享。获益媒介是传统的公关过程，不会直接为媒介付费，但会通过其他方式进行支付。这听起来可能不太新奇，实际上却包含了一些极其鼓舞人心的新型营销模式。现下，流行着一种全新的观念和活动，不仅仅是让别人谈论你，他们也会谈论自己，我们统称为创意。

在非销售行为中，我们很容易发现付费媒介到专营媒介再到获益媒介的转变，这些转变都极其重要。顶级品牌不希望被说成是在过度地自我推销，它们仍然需要与赞助商们展开沟通。但突然之间，它们有了更多的选择来创造和控制这个世界，并与它们的追随者分享。这样的营销方式比之二十秒的商业广告短片和双页杂志广告更有深度，它可以为客户创造饱含深意且细致入微的互动体验，而且可以用更划算的方式做到这一点。

新近出现的一个营销模式分水岭是2014年初上映的电影《乐高》。《纽约时报》用一条颇具深度的标题评价它："才华横溢，令人不安。"（赫里雷斯基，2014年）《洛杉矶时报》对它的评价也同样颇有深度。

更重要的是，这部电影受到了客户与影评家的一致好评（96%来自烂番茄网）。就我们个人而言，这部电影并没给我们留下深刻的印象，我们也没感受到它的巨大影响力，反而感觉有一点无聊。但是我们赞成哈维利斯基的总结："《乐高》电影的辉煌在于解决了每个现代品牌的疑难困惑，并且开展了作为顶级品牌的颠覆性的创新挑战。"

这已经足够惊人了，一个品牌所拍摄的电影，没有立即被认定为自我炒作商品，却被誉为受欢迎的新型营销模式，这无疑是一个壮举！它表明，我们所研究的对象发生了变化，我们在知识储备上需要满足更高的要求。显然，**商业和文化之间的边界越来越模糊。这并不一定是很悲哀的事，反而是一种趋势**。我们欣赏一家品牌时，完全可以摒弃对于文化、商业融合的偏见，以一种自嘲的方式和足够的包容去看待它们，这样我们就不会产生被欺骗的感觉了。我们可以包容这种新型的营销手段，或者说新的"现代品牌难题"。哈维利斯基关于它的定义，特别是对于顶级品牌试图"非销售行为"的手段阐述得十分准确。

另一个相似的例子来自完全不同的领域，即普拉达拍摄的短片《疗法》，这部短片在2012年的戛纳电影节上首映。与几乎呈现出了所有动画人物（威尔·法瑞尔除外）、用时一百分钟的《乐高》相比，普拉达这部短片只有四分多钟，但影片之中却众星云集。本·金斯利和海伦娜·伯翰-卡特均有出演，担当导演的则是大名鼎鼎的罗曼·波兰斯基。这两部电影的相同之处是，它们出其不意，以高度集中的模式叙述品牌内涵和产品性质，同时也使用了自嘲的手法——但是完全没有损害它们的形象，反而使其更受欢迎。

普拉达的短片对我们来说更具趣味性，这可能是因为我们追求嘲讽形式的欲望变得更强烈了。

这两个实例均证明"非销售行为"是最好的推销手段。它们通过适度的推销将产品销售出去，引诱你卸下防备，却让你不以为忤，因为它们的营销手段让你感觉自己也是获益者中的一员。它们既花费巨资宣传自身品牌和产品，同时又颇为节制，从不居高自傲。

这两家品牌创造了真正的艺术杰作，但总是带着非常清晰的销售意图。最重要的是，它们引导消费者进入了它们想让你看到的购物世界。这些品牌真的"言出必行"，把营销进行到下一个阶段，达到了顶级品牌的水平。

○ 品牌作为媒介

最致力于接受这一事实的品牌媒介，本身就是世界知名奢侈品集团：路易威登。它最近向顾客提供了旅游文学服务，以及制定个人旅行故事的服务。当你进入它的轩尼诗网站，读到"疯狂的兔子"（用来表示激情的术语），并看了很多视频之后，就能发现意外的惊喜：一瓶白兰地酒。它的鞋类奢侈品牌伯尔鲁帝创造了一个精致的生活世界，让它的主页感觉就像一本杂志，而不是一个品牌网站。

无论是过去还是现在，这些品牌都面临着巨大的风险。编辑基体网站（奋进号）于2010年推出，这是一次超越公司范畴、超越品牌范畴的大胆尝试。它似乎真的创造出了超出企业利益的财富，并向我们展示"时尚、艺术、美食、娱乐和旅行都能够在一个富有高度创造力和先进技术的平台下良好运行"。当然，这在一定程度上有所吹嘘。

然而，这个平台确实是完全对外开放的，人们可以随意提交想要发布的文章、视频、想法、项目、创造性工作……任何对文化具有好奇心的人，都可以在这个平台上找到有趣的事情。当然，平台编辑团队也会对你发布的作品和信息进行扫描和评估，但是对你的信息来源或内容不会加以限制。至少从理论上讲，路易威登是所有品牌中在这些方面上最具有天分和竞争力的一个。其他品牌甚至很难了解路易威登品牌的所有权标示，还有的甚至都感知不到这一点。

如果路易威登开始盈利，并将自身与商业中心联系在一起，请不要感到意外。2014年，它推出了"能购物"视频，你点击的物品会指向一条电子购物链接。但这并不是重点，重点是，在创意社区内，尤其是那些涉及时尚和高雅艺术的人群中，它发现了巨大的商誉，因此，它总是能最先接触到世界上最聪明、最具创造力的人才。

另外两个品牌，红牛和颇特女士也将品牌内容当作首要营销工具。有关红牛的品牌文化，我们已经讨论过，可以说，它已经开发了整个媒介商场。"红牛媒体市场"很大程度上来自红牛开展的所有创造性合作和赞助关系，并以此为二次利用和收入流动提供了良好的机会。这样的优点还应用在了品牌建设和社区建设等项目上，比如《红色子弹》（红牛品牌自创杂志）就已经由一个免费发放的体育事件播报开始，通过其他报纸，渐渐演化成了在全球范围内出售的优秀杂志。

根据品牌销售曲线，颇特女士被评为"世界上最重要的在线时尚奢侈品购物胜地"，这无疑是品牌的优势所在。颇特女士是阿德娜塔莉·马斯奈在2000年创办的，而在2010年，它被世界第三大奢侈品巨头柯灵以超过五亿美元的价格收购（来自颇特女士官网）。与此同时，与来自特斯拉的艾伦·马斯克一样，马斯奈也成为文化先驱，她曾在时尚和美容杂志担任过主编，正是这些经历引发了她的灵感。颇特女士不仅是一个初级的在线购物网站，更多的时候可以被定义为以时尚和奢侈品为主题的杂志，却有着销售功能。这正是媒体公司应该实现的目标：创造吸引人的编辑内容，为客户创造机遇，诱导读者消费。文化和商业，广告内容与便利，所有的一切形成了一种完美融合的共生状态。2014年，NAP开始发行《Poter》杂志，在线上线下间搭起了一座连通的桥梁。

○ 想法促成改变

此外，为了实现"言出必行"这一更有远见的的方针，顶级品牌选择"不过度宣传"作为其主要策略。这意味着顶级品牌会采取公关和事件营销，将自己的市场开发到新的领域。这不只是传达品牌文化和品牌优势，也允许客户间彼此交流及开展产品体验。通过优秀的营销理念和有效的规划，顶级品牌不仅可以说服顾客认可其价值，也实现了产品的价值提升。因此，我们称之为"想法促成改变"。

顶级品牌如何将创意应用在电影拍摄及内容构思上，乐高的宣传影片或普拉达拍摄的电影都做出了很好的说明。还有很多其他类似的案例，比如迪奥的《秘密花园》、菲拉格慕的《真正互动步行》，或英菲尼迪那令人毛骨悚然的故事——《逮捕记忆视图》。但真正令人耳目一新的，是那些超越传统的拍摄模式和新经验的创建过程，比如博柏利拍摄的《艺术的深沟》或《博柏利之吻》，直播的时装表演以及每周上传的新视频和乐队推送。

"泰特追踪"是另外一个典型案例。它设法以年轻的视角而非传统营销方案开展品牌策划和品牌设计，并且最终以项目目标的模式，在品牌服务上提高这两方面的维度。"泰特追踪"通过希普乐队、化学兄弟和年轻的小马俱乐部等乐队获取灵感，并将之翻译成音效的形式。最初，它只能通过音频设备进行聆听，这的确吸引了很多年轻粉丝到博物馆接触这种"高大上"的现代艺术。这就是关键所在，它随后发布了音乐CD，开展了媒体服务，由于有了这样的流线型服务，它将自己的思想和欢乐传播到了更远的地方。

以上提及的两个实践方向都能将自己的品牌发展成媒介，都能很好地展现"想法促成改变"这一观念，都能使自我推销变得不再如以前那般激烈。他们让客户接触品牌，让客户自我体验、自我开发一种不带有极度渴望和推动力的消费感受。这样的模式放开了品牌与客户之间的"隔离线"，完全超越了品牌营销和消费贸易之间的平衡，让客户真正地参与到品牌文化中来，不再是顶级品牌外的普通消费者。

顶级品牌提出了具有高度针对性的方案，这一方案使全球范围内的活跃品牌保有相对较少的（额外）成本，并能同时控制自身创建的品牌体验。难怪顶级品牌在"非销售行为"上有着广阔而光明的未来。几乎所有信誉品牌或顶级品牌都会使用这一方案，无一例外。

奥秘三："非卖品"法则

1. 保持骄傲距离

向客户承诺品牌的力量和信心。

2. 大胆去做

激发独特的视野与见解，不是每个人都应该"得到"你。

3. 避免公开

创建一个有待发现的神秘光环，购买欲望由想象力而起。

4. 激励和启发

认为自己是一个艺术品，表现自己。

5. 不要吝啬

坚决执行所有策划细节，构建和维护品牌形象。

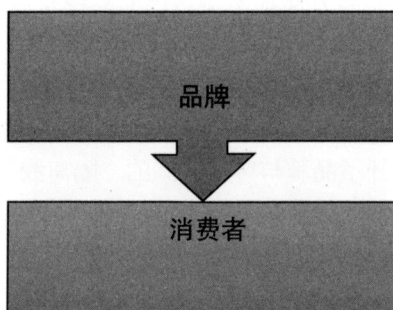

他们是领导者，而不是消费者。他们高高在上，营造出距离感和优越感。

6.做自己

吸引忠诚的客户群体，而不是做产品的容器。

7.行动多于言语

信誉是一件安静的事。虽然现代品牌可能有点吵闹，但是它在推销层面和解释层面更有经验。

顶级品牌案例研究三：伊索——美妆销售寓言

1987年，丹尼斯·帕菲迪斯创立的澳大利亚美妆品牌伊索正走在征服世界的道路上。帕菲迪斯是一名理发师的儿子，他后来随家庭移民到希腊，并继承了家族事业。他开办的墨尔本理发沙龙因其高超的技艺和周到的服务获得了意想不到的信誉，成为一个让人愉悦身心的场所，而不是充满染发剂味道的地方。

由于既热衷于美发行业，又希望带给人们美好的享受，帕菲迪斯和他的商业伙伴苏珊娜·桑托斯在1996年扩展了美发沙龙业务。他们想创造一个"头部美容品牌"，旨在吸引注重头脑智慧且渴望健康生活的消费群体。2002年，他们在墨尔本开设了第一家品牌店铺。2006年，他们的品牌从巴黎开始走向世界舞台。

2012年，这一品牌在世界各地的60家门店所产生的总销售额达到了6400万美元。与此同时，巴西自然美容公司收购了伊索多数股权，承诺支持其全球扩张，并保护品牌的独立性。

○ 非销售行为的预测功能

"华丽的演出会为戏剧减分"是路文·阿凡迪的一句名言。原文写在卡片上，卡片镶嵌在黑白照片上，照片里有两位弗拉明戈的舞者翩然起舞，但是两位舞者的头发却彼此纠缠。照片背面的伊索护发产品，通过事实引入的方式向大众推销。

这一艺术形式决定了伊索必将走上颠覆美妆品牌营销传统和客户沟通模式的创新之路：没有伪科学产品示范或明星代言；没有大众媒体广告或邮件轰炸；大量使用天然成分，没有大肆宣扬自己是所谓的"有机产品"；没有推出"新进改良"的系列产品。社交媒体向消费者展示了伊索的内在品质，这里也引用创始人的一句话："选择贵于精而不贵于多，产品不必奢华，质量上乘便是好的，做长久的品牌，做用心的品牌。"（法罗，2013年）

那么，品牌是在什么地方以什么方式接近消费者，并实现品牌目标的呢？答案是品牌在与消费群体融合的过程中实现了这一目标。如果你已经成为伊索的消费者之一，那你就能发现，在你经常去的那些地方，都会有伊索香皂或保湿乳。比如，香港湾仔区的木棉花商店、格拉斯卡的画廊、东京的酒店、德国的汉堡餐厅等地。正是这种营销模式，让伊索实现了自己的营销目标，并多次出现在人们的视野中。

当你在小区附近悠闲散步时，你可能会被一家伊索门店抓住眼球。能够吸引人的产品会摆放在门店外面，但那不是销售摊位，仅仅是为了招揽客户。在门店内部，店员会引导你讨论气候变化、环境污染、饮食习惯以及个人习惯等有意义的话题，进而帮助你正确地选择产品。

伊索前市场营销总经理马特奥·马蒂诺尼告诉我们："从一开始，伊索就遵循'没有人有义务强制购买商品'的理念，这句话的意思是，不得向客户强制推销或无端许诺。因为这样的行为将被定义为虚假行为。"

那我们为什么不以一本书、一场戏剧或一座博物馆为探讨对象呢？也许这些事物能进一步展示品牌的精神之美。营销的目的是让品牌巧妙地参与到客户群体之中，以个人的形式来介绍产品是品牌营销的压迫方式之一。

伊索在数码营销的策略上保持着仔细斟酌、精挑细选的态度。《每月文摘》专栏会定期发表关于它的采访和文章，以展示其核心概念。"我们喜欢写作，我们在读者和品牌之间合成新的思想，这是一场令人兴奋的挑战。"马蒂诺尼如是说。

○ 圣歌般的任务和神话

马蒂诺尼说："伊索希望成为一个诚实、周到的美妆品牌，它以客户的智慧和成熟为基础。"

向你承诺青春永恒或者说自己能够改变世界，那并非承诺，而是诅咒。反之，泰然自若，坚持美德，以此赢得消费者青睐的谦虚品牌，才能生产出有效的产品，才是正确的选择。伊索品牌致力于超越产品本身，成为一家优质的道德品牌。它把自己的使命定义为"为智者带来启迪"。

伊索在其网站上声明："伊索重视所有为人性主义做出的努力。我们倡导健康的饮食、合理的运动、适量饮用红酒和文学涵养的培育，当然，也希望我们的产品能成为你生活的一部分。"

事实上，伊索门店里的巧克力和红酒均不出售，而是免费提供给客户享用。

它希望借此把自己的想法传递给志趣相投的朋友，"不妥协，你就是你的全部"（引自詹尼斯·乔普林对伊索样品的评论）。

伊索的品牌名称以神话开始，有些人无法够理解，为什么它会选用《伊索寓言》中希腊奴隶出身的人物作为自己的品牌名称。有些人认为，这和创始人普希迪斯的希腊背景和学习经历有关，他在学生时代热衷于读书，是一名狂热的哲学系学生。马蒂诺尼说："深刻的道德教训是伊索想要传达的商业实体的道德罗盘。当你品味伊索的品牌历史时，会发现一个神话故事：一位圣人（普希蒂斯）受困于浅薄鄙陋的商业身份，他觉得自己应该在低俗的商业环境中创建一个真正的品牌，以吸引那些与他有相同思想的人。"

"我想我之所以开创自己的美妆品牌，是因为我没有足够的耐心成为一名哲学家，但也不能容忍自己成为一名小建筑师。"创始人普希迪斯曾对《独立报》的贝森·科尔克罗如是说（科尔，2008年）。

其实我们没必要研究创始人的语录。看看洗手液的广告标语吧，这是荣格引用的一句话："用手可以解决一个聪明人解决不了的难题。"这不正是在说我们的头脑和脸孔吗？而一双娇嫩的手，在芳香的洗手液中得到清洁和滋润，只需30美元。

○ 着眼于智慧之美——渴望达成

如果把大多数顶级品牌形容成金碧辉煌的庙宇，那么伊索就是寺庙中储存最为完备的图书馆。从外部来看，伊索的审美严格谦逊，如同具有解释功能的代码。从内部来看，伊索向我们展示出了许多优雅的细节，一旦客户打开伊索的大门，就会发现一个新世界。

伊索有超过100种不同的产品，但是所有产品都只有两种包装类型，一种是棕色的瓶装，另外一种是米色金属软管包装，这体现出它在包装上的用心和专一的态度。相同的容器和染料有着经济上的考量；将所有产品信息直接打印在瓶身之上，减少了纸张说明书和纸质外包装盒的使用；棕色的瓶身或米色的金属包装，有助于保护包装内容物免受紫外线的损伤，减少了防腐剂的使用。

"将标签设计为奶油色和棕色是为了更好地融入浴室的氛围。"马蒂诺尼说，"我们在包装上的考量会止步于此，因为凡事过犹不及。"

伊索本身也体现着相同的概念。因为消费者很难相信一款"用紫色花瓣装饰，混合欧芹和黑加仑籽抗氧化油"的美妆产品，会有多么神奇的功效。

虽然伊索在功效上并没有特别之处，但是它在哲学角度上有着细微的差别。宏观来看，伊索在品牌名称上多加了一个字母"E"，用来表示英语中"优雅"一词的缩写。这在商标上看似是随意的一笔，却给品牌名称的发音蒙上了一层神秘

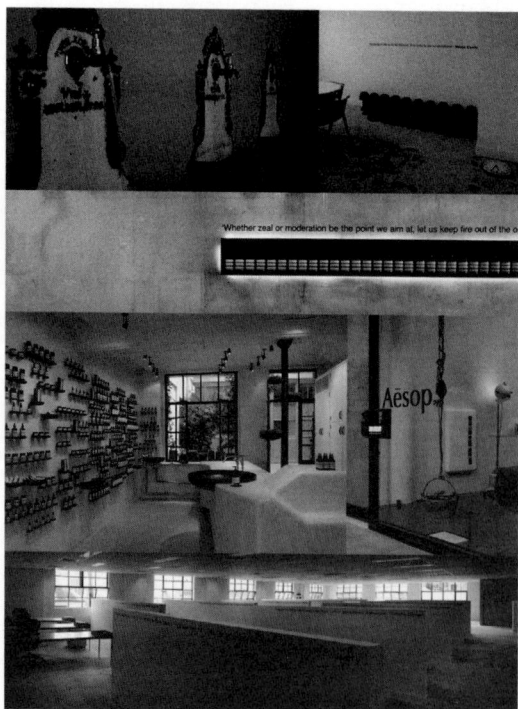

伊索门店（左上角）和总部（底部）。
图片来自伊索。

的色彩。伊索的品牌店内摆放着一排排数量不一，但样式相同的包装瓶，给受众带来了具有节奏性和非对称性的美丽感受。为产品设计的袋子也只是简单的棕色袋子（纸质或光泽塑料制品），上面印着品牌的文化提示。店内还摆放着洗手的水盆，其作用是鼓励顾客亲自试用伊索的诱人产品——当然，这不仅仅是为了让客户试用，还有一层目的是，让室内充满产品独特的沁人香气。

正如马丁·滕盖特所说，营销专家可能会把这些商店称作"召回猎犬的勺子"（滕盖特，2011年）。尽管品牌本身可能并没有注意到这一点，但是这对消费者有着切实的影响。

上文提过，在伊索的店里，会提供巧克力或红酒，这无疑营造出了一种"诗人般的社会"，真正懂行的人会体会到这一点。在香港上环店里，我们就能体验到慢餐、慢节奏的城市生活，暂时远离了那些激进的电子设备，大多数人在这样的环境中都享受着彼此的陪伴。尽管如此，伊索的生意却丝毫没有受到影响。一位客户表示，他想帮助伊索门店获得盈利，也希望在自己居住的小区附近就能找到伊索门店。

伊索将精神领域和物质领域完美地结合在了一起，正如道格拉斯·霍特所说，伊索将自己的客户群体划分为有钱的、现代的、体现客户身份的知识分子群体。这些客户正在寻找成熟而又朴实无华的产品，以便与那些浮华的暴发户式品牌区别开来。对这些客户群体来说，伊索是一种信仰，而客户本身就是信徒，就如帕菲迪斯所说的"小型运动、无印良品、爱马仕就是典型的例子"（弗莱厄蒂，2012年）。这一点在顶级品牌中尤为明显，它们已经达到了一个更高的境界，在教育层面和精神层面产生了影响。

为了保持年轻，我们需要永远处于一种充满好奇心的状态中吗？在任何伊索门店里，你随时可以找到答案。

○ 筑梦而生，踏地前行

显而易见，伊索把存储工作作为其主要价值的表现。根据马蒂诺尼所说："首先是处于形成阶段的六年，在这六年里品牌的发展基本保持顺利，我们目前也依然保持着在这六年里所形成的品牌精神。"

虽然我们看到的只是伊索的商标，但是其中蕴含的现代主义设计和高超技艺却真正决定了品牌的价值。我们发现，伊索品牌在谷歌引擎上被大量搜索，这是因为西格塔罗夫和维斯海顿为伊索店面设计了精美的雕塑内饰。这两位设计师有不少佳作，包括将7560个琥珀色玻璃瓶排列成阿德莱德门店的天花板装饰，将数以万计的《纽约时报》叠加起来做成纽约中央车站的展品底座，其他高端艺术形态的展品就不再一一列举了。

伊索将普通的房间转变成文化中心，它陈列的产品均出自大师之手，其中包括作家马尔克斯，设计师乔·梅斯特，艺术家弗里达·埃斯科韦多和宽子治广，陶瓷雕塑家陈瑞等人的佳作。其实，伊索已经走上了与艺术家携手合作的道路。从位于纽约市布鲁克林区的"隐形狗艺术中心"就能看出这一点来。

在客户的挑选上，伊索的严格程度可见一斑。与此同时，这种严格的品牌态度也吸引了特殊人群的就业青睐，即艺术学生、自由作家和设计师。"这样的品牌态度让我们能够摒除噪音，展开智慧的交流，做出正确的选择。"马蒂诺尼如此评价说。

品牌的设计总部由艺术家帕菲迪斯、化学家桑托斯、预测师奥基夫领导，他们将生产厂改造成了文化中心。他们秉承完美主义态度，确保所有品牌元素在组织和操作中都能有效融合。据调查，伊索所有工作人员的制服都必须统一，使用同一种黑色圆珠笔，制作出的图表也只能使用品牌自己生产的油彩，甚至所有卫生纸也都由老板亲自挑选。此外，所有房间中均摆放着木制桌椅，并配置了黑色包装的书籍。经马蒂诺尼证实，所有员工都不能在桌子上吃饭。但是伊索鼓励员工一起做饭或者到图书馆午休，就连生日礼物也要在公司的礼物清单中选择。

这一切有点像1984年那种严谨的时代风格，品牌总会受到人们的批评，但由此产生的知识能量却帮助品牌创建了自己的精神。这种真实性反而让其他人很难复制，"伟大的心灵总会遇到平庸头脑的暴力反对"，阿尔伯特·爱因斯坦这句话，写在了澳大利亚墨尔本的伊索总部墙上。

谈到业务扩张，伊索也取得了巨大的成功，就如同《伊索寓言》中写的一样"到底是谁让乌龟赢了兔子"。慢速扩张的部分原因是，伊索所有产品原料都经过手工采摘，并由位于巴黎的管理团队统一经营。

慢速成长并非源于物流的局限，因为伊索有着自己的策略和意图，它想要品牌"有机"地成长，以自己的节奏满足社区和客户群体的需求。依据这种模式，就算只在一座城市中发展自己，也绝不会产生数量膨胀的后果，并能确保自己一直掌握顶级品牌的竞争力。

在被收购之后，伊索必将面临挑战，以维持目前的发展速度。但马蒂诺尼对此颇有自信，他认为投资者的选择是基于匹配的经营理念，而不单单看重金钱。

08　原理四：从神话到意义，探求深度的最佳方式

原理四是所有原理的核心，没有原理四，其他各项原理都将变得毫无意义。这是因为，如果品牌只注重外在联系，那么品牌展现自身的方式就不能引导客户了解品牌的神话内涵，品牌也就不会再有所提高了；同理，如果品牌只注重内在联系，那么品牌就无法明确地引导并统一各项原则，只能采取强行镇压的措施，以确保股东不会随意抛售股票，与此同时，品牌还要确保自己采取的所有行动都前后一致、彼此相关。

完成所有步骤之后，顶级品牌的建设才有实践成果，因为只有神话能赋予品牌以意义。或者说，品牌神话把品牌营销的意义提升到了客户情感诉求和客户印象之上。换言之，追寻深度的最佳方法是，深入自身的品牌历史，深入自身的品牌使命，以及深入客户心理。

我们并没有什么特殊的方式来创造品牌故事——内部原因（即企业员工）或外部原因（即客户）——都有助于建设品牌故事，丰富品牌意义，完善品牌文化，提升品牌形象，直至品牌成为神话。

因此，原理四的主要内容与品牌命运预测和消费者重要性相互关联。品牌故事是如何造就我们的认知价值的，是如何构建我们的思想的，是如何构造我们的记忆的，是如何帮助我们做出决定的，本章将一一解释。

本章还将揭示品牌故事重新连接世界和你我的过程，而在此之前，品牌与产

品及世界之间的联系一直处于不断消退的状态。本章内容还包括品牌神话成为营销手段的过程，以及品牌神话取得大众信任、不受质疑的主要原因。

顶级品牌如果和其他品牌没有区别，也就称不上顶级了。因此，我们在这一章只谈论品牌故事建设，而不谈论品牌神话的缔造。

品牌故事和品牌神话之间到底有着怎样的差异呢？品牌神话难道不是一种虚假的故事吗？这种说法既对也不对。说它对，是因为神话通常都包括了一些与事实不符的成分，用以美化现实；而说它不对，是因为这些故事看似虚假，其实隐含着更加深刻的意义。这就是顶级品牌的营销关键。

顶级品牌的营销注重区分那些无法表达营销文化的东西，致力于寻找比故事更有意义的事物。**顶级品牌构造的故事，为我们描述着这个世界，也用一种我们所喜爱的方式告诉我们看待世界的方法。**在科学道理无法解释的现象面前，顶级品牌缔造的神话故事就是我们理解这个世界的重要方式，但是神话故事所产生的效果却远远超出它自身。

品牌神话向我们传授经验，为我们展示它在长期演化中形成的规则与章法。品牌神话利用这些规章来组织自己的行动，确认自己的计划，然后在执行计划时引导我们的生活。对于顶级品牌来说，品牌神话的这些作用，更具建设性的意义。

最后我想告诉大家：缔造品牌神话，即寻找值得尊重的特质。唯有不断思考如何实现这一点，我们才能走得更远。

讲故事的力量

随着互联网的发展，构建故事这一营销手段迎来了新高潮。当今社会，如果你的品牌故事缺乏吸引眼球的闪光点，几乎没有广告公司愿意帮你做广告营销。针对"构建故事的未来趋势"这一话题，美国国会每年都会予以高度的关注。在市场营销人员的眼中，零售商户绝对不是最具有创新头脑和最富有想象力的人群，但是他们已经化身为最具竞争力的演说家。

"我们买的不仅仅是某一些产品，而是品牌为这一产品构建的故事。" 连卡佛品牌主席、中国顶级奢侈品零售商安德鲁·凯斯在一次采访中说，"就像H&M为高端市场的品牌营销缔造的故事，以及其他品牌为自己构建的故事一样，我们的服装产品紧紧围绕着激发时尚传奇这一主旨，为所有女性提供无数种选择，帮助她们开创自己的个人风格和个体故事。"

当然，构建故事是人类最古老的传播手段，品牌神话这种新型概念也采用这种手段，是有一定原因的。有些原因来自内部，这让它有机会与世界相互关联。其他原因大多来自现代社会，随着全球化营销经济和数字科技的发展，它自然而然地出现在了我们的生活中。

○　现在的故事比以往任何时候都更有人情味

在丹尼尔·卡尼曼的畅销书《思考，快与慢》（卡尼曼，2011年）中，他给出了很多不落俗套的观点。在他的书中，对于市场营销和品牌神话缔造有两个重要启示：其一，顾客对于品牌信仰的个人自信，大部分基于他们在品牌故事中能够看到的意义——尽管这些意义有时候聊胜于无；其二，记忆式的品牌故事为将来保留了强有力的参考。

我们是"制造感觉的机器"，我们能做的就是把所有想到的小点连接起来，**在创造故事的时候为灵感提供一些支持——这些灵感通常不会与我们的判断相互统一。** 最让我们感到惊讶的是，我们最初用来构建品牌故事的元素，彼此间缺乏必然的连接，或者元素本身就存在缺陷，但我们丝毫不会为此担心。我们唯一关注的是故事整体所呈现出的画面，画面越完美，我们做出的判断就越准确——因此我们的想法源于我们的感觉。

然而，**由于我们常常对自己的决定盲目自信，所以我们无法发现自己所构建的故事是否存在缺陷。想想看，一个没有主见的人所构建的故事将带来多么消极的影响——如果这样的事情发生一位市场营销人员身上，那将会多么可怕。**

我们的记忆与品牌故事彼此相互勾连，我们想要记住的东西也与我们自己所做的决定密不可分。为了把故事讲得更好，让它看上去更加真实，我们会不断地对它进行修改、填充和重塑。举个例子，我们经常把戏剧和悬疑的成分加入品牌故事中，让故事的高潮部分和结尾部分更加新引人。我们的工作，本质上与好莱坞电影编剧一样。

这样的故事会给消费者留下深刻的印象，但是从长远角度看，它没有任何参考价值。对品牌来说，这样的故事无疑是完美的。不过，如果品牌故事里有很多难辨真伪的悬疑情节，尽管消费者一开始会觉得印象深刻，但等到消费者进行理性消费时，就情况堪忧了。

鼹鼠皮笔记本公司是米兰的一家企业，它在关于消费者印象的品牌营销方面，具有大量的成功经验。它的前任总裁向公众透露，鼹鼠皮的成功源于企业在数字时代所做出的人性化努力，它完美地诠释了自己所销售的品牌产品（美国CNBC电视台，2013年）。

每一个鼹鼠皮笔记本在出售时都会夹带一张单页，用长诗的形式记录着从品牌创始之初到后来品牌建设的详细历史。在鼹鼠皮的官方网站上，也能看到这样的长诗。这些长诗讲述了凡·高、海明威以及其他作家用鼹鼠皮笔记本记录他们的手稿、笔记、采访和灵感的事实，这些被记录下的图画或文字，在后来都帮助大师们创造出了举世闻名的书籍或画作。当然，介绍中还提到了布鲁斯·查特文，一位优秀的美国作家，他的著作《歌之版图》一书中有一整个章节是写在鼹鼠皮笔记本上的（查特文，1987年）。介绍中还讲述了鼹鼠皮公司如何把"曲高和寡的神话品牌"带入现实生活，为大众提供平易近人的实用产品的 [源自鼹鼠皮官网（ a ）]。

如果鼹鼠皮公司不是如此努力地营造品牌神话，那它也就不会成为顶级品牌了。举一个例子，2010年，鼹鼠皮公司在热那亚节这天推出了一款新式笔记本，里面记载着查特文和他妻子的往来信件 [源自鼹鼠皮官网（ b ）]。为了抓住年轻一代消费者的心理，鼹鼠皮公司还推出了很多手机应用和模板，鼓励年轻人积极创新，并以此推广自己的品牌。

鼹鼠皮公司的合伙创始人玛丽亚·塞布雷贡迪与全球众多创意项目都保持着密切的联系，同时也出资赞助了众多创新计划，为公司定下了极具创新概念的发展方向。她说："我们从不以产品为考量发展公司，而是真正着眼于人们的需求。我们在此还要加上一点，那就是应该着眼于人们的利益和渴望。"她从未停止过创意工作，她参与创意工作坊，为公司制定策略，还加入了"未来写作模式"的试验项目。

鼹鼠皮公司每年出资支持上海同济大学三到四个院系，支持他们的学生到鼹鼠皮品牌发源地意大利米兰的理工大学进行交换学习（米兰理工大学，2014年）。公司还设立了名为"绕圈"的大型创意收集计划，邀请了总计250位艺术家、作家、导演、雕塑家加入项目。自2006年起，他们为此创作的作品，均随着项目一起到全球各地的博物馆进行展出。鼹鼠皮公司与非营利性的公益组织"莱泰拉27"合作出版了8本相关书籍，开展了以手写传承为主题的下一代培养计划。可以说，鼹鼠皮公司所缔造的是一个永远没有止境的故事。

鼹鼠皮公司不仅在构建品牌故事方面做出了优秀的成绩，更重要的是，它走对了方向——找对了探索品牌使命最正确的核心事物，而且构建并扩大了鼹鼠皮的品牌神话。它给自身品牌创造出了深远的意义，使得文化相关性深深植入了品牌之中，并超越了品牌本身所能够创造的价值。

鼹鼠皮公司在人才选用上也不拘一格，无论是优秀的著名设计师弗朗西斯·福特·科波拉，还是秘鲁大学建筑系的年轻学生，都可以成为它的员工。鼹鼠皮这一品牌的形象在无数的卖座电影之中也有出现，从《天才瑞普利》到《穿着普拉达的女王》，其企业形象和我们的生活紧紧地联系在了一切，向我们不断讲述着它所构建的品牌故事。

鼹鼠皮公司的事例让我们意识到了更加现实的问题：为什么品牌故事与人文息息相关？为什么故事构建已经成为现代营销和品牌建设的重要组成部分？

沟通文化再次与事物传承以及口口相传的故事产生了密切的联系，这要归功于当今的数字变革。沟通文化已经不再像市场营销人员所说的那样，而是更加关注人们每天的行为和所做的事情。

大众独白的时代已经结束，多元化的交流模式开始出现在今天的社会舞台上，而品牌故事就是多元化沟通最有效的引航者。

多元文化在各类媒体上广泛传播，洋溢着热情，充斥着感动，跨越少数人的抗拒，使大部分人都能够获得更多的快乐。多元文化刺激着我们的行为，鼓励我们参与到消费中来。多元文化帮助我们增加了知识——而知识正是让我们与他人彼此区分、让我们比他人更强大的关键要素。在《大西洋》杂志上发表的一篇文章中，人类学教授莱斯诺凯引用了另外一项有关于龙舌兰酒的调查研究："故事是人们展现幽默的一种方式，也是他们宣告自己身份的一种方式。"（伍德，2013年）

以此来看，那些顶级品牌变成积极的故事讲述者就不足为奇了。它们构建的品牌故事不仅能树立起完美的品牌框架和印象，还能够让我们发起讨论——讨论这些故事背后的品牌和我们自身。**品牌故事鼓励我们去效仿过去的吟游诗人和演说家，让我们学会连接彼此、互相分享。品牌故事还鼓励我们创作属于自己的故事，在故事里我们可以是知识领袖、业内人士和精英。顶级品牌想要做到这几点，就必须要依靠品牌故事。**

○ 故事为品牌提供背景——让我们如此想念

构建品牌故事的另一个重要用途是丰富品牌背景，在现今品牌泛滥的市场中，拥有品牌背景显得愈加重要。对于这一点，维也纳大学哲学系教授科纳德·保罗·雷斯曼这样解释："许多品牌都丢弃了自己的尊严，丢弃了自己的务实精神。"（雷斯曼，2010 年）

在大多数情况下，我们不知道自己在什么地方以及做了什么。货架上不断出现新的产品，但是它们的生产与我们的联系已经越来越少了。以前，我们知道制造商品的工厂就在城市的另一边，有时候我们能看到商品的生产过程，有时候我们能闻到商品生产过程中产生的气味，有时候我们能听到商品生产过程中所发出的声音。也许很多人至今仍记得那时候的场景，那个年代机器生产还没有占据我们的生活，我们知道做一双皮鞋所需要的材料，也知道做皮鞋、皮包和皮坐垫所学的手艺要有所不同。

如今，我们并不知道自己购买的商品是在哪些地方生产出来的，也许它们是在遥远的国外生产出来的。**对我们而言，生活中的很多事物都没有以前那样有活力了——因为它们失去了意义和灵魂，也不再具有务实的特性。这就是很多人都喜欢手工产品和本地产品的原因——它们能让我们追根溯源。**从食材开始，我们逐渐对各个领域都产生了同样的要求。有时候我们一眼就能看出产品的来源，有时候我们对产品有了一定的了解后才知道其来源。有来源的产品，才能与我们的生活产生的联系，同时看起来也会更加完整。这样的产品才配称得上是商品。

对于信誉品牌来说，建立品牌与个人之间的联系是极其困难的，因为信誉品牌所涉及的领域相当广泛。那么，我们应该如何应对呢？答案是，通过讲述品牌故事来刺激消费。**在品牌价值建设、企业历史构建、产品生产过程、公司成长历**

程、公司形象建设中参考消费者的建议。消费者通过讲述自己的故事，为自己参与到品牌建设中的活动创造即时统一的价值，从而取得雷斯曼教授所定义的消费者的尊严和务实精神。

很多信誉品牌在这一方向上的探索相对较晚，那些与穷奢极欲的生活模式彼此相关的信誉品牌更加后知后觉。在这一方向上成绩最为突出的反倒是那些小型品牌，例如法国的拉吉奥乐。它的宣传手册上，与开瓶器和餐刀有关的文字足足有二十页，这充分展示出了品牌的悠久历史和文化遗留。此外，手册上还记载着关于品牌的奇闻趣事，以及对工匠精神的详细介绍。从手册上对品牌起源地的深度介绍中，可以看到这样的内容：拉吉奥乐小镇坐落在奥博拉克地区的阿维庸市，这里有这家品牌的公司总部，总部下设有三个部门，分别是阿维庸、卡塔尔、乌里埃，统称为"三叉主教十字架"（拉吉奥乐，2013年）。

在浏览手册的过程中，我们就能了解到拉吉奥乐小镇的街道上有什么风格的建筑，哪一户人家购买了它们的产品，以及这一切对拉吉奥乐有什么样意义。

原本，阅读这种包含着无数细枝末节的宣传手册，会令你烦躁不堪，以至于无法体会到它那引人入胜的闪光点。但是实际上，你并没有丧失阅读兴趣，因为宣传手册采用了一种平易近人的写作模式。那些文字朴实无华，发自肺腑，就像是父母称赞孩子时的由衷话语，不断地吸引着你的眼球。

拉吉奥乐密切关注着事物的方方面面，与此同时又关注着人性和灵魂的真实表现。读宣传手册时，你觉得自己仿佛置身于品牌起源的小镇中，真真切切地感受着铁匠生活。最后，你觉得自己买的不只是一件商品，而是一件集合了爱与艺术的杰作。

故事让我们相信我们依然心存渴望

在前文中，我们探讨了用思想创造故事的方式，也探讨了这些故事对我们的记忆和决断产生了什么样的影响。接下来，我们进一步探讨当我们置身于他人叙述的故事中时，我们的身上到底发生了什么，我们又是何时在故事中迷失自我的。尤其是在既有文字组成又有听觉和视觉吸引的品牌故事中，我们到底是如何被这种叙述方式打动的？

德国和奥地利双国籍律师乔治·杰里科曾有一个设想：让故事叙述具有强大的吸引力。为了探究故事叙述的过程，我们先谈一谈"故事叙述中的虚构力量"这一话题。

卡尼曼说："好的叙述能巧妙地避开作者不想涉及内容。"（卡尼曼，2011年）我们在这一方面的体验可以说数不胜数，在看小说、电影的时候，因为它们太过吸引我们，所以我们很少会质疑事件的发展方向和最终结局。它们给了我们完美的享受和体验，让我们倍感开心。

然而，如果品牌故事没有经过精心打造，它产生的结果也会大相径庭：品牌故事会变得支离破碎，成为天方夜谭，过度的包装也会让品牌很快陷入尴尬的境地。

这样的情况又是如何发生的呢？为什么消费者事先并未发现这一问题，却要在事后大肆批评？这是因为，消费者会先入为主地对品牌故事的好坏产生怀疑，在接触的过程中一旦发现一点不妥之处，就会毫不犹豫地把整个故事全盘否定。

戏剧舞台上的"第四面墙"（场景假设观众与舞台演员之间有一堵无形的墙）就与这一点有共通点，它们都是用来保护品牌的故事性或表演的艺术性的。换句话说，**观众有着绝对的权利去摧毁故事构建起来的信仰，也会在信仰之墙倒塌之后把我们从诅咒中唤醒。心理学家将这样的现象称作"叙述交通"**（范拉尔，2014年）。

人们愿意被优秀的故事吸引，故事会暂时屏蔽我们的心灵，麻痹我们的头脑。故事让我们暂时终止无休止的思绪，让我们顺着它的引导展开联想——当然，这样的过程一般不涉及深刻的思考。

最近，一项磁共振造影测试的结果显示，我们已经完全被故事所转换和代入了，因为在故事之中，我们的大脑不能做出理性的判断，于是就被代入为故事的参与者（哥特夏尔，2014年）。娱乐业尤其热衷于此，而市场营销部门也在此方面大做文章。

举一个典型的例子，香奈儿拍摄过一部讲述品牌历史的广告短片（拉格斐，2013年）——通过小段故事的拼接手法，用黑白影像的表现形式，由凯拉·奈特莉深情演绎，迅速抓住了人们的心理——把观众成功地放到了故事见证者的位置，并进一步把观众转变为故事的参与者。

这意味着观众不必在意品牌故事的真假，只需切身去体验品牌故事的脉络。假设出来的"第四面墙"堆砌得十分完美，观众变成了故事中的一部分。他们重温了加布里埃·香奈儿的人生历程：她最初创建品牌时遭受的拒绝，她敢于突破的勇气，以及她是如何获得成功的。品牌故事巧妙地吸引观众进入香奈儿夫人的世界，让她看起来像一位女英雄，证明她超越了她的时代，是铸造女性时尚的先驱，并一直保持着这一领先地位。

香奈儿夫人的个人形象无疑帮助香奈儿品牌成功化身为现代商业巨头，为其品牌灌输了足够的温暖和情感。她没有拉低其顶级品牌的地位，也没有为其品牌加冕时尚女王的桂冠，时尚女王的头衔仅仅比著名的动画形象冰雪女王更深入人心一点而已。

另外一个不那么成功的案例来自娇兰的《一千零一夜》系列（娇兰，2013年）。娇兰的广告虽然曝光率大得惊人，数量上也远超香奈儿，但是通过对比，我们发现娇兰的品牌宣传短片更类似于室内话剧。影片的演员选配受到了相当多的质疑，主演的表演水准也有待提高。从我们个人的观点出发，影片选景对观众的吸引力确实不足。娇兰所拍摄的影片也因此没有发挥出"第四面墙"的优势，使得品牌在其他方面所做出的努力也都付之东流。

我们鼓励大家亲自去观看这两个品牌拍摄的影片，等体会了它们的不同之处后再下定论——这两个品牌拍摄的影片分别展现了品牌故事的强大力量和这种力量的欠缺。我们可能会被故事感染而体会到它的内涵，也可能对故事感到失望而失去兴趣。

如果一家品牌成功地构建了一部故事短片，尤其是包含了强大的叙事能力的短片，通常会紧紧抓住我们的心灵与头脑，改变我们对世界的看法。先沟通，再交流，后修缮的品牌模式，让我们相信事情必须按照这种模式发生，我们不应该过度探讨品牌结果与品牌的道德标准。当然，我们知道所有故事都是片面的、带有主观色彩的，但是故事可以通过自身的主线和情感叙述的方式让人们忽视这一缺陷。如此，我们就生活在了故事之中，尽管我们的审美经验各不相同，但我们通过故事得出的结论是统一的。**我们想要感受信任的力量，故事也给了我们信任的理由，因为故事使我们抛却理性，跟随心灵的召唤。**

○ 故事提升了物品的价格

时至今日，毋庸置疑的是，我们对故事类型的喜好受到商业和金融因素的强烈影响。我们做出的判断大多基于"相同的叙述方式"，而不是"相同的经济模式"。我们更愿意跟着品牌故事往前走，而不是跟着自己的感觉走下去。我们了解这一点，好莱坞了解这一点，市场也很快掌握了人们的这种心理，而顶级品牌则是其中的佼佼者。

如果你想要进一步证明品牌故事的价值，那你可以看看两位期刊编辑罗波·瓦克和约翰·格兰近期出版的研究报告（瓦克和格兰，2012年）。他们两个人和朋友们一共收集了100件小物品，并通过编故事的方式使所有小物品都变成了极具价值的商品。在杂货铺花1.25美元买来的劣质饰品，连消费者们都觉得不上档次，而放到eBay网站上之后，瓦克和格兰不过是给每件饰品附加了一篇短小的故事，其价值就疯狂上涨。实话实说，这些小故事确实语言精练、打动人心。这些原本并不起眼的小物件，摇身一变，在价格上有了质的提升。他们在报告中这样写道："曾经毫不起眼或是不受任何瞩目的小物件，在经过了故事营销之后，交易价值发生了巨大的变化，在原本价值之上增长了2700个百分点。有些卖到了50美元，还有的甚至卖到了100美元。"

经过包装的商品，一般都会以营销故事的形式出现在人们的视野中。**原本冰冷的商品一旦融合了故事，就被赋予了一定的意义、情感和生命，它成了故事中的主角，并鼓舞消费者继续构建新的故事——这意味着叙述故事不仅提升了商品价值，同时也提升了商品在消费者心目中的价值。**

总而言之，构建故事的力量是没有界限的，因为故事本身永远没有结尾。

顶级品牌的故事构建等同于创造神话

顶级品牌构建的故事通常比普通品牌构建的故事更有说服力，顶级品牌的故事不仅是对其历史的重塑，而且更接近神话。顶级品牌的神话地位一般高于普通品牌的故事地位，因为顶级品牌有着最优质的叙述框架，超越了时间和空间的限制，神话运用其强大的吸引力和辐射能力解释着我们的现实生活。我们把这样的神话称作"顶级故事"。

参照《牛津辞典》对"神话"一词的解释："神话是一种传统故事，揭示了许多社会和自然现象，尤其是对许多超自然事物有着极强的解释作用。"（《牛津辞典》，2013年版）当然，神话一词还有另外一层意义，即神话是一种人们普遍

品牌神话的体现。在墨尔本北部的伊索商店。

图片由伊索提供。

了解但是并不正确的观点或想法，这是关于"神话"一词最普遍的解释，或者说"有关人或事的理想化夸张解释"这一说法和本书中的理解彼此一致。

不过，在关于神话的诸多解释中，最令人信服、最能打开眼界的一种解释是约瑟夫·坎贝尔提出的。坎贝尔是20世纪最伟大的神话研究学者，也是比较神话研究的奠基人。他把神话称为梦想，他的定义也是本书使用"神话"一词的主要原因（坎贝尔，1988年）。

这也是为什么神话或者神话故事能吸人眼球的主要因素，对于顶级品牌建设和市场营销来说，这一点极为重要。通过把品牌故事赋予"神话"属性，你就能发现把写作提升到最高境界的有效手段。如果你能做到这一点，不如给你的品牌构思一个故事，把故事提升到超自然偶像的地位，同时赋予它足够的深度和意义，这样你就能为消费者提供一个值得信任的脚本，并为其他人提供一些值得赞美或渴望的东西。

○ 品牌故事的四个功能

那么，顶级品牌故事如何衍变为神话呢？这最终取决于你的客户群，或者说取决于我们所有人。如果你不秉持信念，写不出最具深远意义和启蒙性的文案，客户们也不会对你的品牌崇拜有加，更不会相信这个品牌能让他们梦想成真，与此同时，无论你的故事多么玄妙精彩，你也永远无法触及神话的属性。据坎贝尔提出的关于如何将品牌故事塑造成神话，有以下四个功能可以大大提升品牌的神话属性：

第一，超自然功能。

要保有超自然的敬畏和惊奇之心。神话里的字句从不会出现在我们日常生活里，更别说用以表达了。神话里的暗喻和寓言能起到唤醒人们的作用，并将我们与超现实的世界连接起来，探求生命的奥秘。它们总是能启发人们去超越现实，去寻求更广阔的天地，去探索更有意义的事物，去摸索无处不在的永恒。通过重温神话故事，我们能感受到这个终极谜团。

第二，宇宙观功能。

神话能有助于我们理解这个世界，尤其是那些超出我们理解和控制范围的部分。在现代社会以前，神话的作用是用来解释我们身处的大自然和四季更替，用来探索宇宙和恒星，用来解释生前死后的一切。换句话说，神话是用来解释那些关于人们所无法理解的一切。想一想希腊众神和他们那丰富多彩的故事，或许你就会明白何为神话。

第三，社会功能。

社会功能体现在社会秩序上，以及如何去打破社会秩序。神话能通过一些特定规则和决策引导我们，这个过程几乎是自然流畅而又具有神性的。神话一方面有助于我们理解并遵循社会规则，另一方面也能煽动我们的斗志，去打破规则，而后，正义终将战胜邪恶，并让我们凝聚在一起。

第四，教育功能。

神话对于每一个独立个体都有着相同的方针，它能在特定情况下提供蓝图，具体问题具体分析，指导人们抓住机遇，掌控个人生活。《麦田里的守望者》就是一个很好的例子，J.D. 塞林格写下的关于成长的故事，成为帮助青少年们跨越无助青春期的桥梁，在数以百万计的青少年中广为传诵，引起了巨大的共鸣（塞林格，1951年）。

我们可以发现，所有顶级品牌的案例无不体现了以上四个功能，就像真实的"神话"一样。举个例子，在著名神话《特洛伊战争》里，阿喀琉斯同样可以教导人们如何运用愤怒和勇气：他和阿伽门农的斗争证实了团结作战的必要性，用预言揭示了命运；他和帕特洛克罗斯的关系也可以作为永恒之爱的证据。神话与其他事物一样，虽然没有明确的概念，但有着超然于物外的属性。

然而，如果你再仔细研究一下顶级品牌建设，你会发现许多案例都展示了一条清晰的脉络：它们要么采取了"神话宇宙一体化"策略，也就是我们所说的"超越神话"策略；要么追随了"社会教育一体化"策略，即"神话指导"策略。这些品牌案例或多或少都带有神话属性，并让我们领略到了神话的力量和真理。不过，有些品牌案例就比较"接地气"，指导人们活在当下。美容产品艾凡达，通过运用"禅"的生态哲学，体现了上述的"超越神话"的概念；而苹果公司独具一格的产品理念，则体现了"神话指导"的概念。

最后值得注意的是，**很多时候，品牌被神话并不是有意而为之的——无关消费者，抑或市场方。品牌制造商或者品牌经理并非有意让品牌被神化，而是让品牌的神话效应自然而然地发展。**伊索就是个很好的例子，这个品牌的神话绝对是"超越神话"。其品牌创始人丹尼斯·帕菲迪斯说："我们的信念是挖掘深度而非广度。"然而，这是他在市场扩张时说的话（菲尔斯，2012年），而非特意持有拟造神话的目的。出人意料的是，这句话广为流传，最终衍变成了经典神话。

无论你是有意还是无意地去打造品牌神话，神话终将出现，而且威力无穷。这种神话效应很好地塑造了品牌形象，并在客户中产生了精彩的戏剧效果，因此，神话效应的作用总是能大放异彩。

○ 第一条顶级品牌构建法则：超越神话

拿破仑说过一句至理名言："荣耀转眼即逝，而平凡才是永恒。"某种程度上，这句话也可以用来解释"超越神话"这一概念。当然，我们不能从字面意思去理解，因为没有包括顶级品牌在内的任何品牌，真的愿意甘于平凡。毕竟，它们的最终目的都是出售商品。但大多数遵循这条法则的品牌都闪烁出了光辉，并成功地产生了神话效应。这些品牌都不约而同地把神话效应以迂回曲折的方式表达了出来，比如和顾客进行微妙的互动，比如对外进行理性的宣传。这些品牌的成功毋庸置疑，因为它们与客户建立了一种崇高的联系。

太阳剧团娱乐公司的品牌管理战略高级主管弗洛朗·贝勒拉布尔曾说过："对于我们真正的粉丝来说，去马戏团是一场至高无上的心灵之旅。而其他普通人来马戏团只是为了追求感官刺激、获得乐趣，当然，这也无可厚非。重点是，当你身处马戏团内，即便言语不通，也能和任何人相互沟通，而且你可以自行决定你与别人的互动程度。我们的品牌理念源于狂欢节，我们希望这一原则能行之有效，并辅佐以神话效应。"

另外一个例子是雅诗兰黛旗下的美容品牌——海蓝之谜。它是成功将美容产品推崇成带有神话性质，并打造成顶级品牌的先驱。它的品牌故事很简单：五十多年前，物理学家麦克斯·贺伯博士在一次实验事故中不幸遭受化学性灼伤，从此开始了对修复容颜的不懈探寻。最终，他受到海洋力量的启迪，从具有强大能

153

太阳剧团是一个完美组合，在这里你总能感到愉快。

图片由太阳剧团提供。

量的深海巨藻中淬炼出一种神奇活性精粹，治愈了他那伤痕累累的皮肤。后来，他重新调制并以此为核心酿制出了海蓝之谜精华面霜，从此令肌肤如愿新生。

你可以去海蓝之谜官网上查阅这一品牌的背景故事（源自海蓝之谜官网，2014年）。故事虽然浅显易懂，但其背后蕴藏了一个双重神话象征，贺伯博士象征着神话英雄，大海则象征着深海永恒之力，英雄赐予你无穷的力量去攻克难关，治疗各种容颜损伤，最终令你的肌肤宛若新生。即便这个故事的细节漏洞百出，令人疑窦丛生，比如谁是贺伯博士，这种神奇活性精粹到底神奇在哪里，里面又包含了哪些生物成分，但正是这些漏洞让品牌焕发出了神话的光彩。

从这一案例可以得知，让顾客去相信和让顾客去理解根本是两码事，毕竟，构建顶级品牌的另外一条法则是欲拒还迎、欲说还休。

海蓝之谜的确将其神话效应化之于无形而且行之有效，它只用了一个小花

154

招——玄乎其神地调动了深海的秘密，就让顾客们心服口服地抹上这种"神奇"的面霜，感受着来自深海的强大修护力，等待着奇迹的发生。因此，海蓝之谜所呈现的是一场对神话的朝圣仪式，那就是相信神话的奇迹。

海蓝之谜的男性护肤领域和著名男性香水大卫杜夫有着异曲同工之处。大卫杜夫的冷水自上市的25年以来，一直稳居市场销售前十的宝座。和海蓝之谜一样，冷水的品牌理念也和海洋力量有关，唯一不同的是，冷水体现的理念不是海蓝之谜所注重的"重焕新生"，而是强调"活力焕彩"的概念。同样，冷水的品牌英雄角色设定是一名运动员，与海蓝之谜相比，更加具有男性荷尔蒙的魅力，它的形象代言人也随着潮流对男性的审美在与时俱进，从拉尔德·哈密尔顿到保罗·沃克，再到斯科特·伊斯特伍德。除了将神话从文字故事转变为活灵活现的视觉体验之外，冷水的品牌理念几乎和海蓝之谜一脉相承。它的套路从一而终、不断重复：阳刚威武的肌肉男赤膊上阵，从岸边一跃而入，在翻滚的巨浪里沉浮……整个画面充满了生机和活力。这个品牌故事和海蓝之谜一样简单，甚至更显老套。但这正是顶级品牌的精髓，通过神话故事让品牌迸发出原始的力量，既震慑了人心，直达我们的灵魂，也掏空了我们的钱包。

通过比较冷水和海蓝之谜的品牌故事，我们可以发现，不论是从名字还是包装，抑或是市场宣传的角度，冷水的品牌故事更飞扬跋扈，而海蓝之谜则低调内敛。原因在于，这两个品牌的客户群不同，因此品牌呈现的形式也不一样。冷水针对的群体是男性，而男性更倾向于直观的视觉冲击，因此，冷水的品牌故事集功能体验和神话色彩于一体。尽管如此，这两个品牌的案例都清晰地展现了标志性的顶级品牌效应，不是去划出一条清晰的中规中矩的界限，而是去顺应"超越神话"这一黄金法则。

最后一个例子与前面的例子有所不同，乍看之下，它既没有威望感，也没有神秘感，更别提"超越神话"之感了。然而，塑造品牌效应的方法当然不止这三种。

这个例子涉及两个人，亚当·洛瑞 和艾瑞克·瑞恩。2001年，他们创办了加州清洁用品公司。如今，这家公司在北美的市场销售额高达100万美元（恩格，2013年）。虽然这个数额并不是很大，但它们的销售额一路稳步增长，这都得益于两位创始人的英明领导。

这个例子展示了如何以一种稳步前进的方式创立顶级品牌的策略，它再次印证了一个道理，即便品牌故事很简单，也同样能显示出强大的"神话效应"，显示出无穷的智慧和魅力（瑞恩和劳里，2011年）。

亚当和艾瑞克并没有在其品牌故事中塑造一般的英雄形象，而是塑造了一个超级英雄形象："让我们的超级英雄来拯救你于水深火热之中，为你创造一个干净的世界。我们的清洁产品比一瓶简单的氯酸钠更具有除垢效果，但别担心，它的配方温和得如同一千只小狗舔你的双手，一个下午的时间，就能让你的房间一尘不染。"[加州清洁用品公司官网（a），2014年]

亚当和艾瑞克创造的品牌神话也很简单：诙谐幽默的年轻人大卫压倒性地战胜了年迈的格罗伊斯。而他们的品牌概念是，只要用了他们的清洁产品，肮脏就成了美好，商品也衍生出了人性的光辉[加州清洁用品公司官网（b），2014年]。通过这一巧妙而大胆的创新，他们成功地将产品打造成了顶级品牌。他们的广告口号是："绝不放过一丁点污渍！"

除了两位创始人的聪明才智、美国的文化背景以及他们独特创新的产品包装之外，广告标语是他们品牌塑造过程中最具有闪光点的策略。"绝不放过一丁点污渍"这一口号具有多重效应：

第一，神话效应：呼吁灵魂的纯洁和规整。

第二，生态效应：拒绝有毒有害。

第三，实践效应：承诺创造一个干净的宜居环境。

第四，精神效应：积极的生存态度。

以上四点多重效应，都无一例外地体现在了一句短短的广告语当中，也无怪乎它成了顶级品牌中的领航者。而他们成功的奥秘是他们敢于不走寻常路。

以上三个例子都有两个共同点：一是它们都是现代商品社会的标杆，二是它们都是传说中的顶级品牌。它们不仅像鼹鼠皮公司一样把神话巧妙地融合于品牌故事中，或者像乐高集团一样给品牌打造相关的主题电影，而且挖掘出了品牌的深度，超越了品牌的简单意义。

正如约瑟夫·坎贝尔所说的："好的品牌就像是上帝的面具。"我们要关注五光十色的世界后面究竟是什么，比如海蓝之谜和大卫杜夫所探寻的生命资源，鼹鼠皮所传递的洁白理念，乐高所提出的想象力和创新能力。每一个品牌都在努力捕捉更高层次的真理和力量，这也是它们能赢得顾客的信赖和喜爱，能从众多竞争对手中脱颖而出的原因。

我的总结是，只要通过高调又生动的方式去打造品牌故事，就能达到"超越神话"的效果，因为红牛品牌的口号"注入活力，腾空而飞"已经活跃了近三十年。当然也有例外的情况，就像超级英雄也难免出错一样。总而言之，**永恒才是超越世俗的所在，要想达到这一崇高目标，必须将品牌故事出之于有意，化之于无形，并且要直达神秘的核心。**

○ 第二条顶级品牌构建法则：神话引导

当一个人（或者一个品牌）成为他人的榜样时，他（它）就迈入了神话领域（坎贝尔，1988年）。这就是第二条顶级品牌构建法则：神话引导。

最好的例子当然是香奈儿，我们之前已经讨论过了。但最令人佩服的是，在过去几年里，香奈儿在卡尔·拉格斐的指导下，不断扩大了它的"神话效应"。当然，一旦他不在位了，香奈儿的"神话效应"或许会不复存在。

很显然，香奈儿的核心神话是它的创始人可可·香奈儿，除了她本人的作用以外，还有成功的品牌故事，因为可可·香奈儿和其背后的故事密不可分。以香奈儿的品牌故事改编的电影有两部，一部是奥黛丽·塔图饰演的香奈儿品牌故事前传，另外一部是伊戈尔·斯特拉文斯基饰演的关于香奈儿品牌创建的故事，两部电影都于2009年上映。后者显然是香奈儿品牌的活广告。早在2008年，以香奈儿为主题，由莎莉·麦克琳主演的电视剧也已上演。除此之外，网上还有大量关于香奈儿的迷你短剧，包括我们已经提过的"很久很久以前"。当然还有其他短剧，比如《走进香奈儿》系列迷你短剧。

虽然这些品牌故事的主题都各不相同，但它们的创作模式基本类似，比如香奈儿创始人嘉帕丽尔（别名可可）出生于单亲家庭，在修道院长大，或是天性使然，或是受周遭的环境所影响，她不得不早早地独立起来。她从一件小小的束身衣上就能窥见女性罗曼史，因而独辟蹊径地开创了一条时尚先河，翻开了女性解放的新篇章。

香奈儿的每一件时尚单品，都能令消费者领略到"可可传说"，由此逐渐衍生成顶级品牌。除去某些小缺陷不说，不论是具有时代开创性的香水5号和香奈儿手袋的经典链条，还是总让人联想到修道院的黑色礼服和打破传统的花呢服饰，抑或是将男性专属布料改革成女性解放标志性的图标，这一系列一气呵成，始终贯穿在香奈儿的品牌神话中。

香奈儿不只是传统意义上的品牌榜样，更是打造顶级品牌的风向标。时至今日，它仍然对女性时尚产业起到了引领的作用。它的品牌案例告诉我们，神话理念同样可以反过来指导建立顶级品牌。

根据坎贝尔的理论，用神话引导建立顶级品牌的道路有两条，分别是右手路径和左手路径。从逻辑上来讲，前者指导我们如何在社会规范下做正确的事，后者则体现了革命性，从个体开始超越社会规范，解放自我，解放所有人。

19世纪具有教育意义的儿童读物《草帽头彼得》，就是遵循右手路径的典型事例。书中明确指出了什么该做，什么不该做，清晰地划清了对错的界限。而冒险小说《汤姆·索亚历险记》和《长袜子皮皮》则采用了左手路径的策略，让孩子们敢于突破自我，向传统发起挑战，在冒险中获得成长。

那么，香奈儿的早期神话起源于何处呢？也许是左手路径，而后期则逐渐走上了右手路径。即便如此，香奈儿也没有失去其独特的超常规的思想内涵，从而使其品牌神话获得了有趣的张力。

哈雷·戴维森毫无疑问是左手路径的典型。我们在上文已提到过哈雷的任务视频《哈雷的生活》，接下来让我们欣赏一下这部视频的画外音：

我们坚信打破传统的唯一途径正如打破车窗玻璃，我们坚信熊熊燃烧的烈焰和死亡，我们坚信生活是自己创造的，我们坚信凡俗的生活是通向地狱的旅程，我们不关心其他人的信仰。（哈雷·戴维森，2008年）

很显然，这就是我们所说的"神话指导"，甚至可以说用神话来煽动大众情绪，指导大众通向神秘之境，随之解放天性，获取自由，直达永恒。

从古至今，大多数男性都有一种与生俱来的勇气和自信，大摇大摆地满世界闯荡，但并非所有男人都是这样，他们也会感到困惑，也会成为丢盔弃甲的士兵。因此，哈雷主要客户是那些工作日朝九晚五、周末化身为狂野战士的都市白领，而且不乏女性客户。这就是神话的指导力量：哪怕现实生活多么艰难，它都能启发人们战胜自我、突破渴望。

最后，让我们来看看相反的例子。这个例子建立在右手路径的策略上，其品牌神话是一个墨守成规的英雄——帕科品牌旗下的胜者为王古龙香水。这款男士香水于2013年进军市场，短短一年内就跃居市场前三。

首席执行官马克·普格很清楚帕科获得成功的秘密，他说："当你有一个绝妙的好点子时，它就像一个能自我实现的预言，你把它展示给你的合作伙伴、你的零售商，每一个人都坚信你的点子能成功，因此大大增加了你成功的概率（威尔，2014年）。"

除此之外，胜者为王有着非常清晰的发展规划，其理念背后是"成事在人"。这个点子体现在这款香水的名字上，也体现在其冠军奖杯形状的包装瓶上，还体现在外包装上那副象征胜利的翅膀上。胜者为王的卖点远远不止这些，它别出心裁地将现实与神话融合在一个视频广告中——澳大利亚橄榄球名将尼克杨·格斯特走进体育场，他气势无匹，轻松击败了众多如雕像般强大的英雄，博得了多位希腊美女的好感，当他气势昂扬地回到了更衣室，迎接他的是狂热的追星族。从这部视频广告中不难看出，胜者为王香水是多么令人难以抗拒。

胜者为王能否成为大卫杜夫那样的顶级品牌，我们还不得而知。有时候，你会对这样的广告产生怀疑：真的会有人相信这部广告吗？是不是有点过了头了？套路是不是太过老套？选用的模特合适吗？然而，这正是这个品牌故事的魅力所在，也是它的制胜点。**神话往往都来源于老套的故事，是这些故事让神话活灵活现。只要我们准确地把握住了故事的精髓，并让它正中品牌的核心，那么我们就能让这个神话指导我们建立顶级品牌。**除此之外，在建立顶级品牌的道路上，打造经典的标志形象才是制胜法宝。

创造神话的四个重点

鉴于"神话化"是本章的核心内容，我们认为有必要分享一些关于如何打造品牌故事的实用见解。在这里，我们提出最重要的四个要点，每一点都各具深意。

1. 倾听的重要性

要想成为一个合格的神话创造者，首先你得是一合格的倾听者。这也叫哈伦·拉希德原则：只有学会倾听，你才会了解自己的不足（弗伦泽尔、米勒和佐通2004年）。神话中的哈伦·拉希德是公元8世纪巴格达著名的故事书《一千零一夜》的作者，他经常在晚上乔装打扮成平民，然后出门寻找写作素材，因为他想知道如何领导他的子民，而只有去倾听他们的故事，他才能找到激励子民的办法。在当今社会，每一位市场营销人员也应该吸取这一经验，学会理解、打造和发展品牌故事。博柏利的创始人安吉拉·阿伦茨和克里斯托弗·贝利就做到了，他们雇用了一位人类学家去和雇员们沟通，一同致力于收集品牌故事，从而凝聚起来共创辉煌（阿伦茨，2013年）。

2.为您的品牌取名字

就如拉丁谚语所说的"名字似乎是种征兆"，一切都体现在了名字里。品牌的名字就是产品的门面，正如胜者为王的例子一样，所有人，包括非拉丁裔，都能理解其品牌名称的意义。这个名字还能瞬间带你穿越到古罗马的神话世界中，令你联想到角斗士，富有传奇色彩的英雄和传说。

另外一个例子，著名的高端运动及休闲品牌纳帕皮，其品牌故事源于极地和野外探险，名字采用古老的芬兰语，但很少有人会追溯其名字由来。这个名字具有异域风情，由于其发音奇特，听起来像是源于印第安、萨米、因纽特或日本某个地方的语言。除此之外，它的发音令人联想到"午睡"以及另外一个匪夷所思的词语"皮利"。尽管如此，这个品牌名称还是能让你轻而易举地想到关于北极圈的冒险神话。

德国最炙手可热的眼镜品牌麦克塔就采用了迥然不同的策略，麦克塔字面意思是"我的幼儿园"，该品牌的发源地在一所废弃的幼儿园里，因此才采用了这个名字。正因为名字令人匪夷所思，所以才产生了神话效果。

无论你采取哪一种策略，品牌名称越具有想象力，效果就越好。从这个层面来说，这三个名字都取得非常成功。值得一提的是，对于构建顶级品牌，给品牌和名称都注入一些语义上的内涵，不失为一个好主意。

3. 斗争的重要性

作为一个讲故事的人，你首先要陈列出问题的要略，然后再展示你克服这个问题的过程。美国洛杉矶著名的编剧之一罗伯特·麦肯（弗莱尔，2003年），就是一个很好的例子。单单一个毫无边际的蓝图，是达不到神话的效果的，因为这不止无聊，而且还很平庸。故事，尤其是神话故事，想要做到"超越神话"或者"神话指导"，必须脚踏实地，立足于现实。生活是混乱的，而且人们自始至终都在不停地和生活做斗争。这也是为什么神话故事中的英雄们总是要克服各式各样的难关。只有这样，他们才能接近生活的真相；只有这样，我们才能对这些故事坚信不疑。当然，神话故事充满了悬念和不合理的地方，但正是这样，才让人难忘，而这也正是打造顶级品牌的基石。

4. 真理的疑问

最后一点是关键：神话故事必须是真的吗？在一个物质世界里，答案似乎是肯定的。但你可以适当修饰一下你的神话故事。事实上，你必须更加夸张地渲染你的故事，否则你只是在老调重弹罢了。如果你想为你的品牌注入新风尚，并且达到长盛不衰的地位，那么你必须勇于突破，超越现实，将实际生活和神话故事无缝衔接起来。百加得就是一个很好的例子，它一方面记载了品牌的真实故事，另一方面将故事上升到了神话性的高度。关键是，它很好地将产品朗姆酒和神话故事融合在了一起，展现了一种激情的能量。另一个反面例子则是被大肆宣传的喜马拉雅盐，这个品牌的初衷是给顾客带来一种纯净、健康和美好的享受，但它的品牌故事完全没有可信度，以至于令顾客们疑窦丛生。

七步到天堂

根据约瑟夫·坎贝尔的"自我神话模型"（坎贝尔，1978），构建顶级神话品牌共有十七个步骤，尽管慢工出细活，但在这个快节奏的社会之中，未免过于繁琐，因此我们将其精简为七个步骤。这七个步骤都是我们案例中的基本要点，你可以从中发现我们是如何运用这七个步骤的。

　　每个神话都需要英雄作为其灵魂人物，这是你创建品牌之初的使命和目的。你在寻找品牌灵魂的路上，难免会经受许多挑战，直到你找到它。你在斗争的过程中，线索会不断涌现，这是让品牌神话具有戏剧张力和可信度的重要部分，因为这会铸造你的"信念"，品牌哲学来自你最初的愿景和你的实践。"神化"是一个开创性的时刻，你的品牌得到了认可，你所塑造的品牌神话也会广为人知。从那之后，你开发了一条咒语，也就是你的"原则"，并使之成为新时代门徒们坚贞不渝的信条。最终，你会重新回到故事开始的地方，一个更好的地方，一个神话诞生的地方，一个你设想"未来"的地方，一个让神话变成现实的地方，一个呼唤你重新开始缔造下一个神话的地方。

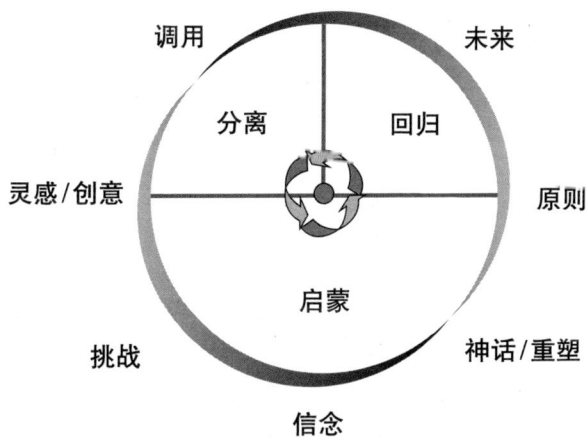

分离、回归和启蒙

奥秘四：给神话赋予意义

1.深度倾听

倾听并采纳雇员、客户、合作伙伴的意见，这是你获得品牌神话的关键，每一个小细节都不容错过。

2.历史点缀

忠于历史，但也要勇敢创造。别忘了突破，这是获得品牌信誉和的关键。

3.学会分享

和所有的利益相关者分享，让他们也参与到品牌营销中来，运用所有人的智慧和想象力，这将给神话故事注入新的活力。

4.坚持不懈

坚持进行神话故事的创造。好故事不是一夜之间就能写成的，一个出彩的神话故事甚至需要花费更长的时间。

5.上升高度

把品牌故事上升到新的高度，或者将品牌打造成一个具有标志性的符号，这是将平庸的现实提升到神话的关键。

6.贯穿始终

无论好坏，神话都是永恒的，你可以增补删减，但你无法逆转神话，所以从一开始你就要明白何去何从。

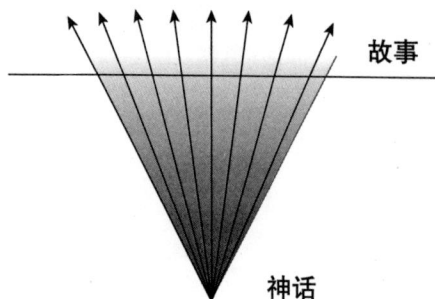

故事

神话

建立顶级品牌需要挖掘出深度，我们把这叫作"倒置的冰山"。我们必须把任务转化到神话故事的构造中去，把潜藏的根深蒂固的真理挖掘出来，因为有80%的真相都在表象之下。

顶级品牌案例研究四：迷你的神话再现——从失败的挑战者到有趣的煽动者

一开始，迷你汽车旨在研发出一种让大众负担得起的经济型汽车。在1959年的英国，苏伊士运河危机导致汽油价格大幅度上涨。迷你仅售497英镑，一推出便大受欢迎。这款汽车在其后40年内不断推陈出新，售出了超过500万台，迷你的设计师亚历克·伊斯哥尼斯先生因此被英国授予了爵士爵位。后来，由于缺乏创新，加之大众逐渐对它失去了兴趣，迷你开始走下坡路。2000年，宝马公司决定收购这一品牌，并在其原有的基础上推出一款新型迷你。

迷你在世界范围内再度一炮走红。实际上，迷你在美国市场上知名度很低，但仍然很快被一售而空。2012年，迷你的销售总数高达65000辆，相当于沃尔沃公司所有车辆的总销售数。2013年，迷你在全球范围内一共售出超过30万台，单位价格从2万美元到4万美元不等，这相当于一台高端奔驰车或是宝马X1SUV车型的价格。

一些公司采用"复古营销"策略，也推出了类似迷你的品牌汽车，比如1999年大众公司的新甲壳虫汽车，再比如2000年克莱斯勒公司的PT漫步者汽车，但都没有迷你那么畅销，而PT漫步者汽车则在2011年就停产了。

从上述类似的例子看来，畅销的因素不一定是实用性或是价格，也不一定是越复古越好。那么，迷你的魅力从何而来呢？

○ **弱势选手的神话性**

迷你的品牌神话显然遵循了"左手路径"，它经历了两个截然不同的发展阶段。第一个阶段是有机阶段，即一辆小小的汽车竟然变成了大众时尚的代言人，从而逆袭为"平民英雄"。第二阶段则是命运阶段，在其品牌的神话光辉逐渐黯淡的情况下，宝马公司的收购促使它一跃成为全球顶尖品牌。一款体型迷你、外表斑斓、速度不快，跑起来还略显笨重的汽车之所以能实现如此华丽的转身，是因为其内在的品牌灵魂起到了至关重要的作用。

作为英国20世纪60年代的传奇，迷你汽车的走红体现了极简设计策略的成功。但关于迷你汽车的传奇故事，社会各界各执一词。由于迷你汽车价格低廉，它成了反奢靡宣言中节俭的代言，抑或英国人低调姿态的代言。级别越低的皇室成员，越青睐迷你汽车，而不是豪华轿车，连披头士乐队成员也喜欢迷你。

乔治·哈里森则更加迷幻，他独家定制的精致迷你汽车使他在那个年代鹤立鸡群。罗尔斯·罗伊斯也拥有专属的迷你汽车，史蒂夫·麦奎因则将迷你汽车的涡轮增压器改造成铬合金和木质的版本。艾尔顿·约翰、彼得·塞勒斯和碧姬·芭铎都拥有各自专属的迷你汽车。因此，迷你汽车逐步变成了一种文化象征，象征着平民和权贵的二元对立，如同一头固执的小牛头犬去挑战大型犬似的。

宝马公司旗下的迷你库柏更是"平民英雄"的典范。其创始人约翰·库伯是F1赛车的传奇人物，他驾驶迷你库伯在F1比赛中连续四次战胜了蒙特·卡尔洛。此举激怒了法国人，他们一气之下起诉了迷你库伯，而法国法官在众多争议中做出了有失偏颇的决定，取消了1966年迷你库伯F1赛车第一的成绩，并宣布雪铁龙获胜。与所有的烈士故事一样，迷你库伯反而获得了大众的同情，而第二年的大获全胜更给它罩上了英雄的荣光，连恩佐·法拉利都忍不住买了一辆迷你库伯。

1969年，电影《偷天换日》一经上映就火爆全球。电影讲述了一个英国流浪汉（迈克尔·凯恩饰演）为躲避意大利黑手党的追捕，带着他的战利品驾驶三辆迷你库伯逃亡的故事。三辆迷你库伯分别是红、白、蓝三色，它们的惊艳出镜，更加巩固了其品牌所享有的"平民英雄"的地位。

宝马公司继续上演着这一神话，在接下来三十年里，电影《偷天换日》慢慢淡出公众视野，但迷你的品牌效应不减反增。迷你汽车用"小车做大事"的品牌理念与"越大越好"的传统理念一直抗衡着，它不断地进行产品升级和更新，增加了更加人性化的设计，注入了英国风格的元素，保留了符合老粉丝口味的独特DNA属性，添加了吸引新成员的现代元素，最终变成了畅销全球的顶级品牌。

在美国，许多消费者都不在意汽车的品牌历史，他们只在意其实用性，只把汽车当成便利的家庭保姆车，或运货的卡车，抑或实用的SUV。

甲壳虫汽车的失败正好和迷你汽车的成功形成了鲜明的反差。起初，两者的声望不相上下，后来重新投放市场的策略大致相当，性能也都差不多（源自大众声望网）。区别在于，大众汽车公司未能挖掘出甲壳虫汽车所代表的深层含义。在20世纪60年代，甲壳虫是嬉皮士的代表，同时还能解决能源需求的短缺。其车身外表圆润犹如婴儿，车体颜色鲜艳，喇叭声音与众不同。当大众汽车公司重新生产甲壳虫汽车时，在其车身上装饰了一朵塑料雏菊，重新定义了汽车的外表内涵，以此来展示"爱与和平"的深层意义。但他们忽略了当代社会的情绪，新一代甲壳虫虽然固守住了品牌的神话，但其神话效应被牢牢锁住了。如今，甲壳虫在"可爱形象战"的市场营销中彻底迷失了自己，其顶级品牌的地位也摇摇欲坠。

迷你神话：纪念品、麦奎因和狂热的球迷。
图片来自图科迪·拉兹罗，鸣谢宝马集团。

○ 买的不是汽车，而是一种态度

迷你汽车的成功在于它独创了一种新型汽车——有趣、传奇、独特、性能好，而这些特点让它毫无争议地成为汽车行业的领袖（源自凯西2006年案例分析）。人们通过购买迷你汽车，来表达自己与众不同的个性，体现了一种不走寻常路的逆反心理。如果特斯拉是环保大师，那么迷你则是娱乐大师，它被设计成能让顾客获得归属感的产品，通过日常生活的点点滴滴，让驾驶它的人备受鼓舞。

迷你汽车一直都雄心勃勃，它持续拉动着名人效应的长线，与威尔·史密斯、保罗·史密斯、艾玛·斯通、布兰尼·斯皮尔斯等同一时代的明星进行品牌代言合作。有的人直接作为代言人，有的人则通过在电影里驾驶迷你汽车为其做广告植入。此外，赛车手、俱乐部成员、商界大腕和顾客都在源源不断地为迷你汽车做代言，因此迷你汽车才能经久不衰地畅销下去。在俱乐部的世界里，拥有一辆经典的原汁原味的迷你汽车，或者拥有一辆高级定制版的迷你汽车，是一件非常令人艳羡的事。如果赛车手们驾驶着一辆迷你骑车，则表示他们拥有了这一汽车品牌的灵魂——桀骜不驯。

迷你品牌要想进一步拓宽它的战略目标，需要的正是这种精神。它客户群是那些不愿墨守成规的中产阶级。在中国，有80%的迷你汽车业主都是女性，她们想摆脱身上的标签，不想被定义为可爱的"Hello Kitty式"女生。在上海的展示厅里，我们惊讶地发现，迷你车主俱乐部里的活动大多是穿越青藏高原和戈壁滩沙漠的户外赛车项目。而在海湾地区，每一百辆车里面有八辆是迷你汽车，车主的人群分布多种多样，其中包括想要摆脱笨重保姆车的年轻辣妈。

为了注入一种归属感，迷你汽车从那些有影响力的粉丝身上获得了的灵感，它将粉丝们的惯用语加在了新一代产品上，比如粉丝们用新词语"驱动"代替

"驾驶"，以此当作俱乐部的行话。

2012年，迷你在法国卡斯特雷特举办了为期三天的俱乐部活动，聚集了超过三万名粉丝，他们来自五十多个国家，还有一些甚至来自六千千米外的俄罗斯小镇。在比官方水平还要技高一筹的汽车特技表演、比赛、音乐会和独家赞助的汽车模型展览中，粉丝们把个体的独特性和迷你汽车的品牌主题灵活地结合在了起来。这一文化现象催生出了数百个国家和地区的响应，从日本筑波的"迷你比赛"，到密歇根麦基诺桥上的"848.5事件"，再到从英国穿行到摩纳哥的"迷你之旅"，可谓盛况空前。

正如我们在原理二中所看到的，迷你鼓励并赞助这些活动，以使每个人都能获得启发，同时也为在线共享社区的扩展提供支持。

可以说，迷你汽车完美地演绎了天鹅绒绳子理论。

○　非销售行为：关注异常

新一代迷你汽车，外壳酷似SUV车型，车身轻灵飘逸，它沿着街道行驶时，速度犹如离弦之箭，它就像一件令人爱不释手的超大型玩具车，让你不禁怀疑它是不是圣诞老人留下来的礼物。

你可能会听到一些关于迷你汽车的负面新闻，比如驾驶迷你汽车的罪犯在野外被警察追捕，再比如迷你汽车是二手残次品，但这些都是其他汽车制造商伪造的假消息。你也有可能在YouTube上看到迷你挑战保时捷的视频，双方竞赛数月后，迷你以失败告终，这消息倒是真的。你还可能听说有人为了得到一辆高级定制、限量版车型的迷你而苦等数月。换句话说，迷你汽车已经在不知不觉中成功吸引了你的注意，它们的广告以略高于行业标准的水平贯穿于电视频道，对观众进行软推销，同时经销商们也在卖力地进行硬推销。

因此，迷你品牌实现了多赢的局面：超出常规的营销模式，独特的广告语言，品牌崇拜效应，良好的口碑，物廉价美的购买体验（我们推算美国迷你的价格仅仅是菲亚特的五分之一）。它的竞选口号"不走寻常路"与品牌的每一个方面都紧密联系，即通过非市场非营销的套路达到无比畅销的目的。

然而，当迷你对传统营销方法做减法的时候，宝马公司已经开始设计大产品——一款与迷你类似的斗牛犬似的汽车，这款汽车纳入了优良的德国技术，并采用了供应链的管理模式，从而吸引了大量顾客前来购买。迷你汽车迷恋者现在又有了更多的选择，那就是宝马370和宝马320车型，而宝马车型数量之庞大，我们在此无法一一列举。

这就是典型的"排他共谋"战略。我们确信，迷你的产量将会成为工业化迷幻之梦，它确实不负众望，并一如既往地将迷你爱好者的个性全部展示了出来。

○ 驾驶迷你，创造生活梦想

自1994年以来，迷你项目一直是宝马集团的一部分，同时又独立于宝马集团，进行自我管理和营销。无论是从物质层面还是理念层面，它与宝马集团都是"母子分离"的关系。

据《加拿大环球邮报》（卡托，2013年）指出，如果让一位迷你项目的工作人员按照宝马集团那一丝不苟、不懂变通的工作理念来工作，结局只会是牛头不对马嘴。迷你的金融财务部分析指出，迷你的品牌理念就像是一杯奇异的鸡尾酒，基酒是庞大的数学知识体系，再把浓醇厚重的茶叶作为配方（迷你孟席斯，2014年）。迷你的"内部分享"理念有助于激发员工的想象力，员工会亲自驾驶迷你汽车，然后将那种惊险刺激的体验融入品牌企划中。

迷你和它的粉丝正在狂欢。

图片来自宝马集团。

买一辆迷你汽车或成为迷你俱乐部的一员，并不能代表全部，只有在迷你爱好者群体中共享身份，才能获得认同感。中国迷你集团市场总监朱江把自己称为"愤怒的一代"，他说正因为在迷你汽车公司工作，自己的个性更加展露无遗了（徐晓，2010年）。

虽然迷你汽车的人气非常高，但为了避免市场过度饱和及股权稀释，宝马集团还是决定限制迷你经销商的数量，并严格规定了迷你模型玩具店的店铺外观。目前，宝马集团已经限制了迷你汽车每年的基地车输出量，并推出大体积版本的迷你。最重要的是，宝马公司秉持着一个原则，那就是让迷你汽车保持品牌的独特性。因此，每一位迷你买家必须符合宝马集团的"硬性要求"，这样才能确保自己在驾驶迷你汽车的过程中获得乐趣。

09　原理五：重中之重，产品才是品牌的核心

即使是最有威望或最神秘的品牌，脱离了产品也只是一纸空壳。现代信誉品牌或顶级品牌，必须用优质的产品去构建它们的品牌王国。在当今时代，这一点毋庸置疑。

我们早就厌倦了空泛的宣传、自负的招摇和过度的营销，我们遭受了太多的欺骗，扔掉了太多的垃圾产品，同时也了解到无意识消费带来的恶果。越来越多的消费者开始主动寻找真正优质的产品，而不再盲目地随波逐流。我们开始规避恶俗的东西，寻找禁得住时间考验的商品，或者说真正值得我们为之付出金钱的商品。

这就是顶级品牌能够适应现代社会的原因。与产品的环保理念无关，顶级品牌之所以受到人们的欢迎，是因为其产品质量超过了其他竞争对手。它们严格遵守质量标准，远远地甩掉了同类产品。因此，它们才能超凡脱俗。

即使在一个分支领域或一款产品上，顶级品牌也能够精心对待，比如红牛能量苏打或麦斯得清洁用品。它们在产品打造上十分用心，用尽一切资源和手段，确保给消费者带来物有所值的感受，最终拥有了口碑极佳的企业形象。

对顶级品牌而言，产品是品牌的精髓。产品不仅有着惊人的实用性，而且是帮助品牌塑造神话的关键因素。顶级品牌要做到这点，通常遵循以下三种方式。

方式一，将顶级品牌打造成"圣杯"。顶级品牌创造的是"令人信服的故事"，而不是"令人信服的理由"：故事可以将消费浪漫化，缓和消费过程中的紧

张气氛，让产品变得更加吸引人。除此之外，顶级品牌也时常从更高的领域借鉴灵感，追求艺术与工匠精神，最终将产品交易转变为具有仪式感的行为。

方式二，增加品牌辨识度。很多顶级品牌都有自己的独特设计，以此来增加辨识度，让客户们即使没看到品牌商标，也知道是它们的产品。在不断加剧的市场竞争中，品牌唯有准确无误地传达出自身特色，才可能成为万里挑一的产品。此外，顶级品牌要确保产品的完美性，让产品始终处于焦点中心，因为"英雄都需要聚光灯"。它也许不能长期保持在畅销榜首，但它一定会长期占领销售市场，保持新鲜感和流行度。品牌偶像也需要进化——它要一次又一次地出现在市场中，并且成为大众的必需品。

方式三，确定一个目标。这就要求品牌务必做好产品定位，不断加强产品的底蕴。但前提是，首先要打造一款足够稳固的品牌产品，否则一切都是空谈。

在下面的篇幅里，我们将详细叙述产品对品牌的影响。

产品是品牌的核心

1912年，麦肯广告公司撰写了世界上第一条广告商标"实事求是"（源自麦肯官网）。我们无法确定，麦肯和其他广告公司是否能一直坚持以产品为核心的观念，但是我们可以确定，顶级品牌必然会以产品为核心。

只有消费者信任的人或机构才能起到领导的作用，值得信任和值得依靠是向消费者推销产品以刺激消费的先决条件。要想实现这一点，必须让消费者感到真实。从逻辑上讲，顶级品牌比一般品牌更需要注意这一点，它们要不断地向消费者传达承诺，时刻引领消费者的思想。

尽管我们讨论的所有事情实质上都是在耍手段，但顶级品牌真的会想尽一切办法让产品符合大众的口味，让最挑剔的评论者也无话可说。比如巴塔哥尼亚，它甚至把最挑剔的评论者和测试当作创造产品的前提。瑞士背包品牌弗莱塔格也同样如此，它凭借新款改造产品和工匠精神，获得了大众的认可。此外，像所有的食品产业，它们满足了专业美食家和美食评论家的胃口，建立了某种食物的标准及全部细节要求（全食超市公司，2014 年 8 月）。

品牌的定位越高，消费者的期待就越大。因此，顶级品牌必然要追求极致，在产品特色、制造工艺、外形设计等方面下足功夫。在传统和现代优质品牌的世界里，顶级品牌所面对的是愿意付出高于平均价格来购买商品的人群，而追求极致正是他们所期盼的。

除此之外，消费者也在不断进化。他们希望买更少的商品，但质量更高、用途更广。他们希望少听到一些空话，多收获一些真诚。这就是为什么消费者都热衷于品牌背景、品牌故事和产品细节，而不会被生活方式的表面意象所困扰。基于此，越来越多的品牌将广告宣传转变为"历史课"，比如路易威登近几年来将宣传焦点从明星变为旅行纪录片，其他品牌如古驰、百加得等也都在这样做。（舒尔策，2014）

诚然，真实是一个坚固的基础，但单凭这点也无法造就顶级品牌，我们还应该注重整体的营销计划，从生产到包装，从展示到出售，务必做到尽善尽美。所有的因素都以塑造品牌产品为基底，将它呈现为脱俗的产品、终极的产品、同类的典范。只有向产品注入真爱，像对待明星一样追捧它，才能真正让拥护者们眼前一亮，才能塑造品牌的神话。

阿原肥皂是我们遇到的最好的例子。这是一个来自中国台湾的传统制药企业，它虽然规模不大，但成长速度惊人。这个品牌以真实为本，但也会宣扬自己是多么受欢迎，以至于你会不自觉地为它着迷，就像我们在下面的小故事里讲述的那样。它对待自己的产品如同对待珍宝一样，鉴于它的体量，做到这一点确实容易得多。

阿原肥皂：品牌实质的传奇

一年前，我们站在中国台湾阳明山公园的一片田野之中，当时小雨靡靡，山路泥泞，我们只好在鞋子上套上塑料袋，以免被泥土弄脏。尽管如此，我们还是感受到了山野美景所带来的震撼：广阔的田野被巨大的卵石切分成一块块的良田，田野四周环绕着广袤的森林，湍急的溪水奔腾着流向山谷之中。阿原肥皂的出口部主管向我们解释说，这片田野已经成为品牌原料的主要供应地了。

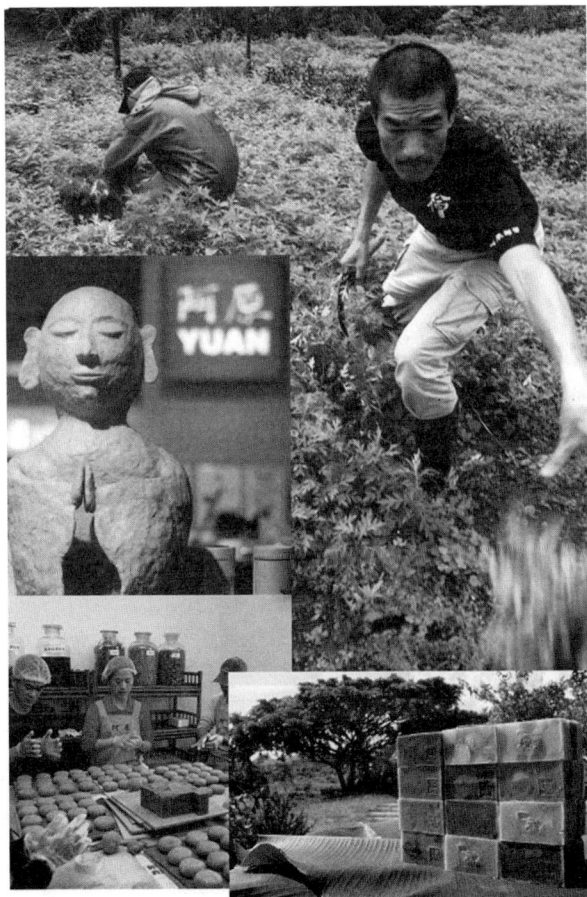

阿原肥皂创始人江荣原（右上）和员工们共同制造了品牌的核心产品。

图片来自阿原肥皂。

阿原肥皂2005年才开始与广告策划公司合作。当时，创始人阿原对公司品牌完全失去了信心，他感到自己无法再承受巨大的工作压力，也容忍不了品牌以往的经营模式。此后，经过一段时间的冥想和反思，他决定改变前人留下的策划模式。

阿原的祖父和曾祖父都是优秀的中医，因此他决定学习中草药，并打算把家乡生长的草药运用到产品上，以家族传统的手法创造纯天然的家居品和保健品。他在家里制作出的第一块肥皂一共采用了十八道工序，包括提取植物汁液、冷却滴流、铸模成型、切割压标、手工包装等。

几年过去了，今天我们在阿原肥皂的工作坊中，依然可以看到产品的制作流程，所有产品也依然沿用着同样的制作工序。制作人员把皂液从加热的锅具中倒出，用手将皂液揉铸成球，在肥皂冷却之前先压上商标，等冷却后再进行切割。整个制作流程中，我们都能够闻到肥皂中所使用的天然草药的香气，其中包括柠檬草、茶叶、亚洲香草、迷迭香等。产品最后的包装，采用了本地生产的精美纸张和纸盒，上面还有创始人本人的亲笔画作和题诗。

如果你想了解阿原肥皂使用的所有草药及其生产流程，在它的企业网站、宣传材料和五分钟广告短片（阿原肥皂视频，2014年）中都能看到。

我们还参观了阿原肥皂的设计门店，那是一座木屋，木屋后面有一小块药田。从二楼的阳台向下看，能看到一块标示板，上面解释说，药田里种植的所有草药都是阳明山特有的品种。接下来，我们被邀请到屋内品尝茗茶，听工作人员介绍说，阿原品牌的手工家居品和手工护肤品价位从九美元到九十美元不等。最开始，每月只能卖出几百块香皂，但是现在的销售额已经达到了数百万美元，甚至在金融危机时期，也能够实现两位数的增长速率，而且在全球有五百多家经销店。

阿原肥皂为什么能发展得如此壮大呢？没有人能想得出来。但是当你看到屋外的药田，听到店内导购讲解的品牌故事时，你就能发现阿原肥皂的品牌魅力了。

药田和农场以及产品的制作过程，无疑是这一品牌不可缺少的一部分，也为产品塑造出了灵魂，而产品则是这一品牌真正的核心，它让消费者感觉到自己买到的不仅是一块价值几十美元的肥皂，还包括有趣的知识和丰富的情感体验。

将顶级品牌做成"圣杯"

阿克塞尔·杜马斯，法国奢侈品牌爱马仕第六代联合总监，他在一次采访中说："我们是绝无仅有的不设立营销部门的企业，因为我们的第一目标是产品。"（斯托里，2013年）而这正是爱马仕受欢迎的原因：没有过度营销，只有轻描淡写，单纯、诚实、高贵，并具有极度苛刻的工匠精神。

如今，能做到这一点的顶级品牌越来越少了，因为仅仅依靠产品去吸引消费是远远不够的。然而，这确实是顶级品牌应该给人的印象。它们的市场营销一定要表现得"不屑于营销"，以便利用消费者自身的欲望为它们做口碑宣传。它们一定要将自己的产品做成"圣杯"，以此让消费者受到某种启示。它们必须对自己的产品展示出足够的爱意，才能引发消费者的崇拜情绪。

○ 从相信原因到相信故事

有一种方式，也可能是最重要的一种方式，那就是把讲故事的理念应用到品牌范畴和产品范畴中。

品牌应该将产品的成分、工艺、来源或制造流程讲述出来——也就是我们常说的相信原因——现在要将这种方式转变为相信故事。为产品加入一些独特的、浪漫的因素，将之编成迷人的故事，这样就能更好地绕过人的理性过滤体系，直接深入他们的内心。

讲述故事的营销模式更能给人留下深刻印象，更为独特，且能长久维持。其效果体现在两个方面：一是将产品注入情绪，让你爱上它；二是给我们的理性思维注入他们包装过的思想。

故事能将产品提升到普通商品的水平之上，能让消费者们记得住，并口口相传，还能让其他的因素，如价格因素，变得没那么重要。

拓冰者，一个来自新西兰的服装品牌，就是一个很好的现代案例。它们的产品都是用100%的优质马利诺羊毛做成的，于是将市面上流行的商品条形码进行了有趣的变形，创造出所谓的"羊毛代码"。这是一个很好的卖点，它们可以凭借这点做出成绩，就像大多数优质品牌一样。但是如果仅停留在优质原料的层面，它们也不会变得与众不同。所以，它们让原材成分变得生动起来，赋予其背景故事和灵魂，准确地说，是赋予每一只羊以灵魂。

通过"羊毛代码"，每一个消费者都能追溯产品所用的原材料——羊毛，所属的羊群和牧场——看看羊群的生活环境，见一见它们的牧羊人，并对产品的生产过程有一个全面的了解（源自拓冰者官网）。

拓冰者这样做的结果是，这个小小的产品摘要，"100%马利诺羊毛"的声明，使产品更加充实了，平添了许多美丽的想象和情感，为产品注入了仿佛个人定制般的手工感，让质量保证变得十分真实。如此一来，拓冰者变得雄心勃勃，获得了非常可观的销量增长。

另一个类似的例子是弗莱塔格，它是来自瑞士的环保背包品牌。它崇尚旧物改造，它使用的每一片材料，生产的每一个背包产品，都是独一无二的，它将之称为"回收的个人化产品"。除此之外，它还为产品注入了具有真实感的背景故事，给每一个背包发放一个小的视频和一个肖像，内容都跟它的"前生"有关。由此我们可以断定，这种做法正是弗莱塔格成功的原因之一。

○ 源于艺术和工艺

诸如爱马仕、香奈儿、迪奥和万宝龙这样的品牌，人们通常会认为它们在制作工艺上有着极高要求。因此，当万宝龙在力洛克建立了一座精美奢华的可视化工厂后，人们并不觉得惊奇（源自万宝龙官网）。香奈儿在手工作坊濒临倒闭的时候，买下了手工工作室，这种做法也在情理之中。高端眼镜品牌史密斯＆罗布近期宣传说，它们在中国西藏建造了专业的牦牛饲养厂，以便用牦牛角当作眼镜镜框的原材料，这种做法也属平常。

无论是从范畴方面还是从价格等级方面来看，营销界对于艺术和工艺的热爱已经超出人们想象。还有一个例子：格温·怀廷和林赛·博伊德是一家高端洗衣和管道清洗公司的创始人，他们奉行"关注您，关注您爱的事物和环境"这一品牌理念，提倡用干洗取代传统的手洗。在品牌形象上，他们给消费者带来了与众不同的感受：就像是两个双手灵巧的女人，在小心细致地为顾客清洗衣物。因此，他们的品牌在同类商品中独具一格、脱颖而出。

最后拿约翰·布罗创立的甘草糖品牌举个例子：约翰想象自己在熬制一罐煮沸的甘草，供人们观看手工制作过程的同时，也能让人们尽情品尝。这正是甘草糖的销售方式，如今其美味的调和品已经在各大高端美食商店销售，从伦敦的哈维尼克斯百货商场到纽约的雀儿喜市场，乃至迪拜，都能找到甘草糖的店面。如果顾客足够幸运，还能买到由约翰亲手制作的甘草糖（源自甘草糖官网）。

另一个有趣的方面是，**顶级品牌会定期从高等工艺范畴学习新的感官性语言，以创新的方式来表达、庆祝自己的优越品质和工匠精神**。多塞特谷物的包装看起来更像是巧克力，而不是健康标准早餐；梅森巧克力创造了一种"珍珠礼盒"，将果仁糖做成珠宝的样子；玛蒂尔达啤酒用一个瓶子不断地提醒你，你的酒窖里藏着稀有的古董；波多矿物质水散发着一种香槟的气质。

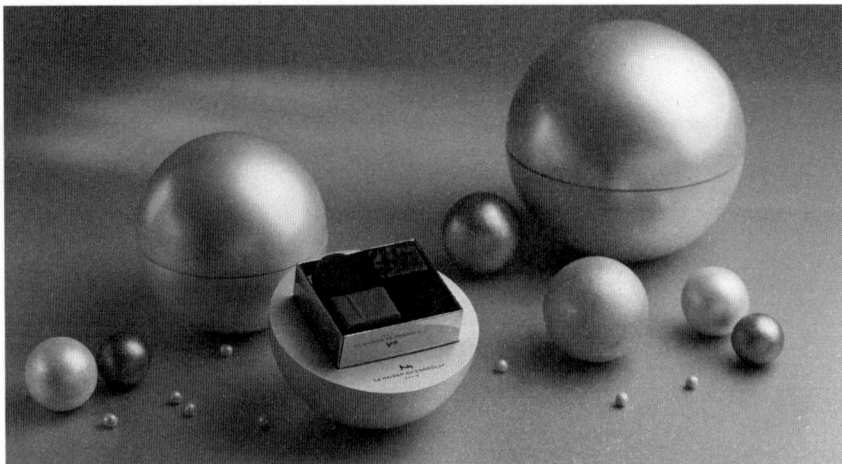

巧克力之家受珠宝产品的启发，推出了珍珠般柔滑的鲜奶巧克力。

图片来自巧克力之家。

难怪希腊式酸奶品牌乔巴尼能提升整个行业的气质，因为它们将大量流动资金用在了瓶身设计上——欧式尺寸的瓶口大小，更易饮用，可以方便地使用勺子，并采用了现代艺术般的亮色包装（格鲁莱，2013 年）。

在做这些创意的过程中，顶级品牌不仅使自身得到了提高，同时也提高了售价，比如德国工艺啤酒现在每瓶能卖到 25 欧元（梅克，2014 年 8 月）。

总的来说，工匠精神的符号不仅能帮助顶级品牌增加自身的识别度，表达品牌的志向，展现品牌的地位，还能非常及时地与消费者产生关联。

顶级品牌很清楚，将现代创新产品与手工工艺结合起来，是促进销售的重要手段，因此它们一直在坚持这一点。

○ 仪式感的意义

为了避免俗套和单调，每一个品牌故事和每一个"圣杯"都需要创造一种仪式，以此带给消费者神圣的体验。

我们在原理四中谈到了顶级品牌海蓝之谜的摩擦仪式，而一家来自日本的高端皮肤护理品牌SK-II也有类似的仪式（SK-II的仪式，2012年）。即使像鞋业这样的基础行业，伯尔鲁帝也创造了一种仪式及一种内部语言——通过一种改编后的温莎结系法，让鞋子与众不同。他们甚至举办了豪华的擦鞋晚宴，在鞋子上倒上唐培里侬香槟和威尼斯皮料。这个仪式在明亮的月圆之夜举办，来到现场的都是活动发起人和产品的忠实信仰者。

另一个例子是奈斯派索咖啡（参见本章结尾的案例研究），它们不仅开发了一种全新的咖啡烘焙法，并汇编了一种工匠感十足的代码对其进行探讨，它们也通过营造仪式，不遗余力地提升品牌形象。它们将每天享用咖啡、分享咖啡的行为，通过咖啡机增加了仪式感，为顾客带来了新奇有趣的体验。

最后，让我们来看看迷你汽车营造的仪式感：购车要提前登记，登记后要排队等待，最后才能得知提车的剩余日期。这让顾客觉得拥有一辆迷你汽车就像生孩子一样，需要经历一个仪式般的过程，获得"即将成为父母"的幸福感，他们将自己称作"幸福期待中的车主"。但是，等待的过程是非常漫长的（源自迷你粉丝网）。

仪式感能将一个简单的行为上升至一种特殊的体验，并创造一种心生崇拜的气氛。顶级品牌将这个古老的真理带进21世纪，不断更新，不断使用，创造出了优质的现代体验。

鼓舞人心的现代浪漫

浪漫主义诞生于法国大革命时期的一项启蒙运动。在浪漫主义时期，西方世界兴起了大规模的复古风潮。下面我们来了解一下浪漫主义的定义及特征。

正如诺瓦里所说，18世纪的浪漫主义是"为无趣的生活填充意义，化平淡为神奇，连接未知与已知，用饱含好奇的心去探索已知的世界"（萨弗兰斯基，2007年）。这和我们今天所做的许多尝试并没有多大的区别，一如我们读哈利·波特，做瑜伽，并向往一切新奇的事。

艺术和美学是实现浪漫主义的关键因素。"美引领我们走向自由"，"只有在表演的时候人们才能做回真正的自己"，这是弗里德里希·席勒的著名箴言，我们不妨以此来形容现代娱乐经济和以营销美学为导向的经济。

著名哲学家赫德曾说："浪漫主义是文化与自然的融合，它连接着无限的宇宙，而不会摧毁宇宙或统治宇宙。"这一点依然是我们今天最大的挑战。

浪漫主义是一种绝对的个人主义，但绝对不是自私自利的表现。浪漫主义的核心理念是，世间万物的奥秘都在"我"手中，唯有"我"才能开创一个崭新的世界。这样的观点是不是有些耳熟?

我们作为人类社会中的午轻一代，身上有着自我痴迷、自我喜爱、自我反思的精神，因而不断寻找着更深入、更丰富、更深远、更即时的社会体验。我们把生命中的每一分钟都挤压在一起，用这些浓缩的时间去寻找生命的意义。

我们一直如此，或者说现在又一次开始了对"圣杯文化"的追求。我们想要看到隐身于表象之下的实质，我们不甘于平凡和平淡，我们希望重塑自身，再次创造出具有自然性的文化。我们既想成为受众，又想成为参与者，时刻与社会发生互动。

这也是顶级品牌及其产品想要扮演的社会角色——既向我们讲述故事，又为我们讲解真理。顶级品牌有能力成为我们的"圣杯"，尽管它们只是暂时有魔力，但是我们仍然为它们着迷，比如，一件T恤能把我们和大自然联系起来，一瓶保湿霜能让我们感受到海洋的力量，一款防水布能重燃我们的创造力，一次艺术表演能打开我们的思维。就算这些都不成功，至少我们可以从中总结经验、吸取教训。

伴着旋律变幻多样的歌曲入睡，我们的梦也能发出声音：只要找到神奇的歌词，世界的谱曲也会因我们的美梦而发生改变。

让产品无可替代

2013年初，一家令行业敬畏的百货公司塞尔福，发表了他们突破性的理念"拒绝噪音"（塞尔福，2014年），以赞颂在这个过分嘈杂的时代保持安静和冷静的品质。在这一理念的影响下，一些世界知名品牌踏出了令人钦佩的一步，将带有它们商标的产品纷纷下架了。

然而，有趣的是，诸如耳机品牌节拍和护肤品牌海蓝之谜，仍然有非常高的辨识度，它们的新产品一上市就能成为消费者的收藏品。这正是我们接下来要谈的重点：**顶级品牌确保自己拥有足够的品牌底蕴，无需任何华丽的宣传，一个商标就足够了**。它们真正达到了创造崇拜感的最高境界——通过定制款产品，发挥产品的封闭性，保证产品的超凡脱俗。

○ 打造品牌独特性——软资产的力量

每个品牌都有自己的商标，每个品牌都想确保自己的商标受到保护、被人赞美，并让人肯定。很多品牌甚至将商标打造放在第一位，耐克商标、蒂凡尼商标、形象独特又极具创新性的阿原肥皂书法商标皆是如此。然而，顶级品牌常常想更进一步，让商标为人所知，又不会显得太高调。这种做法服务于两个目的：其一，给予品牌更大的活动范围、更多的运作方式；其二，给予品牌追随者更大的惊喜，在实现这一切的同时，保证品牌战略的逻辑性。可以说，这扩大了品牌的词汇库。但是，就像所有精心挑选的词汇库一样，这让很多人理解起来并没有那么容易。换句话说，顶级品牌希望建立一种丰富的、可变更的品牌语言，在不过分重复的条件下表达自我，同时在能理解与不能理解的人群之间创建一个清晰的边界。

在这个方面，奈斯派索咖啡是一个很好的例子。它有很多商标，有代表咖啡精神的棕黑色代码商标，有手写体"还有什么"商标。除了这些，它还有很多符号和标志，都是在发展过程中逐渐积累的，而且在任何时刻都能得到很好的应用，能以各种方式解读、呈现。它有很多符号集，大多都是以后现代主义语言呈现，并混合了经典图像和生动的色彩搭配。不过，它不需要将商标放在符号集艺术墙上；即便如此，你也能立即认出来。这就如同它的广告一样，棕黑色的符号，酒吧一样的气氛，不需要用商标来注明，你也能在三秒钟内认出来。它的品牌并不十分显眼，但很有底蕴和力量。

还有一个很不一样的定义品牌的案例，那就是世界领导品牌太阳剧团，它是最具创新力的马戏团。它也有自己的商标，一个金黄色的拟人化的太阳形象。同时，它也具备各种各样的品牌软实力。

太阳剧团演出时的标题奇异且浪漫，比如"奇幻之旅"或"月亮女神"或简单的"O"，大多数人一眼就能认出。它建立了一个现代奇幻世界，将艺术与杂技融为一体，将轻音乐和梦幻黄昏混合在一起，将变幻无常的角色变为它的标志，这一切都是它的独特符号。它还将各种不同的文化混合在一起，雅与俗的结合，过去与未来的结合，远与近的结合，这些都相继得到了人们的认可。

"那个超级大的马戏篷就是我们的商标、护身符和资产，它是一个具有象征意义、实用价值和显著特色的符号。它可以容纳两万六千人，但每个人都会感觉很亲切，就像在自己的房子里一样。"太阳剧团的高级总监RC.莫纳德说，"这正是关键所在，**顶级品牌应该带给大众既有标志性又有亲密感的东西——而不断变化的资产组合能帮助它实现这一点。**"

还有一个品牌比太阳剧团和奈斯派索咖啡更为杰出，那就是意大利时尚品牌葆蝶家。它发现了自身的不足之处——机器等距切割编织技术无法保证高档皮革的供应，但它将之转化成了一个微妙的宣传点，巧妙地暗示了产品的奢侈性和复杂性。几乎每个人，即使不关注时尚前沿，在没有看过葆蝶家商标的情况下，也能辨认出其品牌的手提包或钱包。因此，葆蝶家一般不在产品上放置品牌商标。

顺便说一下，爱马仕找到了一个有趣的方法，可以更好地诠释它的品牌特性。它举办的"橙色盒子"活动，能让观众在日落时分看到它的商标（《奢侈品日报》，2014年）。

来庆祝他们的"资产"的秘密独立生活："橙色盒子"的活动让你可以看到他们在日落之后的标志性外壳。

当然，这只是极个别的例子——通过品牌符号进行销售，运用不张扬的符号语言，无须刻意标注，也绝不会被认错，因为它们有着某种秘密的语言，目标客户一眼就能辨认出来。

如今，当谈到设计语言和品牌资产时，都避不开一个品牌，那就是苹果。它是这条规律下的英雄。我们不必提及过多的细节，因为几乎每个人都知道这个当代品牌之王和文化超级巨星。它的商标形状（圆形、线条、锋利的边缘和感性），它的极简主义（现代感，既不科幻也不怀旧），它的创造精神（打破常规又受人喜爱），它的配色原则（黑色或白色，但从不缺乏色彩感），在任何时候都能挣脱束缚，而且它有实力这么做。它深藏着人文主义：自信和骄傲，也有不安和匠气。

苹果品牌无处不在，却永远不会到达一家独大的地步。这也是任何一家顶级品牌的意旨，以及不断改进品牌商标的目的。**它们有能力追求自己的使命，并塑造品牌神话，但是永远不会过度销售或变得到处都是或过分抢眼，否则就会引起麻烦，令人乏味，让人们失去渴望拥有的欲望。**

○ 你我皆独特——量身定做时代

个人定制曾是少数上层人士才能享受到的服务，如今它已变成了顶级品牌推行产品的一种方式：让所有人都有机会成为百万人群中最独特的那一个。欢迎来到结合了数字技术，为您提供优质个体化产品的个人定制时代。

几年前，作家兼企业家克里斯·安德森让"长尾理论"流行开来，定义了互联网将会彻底改变逻辑和经济的范畴，让更多的事物能够唾手可得，或持续保持供应状态，即使是最小的数量（安德森，2006年）。

在经济学上，这叫作"长尾分配"，即严重超过平均数量的事物出现数量失调。举个例子，我们在亚马逊上买一本销量很低的书，亚马逊会非常感激，因为发行和库存的成本就此降低了。在大众个体化时代，这已经足够理想、足够完美了。但还有很多品牌，尤其是现代优质品牌和顶级品牌，将这种局面向前推进了一步，实现了部分或全部个体化，或至少在一定范围实现个体化配置。

这种情况首先会发生在奢侈品行业，因为很多奢侈品品牌都会推出客户定制产品。但这种变化在加速，而且几乎呈现出你追我赶的趋势。拿高雅德来说，几年前，这个老品牌还不是路易威登的对手。高雅德成立于1792年，以个人定制成名，它用彩色的油画布编织出客户选择的字样，因此很快打造出了识别度高、个性独特的产品。这种定制化产品使该品牌在近几年迅速流行，甚至超过了路易威登的地位，至少在大都市时尚人群中实现了赶超，导致后者重新调整战略，在男士箱包系列的带动下，于2011年发行限量版旅行箱、钱包和行李箱。爱马仕随后效仿，通过"可定制丝绸"，将自己的披巾产品实现可定制化。此外，普拉达也开发了鞋底定制化的项目（约克西传媒，2014年）。当然，所有这一切，都是在博柏利"2009年海沟艺术节"的启发下进行的。

然而，有趣的是，个人化定制不仅仅局限于奢侈品范畴。牛仔裤品牌3x1将个人定制化推广到了时尚前沿，耐克、阿迪达斯和新百伦都推出了可定制款产品。

可定制化还延伸到了非高价产品的地带，促进了新型顶级品牌的发展，给大众消费注入了新的活力。举个例子，谷物品牌MyMuesli（我的果蔬燕麦片）于2007年在德国发布，业务集中于提供个性定制化的牛奶什锦早餐和谷类产品，如今已顺利走上正轨。在最近的消费者调查中，它名列同类品牌第一位（客户满意度调查网，2014年），成为百货店里的明星产品。还有很多类似的例子，比如大家可能都看过可口可乐的广告"分享你的可乐"，将个性化商品包装的战略运用到了极致。

这一切意味着，新的技术不仅让市场营销人员以更加个性化、个体化的方式与他们的目标客户交流，还拓展了个人定制服务的边界，延展到大众消费者。可以说，在个人定制这一模式的影响下，我们前文提到的"艺术和工艺"理念达到了顶峰，产品既能带给顾客个人化、手工化的感觉，又能彰显顾客赋予它的灵魂和真实感。

如今，顶级品牌企业们已经将个人定制确定为既定模式，除非有一天我们再回头，厌倦了那些有缺陷但充满情感的产品，开始渴望工业化但缺少灵性的产品。不过，那显然很遥远。

让产品成为焦点

顶级品牌不仅要将产品打造成关注焦点，还要限制销售。这个看似悖论的理念实际上很容易实现。

将产品打造成关注焦点，并不意味着将产品强推到公众视野中，也并非不惜一切代价推广产品——这样会丧失品牌的个性。其实正相反：为产品打造一个基座，扣上玻璃顶罩，让人无法触碰。当然，这是比喻性的说法。这样就能在限制销售的同时，还能让产品成为公众的关注焦点。

顶级品牌将它们的品牌偶像塑造成真正的英雄，全力推广但决不过度销售，或者干脆削弱自身的魅力。就好比将产品放在飓风中心，所有的旋涡都围绕着产品，但产品处在一个绝对平静且可控的环境之中。

这包含两方面因素：

其一，品牌偶像并不一定是最热卖的产品，但我们必须确保它在大部分市场中是既畅销又长销的产品。因为品牌偶像需要服务于品牌战略目标，并将品牌符号化。

其二，顶级品牌要及时更新、升级它们的符号产品，将产品包装得符合潮流，但又不能给人一种"翻新明星产品"的感觉，因为如果给人以这种印象，会摧毁产品本来的完美光环。

○ 英雄也需要关注

"喝牛奶了吗？"如果你不知道美国牛奶公司之间竞争有多大，你绝对想不到这句话其实是市场营销中最有力的标语。这场营销战争持续了二十多年，直到2014年才逐渐停歇。当时，几乎所有牛奶广告单上都印着这样的画面：一位明星手拿刚刚喝过的牛奶瓶，嘴唇上挂着正在滑落的奶汁。当然，商家会把他们的产品作为主推项目，并尽力把明星效应引到营销中来。

在营销战争开始之前，嘴唇上挂着奶汁，可不是什么优雅的形象，那是小孩子喝奶的样子，但是品牌将这一形象进行了重大转变。通过品牌的公信力和品牌为此做出的努力，原本挂在嘴角的应该擦掉的奶汁，转变成了一种文化上的新颖形象，这家牛奶企业也因此实现了自身顶级品牌的形象。

谈及这样的转变，我们不难想到奈斯派索咖啡的例子（参见 Youtube 上奈斯派索咖啡2013年长期商业计划），这一品牌和上面的牛奶品牌一样，都以挑战者形象面向大众，以此展示自己对产品的自信和骄傲。两个品牌都雇用了名人来为自己代言，也都把自己的产品塑造成了典型的文化偶像。它们使用明星的光环来吸引大众的注意，但有时候也会打破这种规则，转向真正的品牌英雄形象来营销自己的品牌。

另一方面，创建产品自身的英雄形象也同样让人印象深刻，能够帮助品牌获得成功。苹果公司出品的iPod音乐播放器就是一个典型的例子。苹果公司一向为自己的产品设计感到自豪，因此在与客户沟通交流时，也会大胆地表现出来。但是iPod的营销推介广告却一反常态：一群黑色的人影在彩色的背景前欢快地舞动，与此同时，画面中出现了iPod的白色耳机，悬挂在整个画面中央。苹果公司在这一次的营销中转变了自己以往的形象，让自己走上了原本就应该走的顶级品牌之路。

当然，iPod产品本身就是一种技术上的突破，把我们记忆中的随身听推向了另一个高度。但是，这一产品新颖的推介模式、推介广告，以及本身传递出的产品偶像形象，给我们留下了极为负面的产品印象。如果你还记得由杰夫·戈德布拉姆代言的iPod第一代产品（那个很容易让人忘记的球形设计），那么你就能清楚地了解到我们所说的问题。自信而又轻松的英雄神话能带来什么不同呢？杰夫·戈德布拉姆展示第一代产品时，把品牌产品当作明星展示自己的工具。而第二代产品则让产品本身凌驾于其他事物之上，真正把产品打造成了偶像形象。由于看待问题的角度不同，因而产生了这些差异（苹果播放器，2001）。

正如我们所讨论的一样，创造一种产品，需要在品牌营销的过程中清楚地向大众宣扬自己。奈斯派索咖啡和苹果两家品牌，都把自己的品牌营销建立在产品、标志性设计和无懈可击的品牌形象上。因此品牌把这三方面当作商业项目、广告重心和前锋力量，也是符合逻辑的。

对于很多奢侈品牌来说，这一点是绝对真实的。奢侈品牌会在产品本身和产品的包装纸上大力投资，而且更加注重名人代言上的投资。最典型的一个例子就是美妆品牌倩碧与著名摄影师欧文·佩恩的长期广告拍摄合作。在美妆行业，这样的例子数不胜数。当然，也有一些反面例子，我们在前文提到过的戴森品牌的家用电器改革就是其中之一。

詹姆斯·戴森一直痴迷于研究东西是怎么工作的。他希望所有人都能了解他新推出的真空吸尘器的工作原理，但他的合作伙伴和品牌下属的经销商们都认为他的想法愚蠢至极，因为没有人愿意看到吸尘器工作时的肮脏画面。事实证明，这些人的想法都是错的。詹姆斯·戴森把吸尘器工作时灰尘与吸力分开的过程展现得十分有趣，尽管不那么美观，但足以让消费者相信，这一款吸尘器比其他同类产品在使用功能上要好得多。

戴森利用技术和性能优势创造出了另类的美感，抓住了品牌行业顶端的特性，结束了无聊的间隔战争，引入了真空吸尘器的概念(到目前为止还引入了许多其他产品)。在当时，这种把自己的技术公之于众的营销模式，无疑给品牌带来了光辉的色彩，帮助品牌树立了雕塑般的形象。尽管这场营销并没有引入名人，没有带来生活方式的变革，也没有产生其他利益切入点，但是其品牌形象由此变得与众不同，引起了消费者的情感变化，让消费者毫无防备地爱上了这一产品。戴森推出的产品就是我们理解的品牌英雄，而产品所展现的高端技术就是品牌创建的故事，品牌故事使品牌产品拥有了神话般的力量，也使品牌自身拥有了行业地位，真正转变为顶级品牌，并戴上了行业领军者的桂冠。

自信一点，不要羞于成为顶级品牌。大胆地展现你拥有的才能，但是也不能过度营销自己。尽力展示你开发出来的优秀产品，但是要保证所有行为都发自内心的力量，而不是发自贪婪的欲望——它是世界上最不性感的东西。

每个品牌都有自己的英雄形象，它们一直都等待着我们去发现它们，等待着我们去爱上它们，但是绝不会大张旗鼓地诱导我们去寻找它们。

○　偶像需要进化

英雄产品往往是那些具有爆发力和冲击力的产品，既能把品牌放到实处，又能保持马拉松选手般的影响力。英雄产品并非"一日皇帝"，它们具有成为某一行业长久领军者的能力，并帮助品牌不断扩大影响力。英雄产品不会一直畅销，但能获得消费者长久的青睐，是品牌永不衰退的产品。

英雄产品会小心谨慎地保持住自己的形态，以便能长期在市场上流通。这里有两个例子，欧树品牌的护手霜和赫曼米勒的设计款家具，它们已经畅销几十年了，任何形式的替换都是对品牌的亵渎。

大多数品牌来都要适时替换掉旧产品，但又不能让顾客认为旧产品已经不再是最佳选择，或是说旧产品已经不符合行业标准、不再具有吸引力了。这才是品牌面对的真正挑战：不断更新品牌的英雄产品，而又不能让顾客觉得产品变旧了。 就算其他模式能够带来更多的利益或者更具优势的产品，我们也要坚持住源头产品的理念。我们要对源头产品予以尊重，因为唯有它能让品牌得到优化，失去了源头产品，犹如失去了品牌的基座。

雅诗兰黛旗下的一款高级夜间修复精华液就是很好的例子。这款精华液于1982年面世，从此登上了美妆行业的顶端宝座。时至今日，不仔细区别，我们几乎发现不了这款精华液和三十年前的样子有什么区别。然而，这款小棕瓶精华液的瓶身已经经历了多次微调，最近一次调整是在瓶口处多加了一条装饰线。精华液本身也经历了多次演化，不断得到更新，但是从未改变过核心。

想要实现不打破传统的更新换代，还有另外一种方法，我们在原理三中已经做过了类似描述，即路易威登与艺术的合作。路易威登不断和时下潮流艺术家展开合作，令其标志性品牌帆船式手提包不断改头换面。这一策略给品牌带来了极大的影响，帮助品牌提升了自身形象，成为具有顶级身份的文化仲裁者。与此同时，这一策略也展示出了路易威登所具有的不随时间变化的力量。总而言之，因为品牌与艺术合作具有本质上的限制，所以品牌和产品都处于较低的姿态。对于大多数消费者而言，他们想拥有这些高端品牌，但不一定买得起。

瓶装水品牌依云证明了这一策略在日常生活用品行业也能够发挥作用。依云品牌每年都会推出新年特别装产品，这一产品的瓶身经过特别设计和制造，是水瓶收集者不能错过的宝贝，因此，消费者会把它当作一款礼物买给自己。依云还给自己的特别装产品起了一个有趣的称号：纪念版水瓶。可除了品牌和产品本身之外，它并没有什么值得纪念的要素。这恰恰是依云瓶装水的营销策略：把产品作为自己纪念和庆祝的明星。

这才是顶级品牌应当保持的神话核心。对于品牌自身呈现给消费者的偶像形象，必须有坚定不移的"核心"信念，不仅品牌自身要对此深信不疑，同时还要让消费者也保持着同样的信仰。不过，凡事都要有底线，这种模式的底线就是，**品牌要真正在产品上投入心血，开发出能够经受得起严格批判和考验的产品，因为市场营销是毁灭劣质产品最有效的武器**。有了优秀的产品之后，就要像对待"圣杯"一样把它捧在手心里，确保它和品牌自身万无一失。此外，要不停地升级这一产品，但绝不要质疑它的杰出能力和质量，更不要改变它的核心价值。

奥秘五：吸睛法则

1.创造品牌核心

至少要为品牌产品创造出自己的风格。产品要有自己的过人之处，成为自己行业的"圣杯"。

2.将品牌浪漫化

品牌建设要以品牌故事为中心。创造出一个集热爱、崇拜和独特性为一身的故事，以此来避免品牌神话被新兴事物取代，同时也避免品牌遭到商业化的侵蚀。

3.上行解码

给予品牌更具有艺术性水准的标志和资源。

4.始终保持品牌仪式感

品牌仪式感能够提升品牌地位，统一品牌性质，把品牌平凡的事件变为非凡的经历。

5.一丝不苟

永远保持品牌的趣味性。利用丰富的语言给内行人创造标示和信号，以此增加品牌独特性和识别度。

6.高级定制

对消费者来说，高级定制是最具有顶级品牌特质的项目。

7.品牌需要炫耀

品牌不能害羞，要给品牌偶像和品牌产品提供足够的曝光率。

8.不要让成功只是昙花一现

不断地更新、改善、提高品牌形象，但也不要做得太过明显，或者让整件事情看起来像是有意为之的，因为品牌需给消费者留下永不过时、不落俗套的印象。

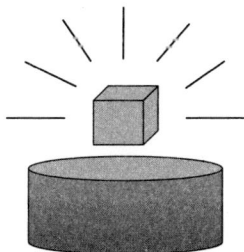

顶级品牌和其他品牌一样，都需要实质内容的填充。顶级品牌不仅需要兑现自己的承诺，更需要创造出令世界瞩目的产品。正是这些产品，才让顶级品牌所承载的品牌神话得以体现出来。顶级品牌会把产品当作品牌的基础，把产品当作品牌的"圣杯"，把产品永远放在最重要的位置。

顶级品牌案例研究五：奈斯派索——咖啡的守护者

自20世纪70年代起，雀巢集团罗格研究中心的研究员就开始对咖啡进行研究，并把有关成果用于奈斯派索咖啡的生产系统。当时，雀巢集团占据着咖啡行业的整体市场，市场保有量达到了三十多个百分点。

然而，那个年代的咖啡行业却陈旧萎靡——一直缺少刺激市场的美食咖啡。雀巢集团为此做出了多次尝试，首先推出了便捷型咖啡（1982年，瑞士推广），后来又推出了罢工咖啡（1986年，意大利及日本推广），但最后都宣告失败。直到1989年，雀巢集团做了最后一次尝试，向公众推出家庭型咖啡，才终于获得成功。

一开始，了解家庭型咖啡的消费者很少，也没有食品商店愿意储备这种货品，因此，选购咖啡的顾客需要直接打电话到雀巢公司订购直邮。可恰恰正是这种销售策略，促使雀巢公司迅速发展出了自己独有的销售模式——尊享会员制度。由此，奈斯派索咖啡俱乐部随之诞生了。它最初只有几百名客户，其后以每年25%—50%的速率不断攀升，最终在2010年达到了1000万客户总量，仅家庭型咖啡的一种产品就能创收30亿美元。后来，奈斯派索咖啡不仅设立了网上商城，还在全球开设了302家品牌旗舰店和咖啡馆。它雇用了1300名员工，承担着品牌三分之一的销售和客服工作（源自奈斯派索官网，2014年）。

○ 请牢记！咖啡不仅仅只是咖啡

奈斯派索咖啡品牌的一切工作都围绕着产品展开，从极具特色的品牌名称到产品的传递方式，再到品牌与消费者的交流模式，它成功地把咖啡产品塑造成了品牌的"圣杯"。它给了消费者绝无仅有的产品体验，创造出了自己独特的品牌语言，还为品牌打造出了自己的视觉身份特征，即为品牌编写了一套独特的编码，促使品牌始终以产品为重心。无论如何，唯有独一无二的咖啡才能让品牌一直保持新鲜感。

奈斯派索咖啡的广告营销有着明确的目的性，即把产品塑造成顶级英雄的形象。在广告短片中，乔治·克鲁尼被一杯精致的奈斯派索咖啡吸引，因而被前来消费的奈斯派索会员（由马特·达蒙、约翰·马尔科维奇和佩内洛普·克鲁兹饰演）误认为是奈斯派索的店员。

此外，奈斯派索咖啡在自己的收银小票上也印有明星代言的广告照片，照片中的明星都被塑造成奈斯派索咖啡的忠实消费者，还写着广告语"您最好的选择"。这句广告语也体现出了品牌满满的自信。

所有形式的广告都传达出同一条信息：奈斯派索的产品比世上最性感的男人（女人）都要诱惑撩人。这一比喻不仅适用于奈斯派索的某一种产品，而且从奈斯派索品牌最实质的品牌核心出发，揭示出品牌独一无二、至真至纯的完美追求。

其实，真正奇妙之处在于，每一个走进奈斯派索咖啡馆的人，都能感受到错综复杂的审美体验：吧台里传来咖啡机"嘟嘟"的声响，空气中弥漫着咖啡的香气，面前摆放着一小杯奈斯派索咖啡，上面还漂着品牌独家生产的奶油。想想看，这是多么美妙。

为了更好地展示这种独家发明的奶油盖帽咖啡，奈斯派索还特意使用了透明玻璃器皿来盛装咖啡，让客人能看到咖啡上那整整一大层的香甜奶油。

奈斯派索所有的产品都受到了消费者的尊重，甚至和红酒一样有着品牌的区分：一共有两打（一打为十二个）左右的咖啡品种，从最受消费者欢迎的阿佩奇欧咖啡到来自纯正原产地的卜克拉咖啡，再到靠口味取胜的卡拉美廖咖啡和利樊托焦糖低因咖啡，均以产地区分彼此。除此之外，品牌还推出了一些限量版咖啡，例如哥伦比亚原产的水果酒香型考卡咖啡。

在官方网站上，奈斯派索利用图片和音效给每种咖啡都撰写了各自特有的故事。对于顶级品牌来说，它们更想探寻事物深层次的意义，因此，奈斯派索印制了描述咖啡口味和咖啡余味的宣传册，共有几十页，内容既有品尝教程也有咖啡的搭配技巧，以供消费者了解和学习。总之，奈斯派索这种戏剧化的转变，让我们对它产生了敬畏之情。

奈斯派索的咖啡杯、咖啡壶和咖啡机都非常精致，这些器具介乎于艺术品与机器之间。在咖啡萃取之前，需要经过研磨、预热等多重细致的步骤，最后才能品尝，这让那些偏爱技术的客户尤为着迷。

就像是高性能的汽车一样，咖啡机也有不同的等级，从小型轻便的皮克西咖啡机到特别供应上海滩的限量版咖啡机，再到法拉利头盔式咖啡机，品类应有尽有。咖啡壶也有多种不同的设计，每一种都有独特的外形，展现着奈斯派索"后气味主义"的专属设计。

更有意思的是，奈斯派索设计出来的每一件器皿都有自己的名字，有的咖啡壶把手上刻着"邦博涅尔"和"图腾"字样，还有的被命名为"阿罗希诺的牛奶发泡机"。此外，奈斯派索的每一把咖啡壶都备有独立设计的托盘，这些托盘就像彩虹糖一样颜色缤纷。如果客户购买的数量够多的话，他们就能感受到品牌所具有的多样性。从商业角度来说，产品多样性能够确保客户数目，提高品牌销售量，但是由于太过精致，也会使咖啡壶本身看起来太过珍贵，让消费者望而却步。

为了保持品牌偶像在消费者心中的新鲜感，奈斯派索咖啡的设计以及咖啡产品的口味都需要定期更新。这也是苹果公司保持品牌新鲜感的重要方法。在巴黎家用电器展销会上，奈斯派索发布了名为"城市人"的新款咖啡机。在这之前，品牌下所有门店均通过社会媒体为这款咖啡机营造出了浩大的声势，但是这一新款机器只为展销会独家供应。

○ 品牌使命与品牌神话对市场营销人员与消费者的双重影响

如果奈斯派索只是一个普通的咖啡品牌，那么其品牌使命也就止步于为消费者提供一杯美味的咖啡。然而，它将咖啡销售事业提升到了一种令人向往和享受的境界，使其具有文化内涵，获得了升华与救赎。可以说，顶级品牌的使命本身就高于普通品牌，它促使消费者展现出了美食鉴赏的潜力。

当咖啡在17世纪首次问世时就是如此，那时咖啡只供富商、贵族和文化阶级的上流人士享用。与过去唯一的不同之处在于，奈斯派索让世界上所有人都能享用到这种具有阶级身份象征的饮品。**如果人们愿意付出高价，那么就算他们处于现代碎片化生活中，也能停下脚步，优雅而宁静地享用一杯美味的咖啡肯尼迪**（由达咖安咖啡经长时间烘烤后，倒入咖啡机冲泡三次，最后加入阿拉比卡咖啡）。

事实上，奈斯派索所使用的咖啡豆大多来自贸易市场，可回收型咖啡杯也不能够算在品牌核心任务之列，但是品牌的这两种特色，恰恰使消费者在享受顶级咖啡时消除了穷奢极侈的负罪感。大多数消费者在喝完咖啡之后，都会把咖啡杯亲自送回店内，扔在可回收垃圾处理桶内，而且还经常产生附带性消费。

奈斯派索把这种复杂的美食享受提升到了神话层面，最终创造出形式柔和但目标明确的品牌特征。作为消费者，如果你想和乔治·克鲁尼一样体验至真至美的高端生活方式，那么选择奈斯派索绝对是最好的开端。按照康拜耳的定义来说，奈斯派索是一家"右手路径"品牌，它引导我们走向阶层金字塔顶端的顺向文化生活，或者说带我们走向社会饮食的优越阶层。它也开发出了许多指向性工具，教会我们如何以睿智的方式谈论食品或饮品。这种方式还能引申到我们自身，引发听众对我们自身的兴趣。

在奈斯派索品牌神话的创建过程之中，还有一点也十分有趣，它不但在客户和文化层面上有所成就，还在专业品牌立场方面获得了神话般的品牌地位。

奈斯派索将自己的品牌提升到了一个新的层面，与普通咖啡相比，它赋予了咖啡不同的面貌，就连咖啡壶也经过重新设计，而被赋予了时尚意义。

图片来自奈斯派索和奈斯派索澳洲公司。

○ 以俱乐部会员制的手段开展非销售行为

为了实现顶级品牌"食品精细化"的目标，即让有文化、有身份的人选择更加精细的食品。奈斯派索开展了一组名为"专家培养"的项目，包括全球美食教育、厨师培训，并出资支持了多次美食竞赛和美食活动，例如"金牌咖啡"和"世界大餐"活动。

在奈斯派索的美食工作坊中，受邀参加活动，品尝创新美食的嘉宾必须是俱乐部特选会员（不超过万分之一的概率）、VIP 会员，以及指定的媒体工作人员。他们将会享受到顶级咖啡师传授的咖啡搭配知识，了解如何才能像米其林星级厨师一样，把咖啡与烈酒、红酒以及精美的食品完美地搭配起来。

奈斯派索还会在高端饭店宴请品牌形象大使，借助这种活动提升自身品牌形象。如果一位咖啡师能有幸获得奈斯派索主厨学院的认证，或者获得奈斯派索授予的顶级咖啡师称号，那他在咖啡师行业将得到极大的荣誉。

在一次项目活动中，奈斯派索品牌公关总监戴安娜·迪佩雷介绍说，本次项目与常规公关项目有所不同，并不会以咖啡的香醇特性作为卖点，而是把咖啡作为餐食材料的一种，以增加咖啡推介的趣味性。品牌挑选出的受众对这一活动十分欣赏，同时也通过他们把品牌信誉传递给了背后更广大的消费群体。

如果说奈斯派索所做的一切，都是为了激发普通消费者对于咖啡的渴望，那么其会员俱乐部则是创造强烈归属感的极佳方式之一。

经过培训的俱乐部管理人员掌握着会员的第一手数据，熟悉所有会员的姓名、购买的咖啡机型号以及对咖啡的搭配偏好。因此，会员家中的咖啡何时会喝完，咖啡机何时需要维修，管理人员都能提前预知。

奈斯派索会员俱乐部自从营业以来，就把极致服务作为自己的首要任务，其点餐服务在业界享有极高的信誉——三分钟内一定会有服务人员亲自到你面前帮你点餐。戴安娜·迪佩雷还说："我们目前正在考虑进一步优化我们的服务，为客户提供电子点餐服务。我们的客户可以通过网络在家中自主选择点餐内容和送餐时间。"

值得一提的是，奈斯派索的品牌质量有口皆碑，超过半数的新客户是通过老会员推荐而来的，而不是被营销活动吸引来的（斯沃莱斯基和韦伯，2011年）。

俱乐部会员享有选举代表会员的特权，正因如此，俱乐部才没有选出一位营销经理人来代表自己，而是选了乔治·克鲁尼，因为他们认为克鲁尼最能够代表他们的意愿。

戴安娜·迪佩雷对此予以证实，她说选举特权并非虚构，而是切切实实存在的。她还强调，那次选举就发生在2006年，那时品牌刚刚起步，准备突破最大收益来源的美国市场，进而走向世界。这就是说，尽管克鲁尼为奈斯派索提出的建议极具价值，但是奈斯派索并非仅靠会员建议这一种模式扩展经营。身为品牌，它自然也少不了做广告。

○ 活在梦中，行在脚下；脚踏实地，全力以赴

戴安娜·迪佩雷透露，奈斯派索70%以上的员工都在做着与客户沟通的工作，俱乐部管理员每天都要和数以万计的奈斯派索会员保持联系。公司给予这些员工自主权，支持并鼓励员工探索能够满足客户需求的方法。俱乐部管理员可以给他们的客户邮寄咖啡机清理套装等小礼品，提醒客户定期清理咖啡机，这些礼品在寄送时还要专人专送。此外，他们还可以在礼品盒中加上为客户精心挑选的新口味咖啡试用装。更值得一提的是，俱乐部管理员还可以为最忠实或者最具影响力的客户申请免费试用（或直接赠送）最新型号的咖啡机。

为普通客户降低售价或者免费赠送咖啡机，也未必能得到他们的长期关注，奈斯派索非常清楚这一点，因此它的主体客户通常来自俱乐部和精品店。

随便找一个博物馆式的奈斯派索咖啡精品商店，就能发现，咖啡机都被摆放在雕塑般的发光展示台上，咖啡壶的连接管各具色彩，就连咖啡壶也是一个个挂在墙上，拼凑成一幅马赛克画像，除此之外，店内还陈列着咖啡壶做成的各式艺术品。这时，咖啡壶已经被赋予了能带动整个行业的偶像性意义，经由时尚模式转换成珠宝、节日装饰、灯具以及其他具有生活气息的物品。当然，这一转变的背后离不开奈斯派索对这些创意的资助和传播。

朋友、家人或其他具有影响力的人所做的推荐，也对品牌的传播产生了同样重要的影响。这就是为什么奈斯派索要在产品试用推介上着重提升客户体验和口碑效应。这一推介模式不但有着上面提过的免费试用样品的支持，还受助于电子零售网和品牌店铺的咖啡机产品展示，与此同时，网店和品牌门店同样能满足消费者购买咖啡机的需求。迄今为止，奈斯派索的低价位单杯装咖啡机如雨后春笋般涌入市场，实现了罗曼蒂克式的增长，并促使品牌的营销模式转向限量版产品销售，逐渐放弃了以往的价格策略和其他艰难的营销方式。

奈斯派索这种直接供给的营销模式，不仅使其免受商场竞争和品牌推介之苦，还使其在全球范围内保住了自身的唯一性，绝对不会出现市场过饱和的状态。自从奈斯派索在1989年将咖啡机的目标客户转向个体家庭后，其年增长率从20%增长到了30%，甚至远远超过了旗下特色咖啡的销售增长率。有报告显示，奈斯派索与意利咖啡和乐维萨咖啡一样，销量最好的是意大利经典浓缩咖啡，但其产品价格比最大的竞争对手克里格咖啡要低得多。据奈斯派索前任总裁估计，品牌会员所消费的咖啡数量比星巴克卖出的浓缩咖啡还要多（《阿拉伯商报》，2012年）。这一点当初有谁能够预料得到呢？但是就在奈斯派索度过品牌发展的危险期后，事情就这样发生了。

10　原理六：因梦而生，泡沫永远不会破裂

顶级品牌为了增加可信度，符合自身的目标与客户的期望，就必须让品牌神话和品牌使命融入日常中的方方面面。这里所说的方方面面，涵盖了从公司创建，到采购，到生产，到组织形式，到公司文化，到市场营销的每一个环节。这听起来似乎任务繁重、陷阱颇多、容易失败，但这就是顶级品牌本来的样子，而且没有捷径可行。俗话说，实现梦想不容易，守住梦想则更难。其难处就在于：你必须坚定地守护你的梦想，使其不被破坏。

我们首先会探讨一些事例：那些在追梦过程中遇到困难的品牌，然后回到现实世界，探讨现实的问题。这样最便于我们理解顶级品牌的努力方向，也是我们最佳的学习途径，在吸取经验的同时，更进一步。

本章第一部分讲的是"狂野如梦"。一般情况下，如果大多数消费者不具备良好的鉴别能力，就会有很多监管工具来规范市场。当今社会的高透明度、信息易获度以及日趋流行的批判文化和质疑文化，导致我们更难实现梦想，更不用说守住梦想。大众设立的信任标准越来越高，那些苦心经营中的公司稍有差池，就可能毁于一旦。因此，谨慎是必须的。

不过，我们研究了顶级品牌在创造梦想和守护梦想时的经验，并总结出一些观点，归为三点，具体如下：

第一个观点极其普遍，那就是品牌创建者光有领导力是远远不够的。创立并

守护一个顶级品牌，需要非凡的创造力和远见，更需要冷酷乃至偏执的执行力。一个人的精力有限，当他面对众多问题时，就需要把工作分割处理。

第二个观点是，以由内而外的思路来处理企业文化所遇到的问题。很大程度上，顶级品牌是一项以使命为驱动、以创造传奇为目标的事业，这些必须在公司构建、布局规划、采购原料、生产产品、员工组织和薪资待遇中有所体现。如果你标榜的是环境责任和道德责任，那你必须保证你所有的行动都符合这些标准。如果你标榜的是时尚标杆，那么你的办公室、你的员工还有你自己就不能看起来土里土气，这一点相比于前一点可能会容易一些。这两个例子中的约束行为，并不意味着你要花很多钱，实际上，与其说是花钱，不如说是一种选择。这是在积累可信度。在原理一中我们已经提到：如果你不打算为你的原则买单，那这个原则就形同虚设。

为实现这种企业诚信，诸如雀巢或联合利华这些大公司，往往会给予子品牌更大的组织和架构的自由度。我们将此称作"围墙现象"。在下面的章节中，我们会对这一概念进行阐述和说明。

最后一个观点是，世界因你而转。毕竟，这是信誉的使命所在，也是我们的梦之所向——建立一个区别于我们日常生活的理想化世界。很多顶级品牌正在走垂直整合的路线，通俗来讲，就是创立它们的梦想世界，旗舰店或品牌体验中心都是围绕这个概念展开的。而那些由于产品配送方式而未能开设旗舰店或体验中心的公司，则要经历巨大的改革，以便让它们的产品与理想化的世界相连。再次强调一下，这不是一个简单的任务，它需要深入细节，而细节蕴含危机，所以每个细节都很重要。

狂野如梦

爬得越高，摔得越惨，这句话对顶级品牌而言尤为正确。然而，更糟糕的是，它们哪怕没有爬得很高，一样会摔得很惨。有时候，一丁点儿的质疑或一丁点儿的负面新闻，就会导致顶级品牌分崩离析，速度之快超乎想象。它们非常清楚，一旦失败就很难再崛起，或者说，即便能重新来过，也需要花费大量的时间，并付出超乎寻常的努力。

其实，顶级品牌塑造的神话并不神秘，因为神话通常遵循着十分严格的逻辑，品牌领导者也必须服从这个逻辑。这些逻辑到底如何严格，我们将在下面的章节中详细阐述。

○ 从别人的错误汲取经验

斯纳普作为替代饮料的典型代表，曾一度达到顶级声望，呈现出反文化的形象。然而，后来它不得不于1993年出售给桂格燕麦公司。桂格燕麦公司之前曾成功收购另一品牌佳得乐，并将它发展得更为壮大。受此启示，桂格燕麦公司也想把斯纳普做大。然而，桂格燕麦公司完全错估了软因素的重要性。

根据哈佛商学院教授约翰·戴顿的总结，我们得知，桂格燕麦公司的失败主要归咎于一个致命错误，即品牌竞争和管理方式之间完全不匹配（戴顿，2002年）。桂格燕麦公司撤销了斯纳普的形象代言人温蒂·考夫曼，矫正了商标，精简了公司人事、分销方案以及其他各方面。单个来看，这些措施没有错得过分。但放到一起来看，这些措施一同摧毁了这个品牌的吸引力和内在精神。1997年，桂格燕麦公司以十七亿美元收购斯纳普四年之后，不得不以三亿美元的低价转让给三弧公司。前后十四亿美元打了水漂，仅仅是因为桂格燕麦公司忽视了一点：

对使命的坚持和对细节的恪守正是创造神话的关键，也是顶级品牌的价值所在。

　　幸运的是，三弧公司能够妙手回春，重新聘用了温蒂·考夫曼作为品牌代言人，并重新扶植了该品牌最初的精神实质，即瑕不掩瑜、天真烂漫。此后，三弧公司又以十亿美元将斯纳普卖给了吉百利公司。如今，这个品牌一直发展得不错。

　　近期达到顶级品牌高度的品牌里，露露柠檬最有可能迅速失去市场地位。我们之前解释了它的独特性，以俱乐部的形式给予目标客户归属感，并促使目标客户产生更多需求。这一点与任何顶级品牌的思路都一致，但这是一个很脆弱的生态系统，稍有不慎便被摧毁。

　　瑜伽服装品牌露露柠檬一直受到产品质量谣言的困扰，2013年这一谣言变成了真正的丑闻。露露柠檬的一款田径裤在拉长后几乎是透明的，仅这一项就足以致命了，它不但暴露了女性们的隐私部位，更摧毁了该品牌的"姐妹情节"。最致命的是，露露柠檬的创始人奇普·威尔逊竟然将这一问题归咎于女性们的大腿太粗，言下之意是他们的目标客户不包括身材超胖型女性（《彭博财经频道》，2014年）。露露柠檬从未对其顾客展现出"培育的态度"，即敦促着他们"将世界从平庸变成伟大"。然而，这一公然回避粗腿女性的做法，使得现有的平衡变得摇晃，很多客户就此放弃了露露柠檬。霎时间，曾一度被当作榜样、备受大众鼓舞的露露柠檬，呈现出不可一世的傲慢姿态。尽管威尔逊后来道歉了，但是大错已经铸成，他和首席执行官也必须辞职。露露柠檬不得不召回17%的田径裤，与这点损失相比，其品牌形象和股市遭受的重创，就难以估量了。

众神与掌控者：关于领导力

　　关于领导力的重要性从来都是毋庸置疑的，尤其是当你要建立一家顶级公司时。但是，怎样合理地配置领导资源，尚需进一步探讨。

在顶级品牌的相关案例当中，这个问题备受关注。通常，顶级品牌都是由能力极强、具有远见的企业家创立的，但他们迟早会遇到以下两个问题中的一个：

一，如何超越创始人的格局或能力来发展企业。关于这个问题的经典案例，便是汤姆斯公司，该公司曾决定将某股份卖给贝恩资本，根据EMEA（欧洲、中东、非洲三地区的合称，通常是用作政府行政或商业上的区域划分方式，这种用法较常见于北美洲的企业）的前市场总监爱丽丝所言，汤姆斯这一举动除了资本输入的原因外，还因为其创始人和首席执行官布雷克·麦考斯发展公司的能力受限。

二，在某段时间，品牌必须选择合适的继任者，并保证他们忠诚于创始人的风格和视野以及品牌使命和品牌神话。可选择继任者的情景是，该品牌一开始便隶属于一个更大的组织，或合并为一个组织。这便衍生出另一个问题：品牌应该给予继任者多大的自由度和保护度，如何让他们人尽其才？

我们通过回顾一百多个关于顶级品牌的案例分析，并与专家展开讨论，最终总结出两种有效的领导力模式，下面我们来详细讲解。

○ 梦之队

那些多才多艺的人总是能构思出一个品牌，并把它完美地呈现到现实中来。这些人不仅善于创造梦想，而且能解决现实世界中一家公司可能会遇到的所有问题。红牛集团的创始人迪克·梅特舒兹、巴塔哥尼亚公司的伊冯·乔伊纳德就是这类人才的代表。此外，太阳剧团创始人盖·拉利伯特，也是此类天才的代表，太阳剧团高级总监RC.莫纳德称他为实践家、艺术家、运营者。莫纳德说："你可以看到他先分裂成一个像小孩一样的观察者角色，来欣赏新的剧目，然后转换成评委，评估该剧目的长期潜力。"

也有介于"创造梦想和解决现实问题"之间的人才，能够用创新的方法进行商业化运营，比如乔伊纳德和拉里波提便聘请了他们信赖的财务搭档和组织搭档。

这便是问题的关键：**要想找到一位既有企业家的想象力，又有管理能力的人是不可能的，没有人能完全平衡大脑的左右两半部分，既擅长激发想象，又擅长灵巧地执行。**通常，你要寻找一位志同道合的拍档，或者一个梦之队来掌握全局，共同经营。

近年来，最为知名的拍档，可能非汤姆·福特和多梅尼科·德索尔莫属，他们把20世纪70年代的过期品牌古驰打造成了当今家喻户晓的顶级品牌。实际上，这对最佳拍档至今仍在合作，仍在为汤姆福特国际公司努力。

其他知名拍档还有很多，比如为电气设计制定终极行业标准的马克思·布朗和迪特·拉姆斯，苹果公司的乔纳森·伊夫仍然从拉姆斯身上汲取灵感；比如筹拍过同一部电影的伊夫·圣洛朗和皮埃尔·伯杰；比如在商业领域和文化领域均享有盛名的博柏利夫妻档克里斯托弗·贝利和安吉拉·阿伦茨（安吉拉·阿伦茨后来被苹果公司挖走了，这也印证了专业拍档跟夫妻拍档一样不稳定）；比如苹果公司史蒂夫·乔布斯和史蒂夫·沃兹尼亚克这对黄金拍档；比如更早的可可·香奈儿和皮埃尔·韦特海默。

总体而言，**寻找一个拥有不同特长的团队，要比寻找一个既能持续激发想象又能掌舵商业运营的全才要简单一些。**

当品牌达到某种规模，或与其他更复杂的实体签约而并入更大的组织之后，这一点变得尤为正确。在诸多案例中，欧舒丹案例印证了这种合作方式的有效性，雷诺德·盖格在收购该公司之前，要求欧舒丹的创始人奥利维埃·博桑重新加入该公司，如今这两位拍档共同领导欧舒丹。雅诗兰黛公司的其他品牌也遵循这一原则，比如艾凡达、芭比波朗，或2014年的收购案例奥利欧卢索，原创意总监琳达·罗丁仍出任这一职位。

○ 导师的保护作用

关于顶级品牌的内部发展或并入更大的公司的问题，通常需要第三方作为导师，来保护和引导他们。

在雀巢的案例中，时任总裁布彼得·莱贝克·莱特曼特和高级副总裁卡米罗·帕嘉诺曾携手守护该品牌度过资本的考验，但长久来看，这绝不是稳操胜券的战役。富有远见的人恰恰是研发部门的埃里克·法夫尔和市场部门的让·保罗·盖拉德。法夫尔和盖拉德曾长期被母公司的人当作疯子，但莱特曼特和帕嘉诺极力支持他们。尽管公司其他人员，甚至董事会经常因他们支持这对"不和谐、不合群而又乱花钱"的创新拍档而向他们发难，但莱特曼特和帕嘉诺还是留了下来。幸运的是，这对创新拍档顶住了压力，他们突出的能力和坚定的信念，为品牌项目赢得了十年的发展期，并最终走向成功。

现在，我们来总结一下。正如大多数颇受尊重的品牌一样，创建一个顶级品牌，不仅要源源不断地创新和突破，还要坚定不移地运营和执行。实际上，一个顶级品牌所要求的要比大众品牌多得多，但要找一个具备这两种天赋的人才，显然是不可能的。所以，**顶级品牌通常会倾向于将责任分配给创新大师（主管创新和突破）和商业大师（主管运营和执行）。**在品牌被大型集团收购的案例中，母公司通常也会建立一个权力较大的导师角色，给予这两个人足够的空间和容错率，以帮助他们成长起来。毕竟，溺爱般的呵护和关怀是最具杀伤力、最让人无法抵抗的，无论是在生活中，还是工作中。

若即若离，何为"围墙现象"

据报道，拉里波提、乔伊纳德和梅特舒兹都曾婉拒过各种工作邀约，转而专注于营销自己的品牌，从而迅速成为亿万富豪。他们的经历还揭示了一个道理：将品牌并入大集团，向外部股东提供优厚的收益，会威胁到品牌和企业的独特性。这是否意味着太阳剧团、巴塔哥尼亚、红牛等品牌必须维持私有化，以此来捍卫其纯粹性和驱动力，并保障其前景呢？

我们还发现，有些顶级品牌即使被并入大型上市公司，依然可以繁荣发展。

究其原因，这些并购企业的老板都会想方设法保护品牌的神话和使命，而非为了短期高收益和规模就牺牲品牌的独特性。我们将这种保护称作"围墙现象"，这个概念适用于被收购的顶级品牌。

那些大型公司在收购其他品牌公司之前，通常会成立一个小公司来发展这些品牌，或将其并入一个具有高度自主性的机构。如此一来，只需要时常检阅品牌的营业资料，就可以知晓品牌合并后的效率和收益。此外，当收购公司的老板发现自己的措施有误时，也会撤销相关的措施，以避免造成更大的损失。

○ 奈斯派索咖啡和雀巢

雀巢公司前任总裁彼得·莱贝克·莱特曼特早有预见，他认为，小袋包装的精致咖啡销售策略，需要一种创新的商业模式，来区别于雀巢大批量包装思维模式。因此，在奈斯派索品牌成立早期，他便将其从雀巢公司的组织层面和文化层面脱离出来了。基于奈斯派索的特殊生产要求，为其独立设置厂址自然不在话下。如果一家公司在小家电领域毫无经验，那么该公司完全可以向奈斯派索申请机器设计授权。

当行业门外汉让·保罗·盖拉德被聘为这个新部门的领导时，立即在公司内部引起了动荡。实际上，盖拉德在时尚品牌万宝路供职时，就已经通过一项业务展现出超前思维。他在奈斯派索大展拳脚，凭直觉将雀巢传统的B2B业务模式转换成信誉型消费者品牌典范，这是完全出乎雀巢公司和很多股东预料的。而莱特曼所要做的则是守住这些成绩。

如今，奈斯派索已经成长为雀巢集团旗下价值数十亿美元的明珠品牌。奈斯派索的管理者们都在雀巢旗下进行着磨炼，他成功地将众多后台运营部门，包括采购、人事和IT等与母公司的相关部门进行了合并。此时，雀巢集团已经学会怎样去保护和培育奈斯派索模型的独特因素，比如设立俱乐部会员关怀组织，这一步是顶级品牌区别于其他品牌的重要标志。雀巢集团在创建自己的信誉品牌时，已经学会使用"圈养"方式来收购其他品牌，典型案例是1997年收购的意大利矿泉水品牌圣培露。然而，若提到在收购信誉品牌方面做得有声有色，并使之成为旗下闪耀明珠的品牌，则不得不提美容巨头雅诗兰黛。

○ 公司网络——雅诗兰黛公司

毫无疑问，雅诗兰黛是一个传奇型的品牌，通过开发旗下的信誉品牌如雅男士、倩碧和悦木之源，建立了市值百亿美元的美容王国。自20世纪90年代中期以来，这个美容巨头就开始从外界寻求独一无二的品牌故事。

2014年秋天，雅诗兰黛集团收购了精品香水品牌香水实验室和斐德瑞克马尔，以及护肤品牌奥利欧卢索。届时，雅诗兰黛已经学会选择和兼并信誉品牌，让它们在半自由的"机构网络"里成长壮大。实际上，很多消费者并不知道，一些知名品牌诸如芭比波朗、魅可、B&B、魅惑丛林、祖马龙、艾凡达等都是由雅诗兰黛公司来控股的。其中，B&B是一个超时髦的高端护发品牌，有自己的品牌总部、美发沙龙和时尚学习机构，且位于雅诗兰黛总部所在区域的另一端——纽约的肉品市场区，这里没有来自主流社会的文化冲击。

此外，雅诗兰黛集团非常注重保留地域感，通常会任命其收购的小品牌创始人为创意总监，或至少该是思维领袖一类的职位，比如芭比·布朗和瑞秋·贝克。在20世纪70年代，瑞秋·贝克率先通过自己的品牌艾凡达将芳香疗法和印度医学引入护发和美容领域，此后于1997年将艾凡达品牌出售给雅诗兰黛公司。当时，他受到雅诗兰黛总裁的伦纳德劳德的再三游说，同意留任六年，将艾凡达的品牌内涵传授给雅诗兰黛。如今，艾凡达依旧在明尼阿波利斯市的一所健康学校外运营，且已在雅诗兰黛集团设立了与自然有关的知识研究中心，比如自产悦木之源。与品牌核心关联度不大的专业知识，则由集团内的另一个部门负责管理，比如艾凡达的全球电商总监就与其他品牌共同驻扎在纽约。

○ 孵化途径——可口可乐公司

可口可乐公司全球风投和新兴品牌部前任总监德瑞克·范·伦斯堡认为，可口可乐公司热衷于小众而古怪的品牌，并不是为了哗众取宠，而是因为这些小众品牌引领着潮流，如果它们能被足够多的影响力人士所追捧，就能创造出新的流行概念。

伦斯堡所在部门的职能，便是管理那些潜力新兴公司的投资组合。不过，该部门认为，如今已经很难复制小品牌产品的"真实性"，因此可口可乐公司并未采取直接兼并或复制的手段，而是为其提供注资和专业知识方面的帮助，进行"圈养保护"。最终目标就是，当这个小品牌足具规模，可以搭上可口可乐这辆顺风车，跟其他品牌一起攻入市场时，可口可乐就立即购买其全部股份。这种投资思路和英国的思慕雪，以及美国的济科椰子水和诚实茶基本一致。

诚实茶的含义不言而喻，这个品牌在全天然成分（尤其是蔗糖）的使用上是公开透明的，高果糖玉米糖浆是大多数软性饮料的必备成分，同时也是诚实茶所抵触的成分，所以它的价格是同类饮料价格的2—3倍。可口可乐能冒着自身品牌受影响的危险给诚实茶提供资助，就是因为它理解诚实茶的重要性。2007年，可口可乐只持有诚实茶40%的股份，而到2011年便实现了100%控股。如今，诚实茶已经成为可口可乐公司旗下的一个事业部，尽管其联合创始人仍旧负责着该品牌的运营。

由内而外地传播：一切源于文化

2014年，当我们和迷你公司的雇员取得联系时，收到了如下回复：

"车友你好，我们将于周日（7月26日）与几百位迷你车主从旧金山出发，开启横穿美国之旅，预计在8月10号的周日到达波士顿。"

从这一点来看，迷你真正做到了将企业精神印刻在心里，真正地为梦而活。

在原理四的顶级品牌案例研究中，你可以了解到，迷你是如何由内而外地将品牌神话和品牌使命传播出来的。巴塔哥尼亚公司同样如此，它是同类型公司中当之无愧的最正统、最完美的典型。从关于潜水衣（或冲浪板会议）和登山衣的内部董事局会议，到鼓励员工开展与工作有关的各项活动，再到与竞争对手分享新科技，再到标榜自己是致力于承担社会和环境责任的优良公司，我们可以从中发现，巴塔哥尼亚公司所有人员都在致力于实践他们的使命，甚至比乔伊纳德和他的团队还要用心。

不妨这么说，**那些承担着社会责任和生态责任的顶级品牌公司，实际上并没有太多的选择余地，它们通常是由信念坚定的人来运营的，它们的目标通常也更加谨慎**。在巴塔哥尼亚案例中，最为精彩的是，企业的经营者将其承担生态责任的使命，转变成了新颖而有效的经商思路，他们不需要外界的帮助，并拒绝了各类投资和收购邀约（巴塔哥尼亚，2014年）。另一个例子，本&杰瑞公司在这一方面的表现也可圈可点，并成为主要的顶级品牌。

○ 二次探底的典故

出于对美食的喜欢，本·科恩和杰瑞·格林菲尔德参加了制作冰激凌的函授课程。课程结业后，他们尝试过开计程车、制作面包圈和创办报纸，但均未见起色。1978年，两个人在佛蒙特州的一个老加油站创办了冰激凌品牌，短短二十年内，他们将它打造成了价值数百万美元的上市企业，也因此成为各大巨头争相收购的目标，最终被联合利华于2001年以3亿2600万美元的价格招至麾下。

问题是，这个品牌的传奇历程总是与传统的经济学原理相悖。这家嬉皮士风格的公司，后来因为"二次探底"的理念而闻名于世。这为他们带来了利润，也给客户带来了双层底线。但这家公司的目标并不在股份和分红上，除了制作优质的冰激凌之外，它希望自己变成一个有趣而平等的工作场所，从而促进社区、国家乃至世界范围内的社会平等与和谐。

所以，当联合利华接手时，这家公司似乎已经不在传统经济学的讨论范畴内。

此后，这家公司重新获得了大众的青睐，这与它的品牌神话和使命是一致的。或许这要归功于许多大公司开始察觉到根本转型的重要性，正如该公司事业部总裁乔斯坦·索尔姆所言："世界需要变革，以解决人类所面临的社会和环境挑战。"从历史角度而言，该公司已成为一个先锋模范，持续探索着商业是否可以永远存在，以便解决全球商业领域内的不平等问题（食品加工网，2014年）。

今天，本＆杰瑞卷土重来。它设立了基金会和合营公司，把美味的冰激凌和社会焦点结合在一起，以此来支持数以千计的社会活动，比如美国和平研究运动。本＆杰瑞至今依旧拒绝用含有生长激素的牛奶作为原料，他们将口味与嬉皮士时尚风糅合在一起，并命名为"焦糖玛奇朵"或"朦胧 & 困惑"。此外，本＆杰瑞还支持一些比较特殊的事业，比如"雨林系列"。然而，本＆杰瑞公司也的确放弃过一个项目：大卫对战歌利亚。但这就是成长的代价。总体而言，这家公司依旧在全力为梦而战，由内而外地展现着五彩缤纷的风格和活力四射的激情。

值得一提的是，任何公司都应具备道德标准。正如本＆杰瑞之前在故事中所说的那样，这并不是做个好吃的冰激凌，赚点钱，然后承担点社会责任那么简单的事。它们对社区的关怀要贯穿到组织中的每一个角落，这样才能让品牌使命影响到每一个人的决定（1995 年）。**当今社会备受尊重的品牌，无不是基于自身使命而建立的。唯有如此，才有可能创造一个真正的顶级品牌。**经营者必须把使命印刻在心里，然后以各种独特的方式将它诠释成品牌神话。即使这个过程无利可图，甚至不受欢迎，也要保证整个过程中的核心不被破坏。所有的商业都需要成长，需要盈利，但除此之外，还需要具有道德感，并毫不妥协地将之传播出去。

○ 经营梦想，而非执行梦想

毫无疑问，关于经营梦想的另一个经典案例必然是"山羊绒之王"布内罗·古奇拉利（阿默德，2014 年）。

古奇拉利绝非环境保护狂，它拥有社会良知，但首先是将自己当作多才多艺的罗马皇帝哈德连的历史遗产，始终对世界之美负有责任（埃德，2013 年）。诚然，它从服装品牌贝纳通身上汲取了灵感，但仅仅局限于贝纳通的聚焦意识和色彩，而非其政治实践主义。

古奇拉利品牌的同名创始人古奇拉利先生首先是一个企业家，他将全部精力都倾注在了企业的增长和成就上面，也许这一点比其他人更长久。他的最终梦想是创造长久而有灵魂的美，当然这是以尊重人和环境为前提的。

顶级品牌需要有明确且超越自身的价值观，而且要严格遵守这种价值观。古奇拉利品牌的价值观是服务于丝线质量，经典之美和人道的工匠精神。这便引出了它的另一个闪光点：地域意识。

对任何一个品牌来说，拥有高辨识度的起源都是一件好事，这会赋予品牌归属感和历史感。 古奇拉利则将这一理念发挥到了极致，它给自己的传奇赋予了极为真实的时空感，给自己找到了真正的家园：索罗梅奥，一座位于佩鲁贾的小镇。索罗梅奥是古奇拉利大多数精美作品的原产地，也是古奇拉利在21世纪构建起的理想化工作集群地。这个地方有点像迪士尼乐园，但比迪士尼乐园真实得多，也精美得多。

极具吸引力的专营店让整个品牌变得触手可及，而又不损害它的形象地位，这也许是因为古奇拉利总部本身就是依高地而建。这里彰显了古奇拉利的真实性，同时增强了品牌形象的光环。这是大多数顶级品牌都会做的事，尽管有些品牌并不像古奇拉利那般引人注目。

在原理四中，我们提到了清洁用品中的顶级品牌加州清洁用品公司，该公司将总部设立在旧金山，这不仅是为了突出传奇性，更是为了以此来激励自己。在公司总部内，从色彩缤纷的装饰风格，到稀奇古怪的乒乓球活动室，再到令人瞠目结舌的招聘流程，一切都超乎你的想象。正如公司的环保发言人索尔海姆所说："我们呼吸的是有机气体，我们是一群拒绝脏乱的人群。"

加州清洁用品公司还有一个精神伙伴——英国的果汁品牌思慕雪。这两个品牌所属的类别截然不同，但是它们有着相似的精神信念。如果你不知道思慕雪，不妨去它的官方网站看一下。该公司的前市场总监托马斯·德拉布里埃曾给我们发了一张图片，以此来阐释他漫步于公司大堂时的感受：人造草皮，诡异的太阳伞，桌面足球，健康的餐厅，连员工的思维常识都异于常人。这一切与公司的办公室有着天壤之别，而这正是他们想要的，这也是他们能成为顶级品牌的原因。

顶级品牌并不执行梦想，而是经营梦想，他们就是梦想本身，这比在真实世界实现梦想要容易得多。

我们造访过和了解到的大多数顶级品牌，都曾经历了巨大的痛苦来重整总

思慕雪的生活梦想——一切都那么有
趣，包括披着草皮的牛奶采样车。
图片来自思慕雪。

部。不过，他们不会采取极端做法，如买下总部所在地的整个区域，因为他们的
品牌核心才是他们真正的家园。它们为品牌核心而工作，不单为诚信，更是为精
神。正如安吉拉·阿伦茨所言："所有人都在说与客户建立关系，实际上他们应
该做的首先是与自己的员工建立关系。"（利希，2012年）说得太对了，只有这
样，你才能将品牌的使命和神话由内而外地传播出来。

○ 世界掌握在你手中

由内而外地传播出去，最终让市场、客户乃至世界都知道你的品牌使命和神
话。你从品牌的核心出发，从公司文化和公司员工出发，最终目标确实是让你现
在和未来的客户知道并信服你的使命和神话。

从这一角度来看，很多公司开始了垂直整合，它们不再固守诸如百货商店或
专卖店等传统的零售渠道，转而投向个别品牌店。尽管它们一开始也犹豫不决，
但如今已依靠网络渠道（包括电子商务）完成了逆袭。

这其中有几个意义深远的时期：20世纪90年代初期启动的耐克城，以及之
后的普拉达和苹果商店。这些企业在零售领域设立了新的标准，随后便触发旗舰
店之间的竞争，这种竞争至今尚未呈现放缓的迹象。另一个顶级品牌拉尔夫·劳

伦，它是白手起家的品牌里当之无愧的明灯，它的总部自1985年就已设立在兰德大厦里了，但这又是另外一件事了。

可以这么说，拉尔夫·劳伦在纽约的麦迪逊大道和七十二街开设了豪华门店，标志着这个品牌找到了自己的玫瑰花园。耐克、苹果、普拉达等品牌则更进一步，冒着得罪其零售合作伙伴的风险，意欲将品牌王国（普拉达公司喜欢将其称为"震源"）的概念发展成全球项目。

同时，不管是传统的信誉品牌，还是当下的顶级品牌，也开始纷纷跟风效仿。有的借助多媒体的超级体验中心，譬如路易威登在日本东京表参道的门店，或博柏利在伦敦摄政街的门店；有的则走多品牌概念中心的路线，如川久保玲在伦敦多佛街的门店，以及东京和纽约的门店，还有一些像柏琦美妆盒或意利咖啡等新生代品牌的门店。

这种运营思路比传统实体门店拥有更多的机会构建自己的品牌世界。顶级品牌往往倾向于主宰自己的一切，包括周遭的环境。正因如此，特斯拉冒着丧失潜在市场的风险，舍弃了传统代理式营销思路，坚守着品牌的精神内涵和独特的呈现方式。其他的品牌则以此来创建理想化的品牌世界，这便是经营梦想的终极方式。作为价格适中的护肤品牌，妮维雅也开始兴建呵护级水疗体验中心，彰显其产品高精度的功效，从而提升品牌形象。再比如乔巴尼在纽约西百老汇的定制型酸奶店，也是一种创新思维理念。

这些案例揭示了顶级品牌如此热衷构建品牌世界的另一个原因：这些创新的运营方式，省掉了经销商这一中间环节，拉近了品牌与顾客之间的距离。

这些品牌可以像乔巴尼一样将创新的体验式门店当作"实验室"（福克斯，2012年）。即使没有占用零售环节来作为其"新口味"的"实验场地"，也有机会借此更好地了解顾客和自己。正如古奇拉利所言："品牌若真想构建自己的品位、腔调、感觉和整体形象，就必须深入零售环节。"（阿默德，2014年）

○ 千里之堤，毁于蚁穴

"我们的努力要经得起时间的考验，绝不能像硕大的戏服一样，让人感觉是一种替身或幌子，也不能像剥落的油漆或者破烂的帽子。我们的设计要至少存活二十年，所以，其中的方方面面都必须精细策划、精心设计，并保证品质可靠。"

以上文字节选自我们与太阳剧团的市场和公关总监的交流内容。

如果顶级品牌真想呈现其品牌世界的话，无论出于何种原因或何种方式，必须遵守严苛的细节标准，这一点的关键性不言自明。哪怕一丁点儿松懈，也可能造成无法预料的损失。只有这样做，才能让品牌神话和品牌使命在这个感官多元化的世界里变得栩栩如生。一个品牌要悉心留意其呈现出的每一分消费感受，这些感受积累起来便是这个品牌的整体形象。创建一个顶级品牌，意味着事无巨细，均要悉心留意，这些细节人们在当下可能不会注意，但在潜意识里可能已经对其做出正误判断。

伊索品牌，则很好地诠释了这种对细节谨小慎微的态度。"伊索外表看起来十分简单，但实际上要想做到看起来平常，就已经是一个很大的工程了。"伊索前市场总监马泰奥·马蒂诺尼如是说。以伊索的"展柜陈列技巧"为例，他们所展出的产品数量永远是奇数，这使其品牌如同一束玫瑰般吸引人。

顺便说下苹果品牌，它同样提倡简约主义，但其触感性似乎要多于内涵性，这一点是众所周知的。当苹果公司声称其每一款门店的设计都充分考虑了地理位置和环境因素时，这听起来就有些不切实际了，至少不是伊索的行事风格。尽管苹果不同的门店是有差异的，比如有的有楼梯，有的没有，但整体而言，不论是在东京，还是在里约，苹果的各大门店的风格并无二致：一排排帕森桌，陈列着各种产品，人们在桌边进行触屏体验；除此之外，便是白墙和玻璃元素。在苹果的门店里，似乎世界的一切事物都荡然无存，人们的注意力都集中在产品和对产品的体验上了。这种风格像是电脑狂人的家或者办公室一般——"我只关注电脑，真实世界与我无关。"

再比如小辣椒，新墨西哥一家外卖连锁餐厅，其运营理念是"真诚的美味"，这也是其餐厅的设计理念——提倡现代简约主义，但不走理性路线。在其门店里，所有的设计都围绕着简约、省略、专注和透明的理念，以凸显其品质和价值。这些是可以带来经济收益的，小辣椒并不便宜，因为它不仅是一家快餐品牌，它还专注于高品质的原料和产品，而非餐厅的装修设计。

最后，我们把目光投向亚洲。我们知道，日本文化是极其注重细节和精准的文化，因此很多日本本土品牌成为行业标准也并不奇怪。甚至很多西方的信誉品牌，其东京门店的设计、选料和维护比纽约和巴黎的门店更加严苛仔细。日本的奢侈酒店品牌星野公司则更是将这一点做到了极致，尤其在确立了"捕捉日本文化精髓"的使命之后。正如其公关总监所言："星野集团并不因循守旧，并不追求怀旧式的模仿，而是有一种纯粹的平行世界的既视感。"现在我们来体验一下：你缓缓移步走上驳船，街市的喧嚣消失在葳蕤的草木之中，耳边响起船桨划水的声音，锣声暗示着你的脚步，鼻尖弥漫着丝丝薰香，舌尖品尝着陌生而又令人欣喜的茗茶。你得远离喧嚣世界，然后步入这"第五空间"。

我们很喜欢星野集团的"第五空间"这个概念，它很好地诠释了世界顶级品牌的使命：创建一个平行世界，这个世界完美地印证了它的品牌梦。它以谨小慎微的态度来赞颂它的品牌使命和品牌神话，因为上天能看到它，我们人类当然也能感觉到它，或者用心去感受它。

○ 有些细节比其他细节更重要

最后，我们来看一下最棘手的问题。仅仅把握好细节或许并不那么难，难点在于把每一个细节都照顾好。

就顶级品牌整体而言，各个细节之间并不是平等的关系。顶级品牌一定会遇到"独特的难题"，这意味着经营者必须发掘其中的"独特细节"，发掘对它的品牌世界和品牌神话至关重要的问题，以使品牌变得独一无二，并将品牌的核心价值带入现实生活中。

卓越，并不是事事完美，而是要有缺憾感，或至少有危机感。顶级品牌必须时刻关注那些能区别并超越竞争对手的因素，唯有如此，才能促使自身品牌美梦成真。 这些因素可能是具有时空穿梭感的咖啡屋（比如星巴克），可能是捕捉和重塑光影的技术（比如施华洛世奇），可能是自然的艺术和科学（比如艾凡达），可能是体现智慧之美的品牌（比如伊索），此类范例不胜枚举。

为了更好地理解这一点，我们更细致地分析一下星野这个品牌。星野集团度假酒店的内涵是由品牌自身的含义及行事风格所决定的。该品牌一直致力于营造一种独特、永恒、无压的环境，它从不选择我们习以为常的舒适元素，这便是其要义所在。就以星野酒店的过夜包为例，大多数人可能会觉得平淡无奇，最起码价格不吸引人。它提供的服务也是如此，有的人甚至觉得它的服务并不完美，比如它的禁烟措施（在日本）。但星野酒店成功的重要因素，正是它表现出来的平淡无奇。

星野酒店对其选择极为自信：因便宜而失体面是不可接受的，简约和精致才是"王道"。它甚至会偶尔暗示星野酒店并不适合某些人，它会建议顾客在酒店最少待一周，以完全浸入酒店的品牌体验中。据丹泽参所言："我们并不喜欢，甚至排斥那些以提高收益为目的的周末奢华沉浸体验，平淡才是一个顶级品牌该有的态度。"实际上，星野集团在吸引消费人群方面是很成功的，这些人群通常可以支付一周高达8000美元的费用，而且会成为回头客。这就成功地把那些只能"尝鲜"的顾客给过滤掉了。

在星野品牌案例里，我们发现，一次深度细致的体验要比浅尝辄止更有效果。此外，还有以下几个案例可以说明这个问题。雅诗兰黛旗下的伦敦香水品牌祖马龙，花费了大量的财力和精力来为产品营造一种精美礼物的感觉，它的每一件产品都会用绵纸和丝袋包装，然后放到一个弓形的袋子里。尽管它的包装瓶是批量库存的，但这并没什么影响。祖马龙的任务是，将不同的香气混合，然后分层。从某种程度来讲，除了瓶子以外，买家才是该产品的缔造者。这也是之前提到的高端美容品牌海蓝之谜的思路。祖马龙极简的包装经年不换，每个门店都装饰着异域鱼种的水族箱，以彰显其各种产品（各种露/剂）"海之力量"的感觉。

伊索也是外表极简的品牌，比如各种瓶子和容器，防紫外线的茶色外表，以纸袋包装，纸袋上印有诗句，诗句的位置错落有致。

总而言之，顶级品牌必须付出巨大代价来建立自己的品牌世界，使消费者能以最理想、最纯粹、最完美的方式来支持其品牌神话和使命。顶级品牌必须不停地调整和提高自己的品牌，以维持自身的最佳状态，以及在竞争中的领先位置，这就需要它时刻关注细节。当然，并不是每一个细节都要关注，而是关注那些足以成就或摧毁品牌的细节；同样，它也要对不甚重要的或与品牌核心无关的细节具有鉴别能力和忽视能力。正如星野品牌对自己的评价："我们忽略的事情、没做的事情对我们的影响，不亚于我们做了的事情对我们的影响，它们共同定义了现在的我们。"

奥秘六：经营梦想的法则

1.对梦想深信不疑

永不妥协。面对与使命和愿景相悖的因素，哪怕走近一步也是致命的打击。

2.分而治之

创建一个顶级品牌，往往意味着需要超凡的想象力和精准的执行力，此时亟须一对志同道合的黄金搭档。

3.守护梦想

管理者切记不要把一切都逼得太紧，不同的品牌往往意味着不同的标准、不同的架构和不同的内容，多一点自由的空间往往更有利于品牌的成长。

4.由内而外，将你的愿景和使命辐射出去

以品牌使命驱动公司文化，创建你的品牌神话，激励员工们向顾客言传身教，以赢得顾客的信任和忠诚。

5.让梦想时刻伴随你

你推销的不是产品，而是你的梦想，或者退一步讲，你推销的是一种理想。亲眼见证梦想之花绽放是一件很令人欣喜的事情。

6.悉心呵护

细节成就梦想，也可以摧毁梦想。你必须做到对关键环节心无旁骛、明察秋毫。

7.主次分明

对那些无关紧要的细节，你可以选择忽视。但你自己是什么，同样由你忽视的那些细节所定义。

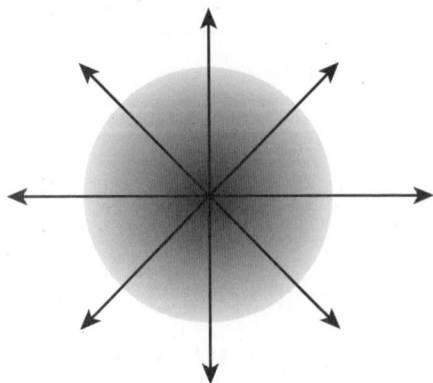

顶级品牌的字典里不存在"伪造"这两个字，它们必须经营自己的梦想。唯有将梦想投射到现实中来，它们才能赢得信任。

顶级品牌案例研究六：像古奇拉利先生和弗莱塔格兄弟一样经营梦想

古奇拉利是生产昂贵毛衣的意大利品牌，弗莱塔格是用再生材料为邮差制作廉价背包的瑞士品牌，它们之间到底有什么联系？

世界经济论坛期间，弗莱塔格（就是那个箱包生产商）经营的达沃斯门店前顾客寥寥，而附近位于圣莫里茨的古奇拉利门店却供不应求。两家店间的距离并不远，乘直升机一会儿就到。事实上，这两个看似毫不相干的品牌为何如此相似，答案就在于它们对于细节和深度的态度，这便是它们将各自的品牌传奇融入生活，从而进入顶级品牌行列的奥秘。

1978年的一天，布内罗·古奇拉利先生收到了一份订单，订单要求制作53件色彩极为靓丽的羊毛衫，这令他又惊又喜，于是便创立了自己的品牌公司，尽管当时资金、工厂和生产计划全无着落。

如今，古奇拉利品牌一年的全球销售额将近5亿美元（根据2014年数据估算），在意大利上市之后市值更是翻了三番，旗下一款经典毛衣就售价800美元，而一整套古奇拉利套装的价格则达数千美元，当然，买得越多，花得也就越多。现在的古奇拉利品牌一直以两位数的速度持续增长，其2008年的辉煌业绩令其他奢侈品牌望尘莫及。

弗莱塔格品牌的传奇历史则比古奇拉利晚15年。那是1993年，当时的弗莱塔格兄弟和设计专业的同学在苏黎世上课，每天都要骑自行车往返，所以有时需要用几个结实耐用的防水袋来保护自行车。兄弟俩受到窗外路过的卡车启发，便用卡车上的防水布和安全带上的一股绳子制作了一个简易的袋子。就在不经意间，他们的同学和自行车邮差纷纷跟风。最后，这种既个性又环保的袋子就流行开了。虽然弗莱塔格品牌从未求助于外部的广告和融资，但这并不妨碍它日后的壮大。2013年，弗莱塔格公司将回收的400吨的防水帆布制作成40多万个箱包和配饰（该公司并未公开销售数据），其中主流款双肩包售价高达200美元，限量款的箱包价格更是数倍，这种价格显然不是邮差能消费得起的。

○ 不遗余力地经营梦想

尽管弗莱塔格兄弟的梦想与古奇拉利的梦想不同，但他们都在全身心地经营着自己的梦想。弗莱塔格兄弟紧抓每一次机会来展现其背包之外的美——循环利用和情境重建所带来的美感，并出版了以此为题的书籍，还在苏黎世设计博物馆举办了回顾展。此外，弗莱塔格兄弟通过各种讲座和专业论坛，不遗余力地传授着他们这种"赋予产品新生"的艺术理念。他们还向员工和顾客提供免费自行车、组织都市地下园林景观展览，这些做法都体现了他们所倡导的"绿色生活"理念。他们在意识形态方面也做出了努力，比如和瑞士杂志 Reportagen（《微评》）共同投资拍摄纪录片，以及举办"关于美学和客观报道所面临的挑战"的讨论会。

根据弗莱塔格兄弟所述，大约有十二家弗莱塔格门店开展了上述活动，其一直密切掌控的独特供应链被奉为楷模。弗莱塔格兄弟受此启发，将苏黎世门店设立在纵横交错的交通路口中间：这是一座由19个锈色斑斑的集装箱堆建成的垂直塔状结构，用作品牌的艺术展览馆。每个参观者都有机会来到馆顶尽享弗莱塔格时刻，当你俯瞰时，道路间嘈杂的工业化景象，瞬间成为多彩的都市艺术的极致体验。

门店的内部装饰也围绕着背包产品的粗狂之美进行了"情境重建"（源自弗莱塔格官网，2014年9月），墙体是裸露水泥或者钢板，这与堆叠的白色卡通形象是连贯的，凸显了所展示的背包产品的现代艺术感。当你走近墙体时，就会发现这里的陈列设计生动而富有个性，每一个卡通形象都配有彩图，来阐述其代表的独特内容，比如一个"再利用产品"（用弗莱塔格的话来说是"RIP"）的形象和一个背包，结合在一起就代表了这个品牌的起源。

弗莱塔格品牌期待它的顾客能发掘其"重生"背后的细节，能欣赏其赋予产品品质和灵魂的"超生态"型工厂的设计。你可以从它的网站上关注一下哈特科尔·托马斯，这是个年轻的小伙子，他正在用雨水机器冲洗防水布。此外，你一定会为弗莱塔格员工的独特社会背景所吸引。实际上，这家门店是弗莱塔格在苏黎世这个白领都市里为蓝领工人留存的场所之一，这也是弗莱塔格意识形态方面的写照：一项高昂生产成本的投资。

弗莱塔格是一个风格迥异的新工业型公司，其公司内部的领导管理方式也别具一格。弗莱塔格兄弟早就发现他们对公司管理不感兴趣，而且也不擅长，于是他们便把公司的管理分为两部分：一部分由兄弟俩负责，他们既是公司的拥有者，也是公司的创意领袖；而另一部分则由总裁负责，总裁的薪资水平比兄弟俩还高。弗莱塔格品牌的前新闻发言人伊丽莎白·伊森纳格提到，当弗莱塔格兄弟不想洗防水布时，就骑自行车去公司上班，平时也约同事和客户一起出去游玩。

弗莱塔格的品牌精神体现在各个方面，比如旗舰大厦、兄弟情和"F-纤维"。但是请注意，弗莱塔格背包在陈列室里确实很美观。

图片来自罗兰·德泰勒和约耳·太塔曼提，鸣谢弗莱塔格。

在创建社会型品牌方面，布内罗·古奇拉利所做出的努力和弗莱塔格兄弟如出一辙，但古奇拉利先生的审美观、意识形态和道德理念，并未受到环境工程方面的影响。给他启发最多的，是古代先哲亚里士多德和圣本笃。

古奇拉利先生对那种碳平衡型的工业建筑物并不感兴趣，所以他把总部选在了一个名叫索罗梅奥的中世纪村落里，他一块地接一块地买下了这座村落，然后一点一点改造翻新，工匠们便在这种祥和而美好的环境里编织出了一件件精美的服饰。工匠们的食堂是像一座典雅的小酒馆，外面镶着古奇拉利的陶瓷盾牌标志。在这里，员工们可以吃到当地的鲜美食物。闲暇时间里，公司鼓励员工们参加内部的艺术论坛来陶冶情操，或者去花园和健身房锻炼身体。道德理论学者大卫·拉洛卡在一次谈话说，古奇拉利公司是一座"精神校园"。

古奇拉利公司很欣赏员工的忠诚、自律和创新品质，而不提倡傲慢无礼的态度。在这些方面表现优异的员工，会获得高于基本工资的物质奖励。公司在员工服饰方面有很认真的"衣橱津贴"政策，所以员工们穿的衣服通常都是自己设计制作的。古奇拉利的内部手册会收集这些服装的设计信息，然后印成海报，张贴在村野间，或者在文艺复兴式的大宫殿前野餐时发给顾客，即使顾客们认不出这些服装或模特是否来自古奇拉利品牌，甚至不知道这个村庄就是大名鼎鼎的索罗梅奥，但这些海报总能给人一种田园之感，然后激发一些话题供大家讨论。

当然，古奇拉利所有的门店设计都参考了索罗梅奥这一元素。门店大都以白色为主色调，旁边以照片做陪衬，展示着索罗梅奥的景致，还有一些木制展架，上面摆放着各种羊毛奢侈服饰和古代先哲的典籍。店员会邀请顾客舒服地坐在皮质的椅子上，品读卢梭的著作，品味古奇拉利的工匠精神。这一切，便是古奇拉利经营梦想的不二法门。

○ 贯穿始终的品牌神话和使命

古奇拉利的使命可以归纳为陀思妥耶夫斯基的一句话："美，是对我们的救赎。"这句话一直被置顶于古奇拉利的官方网站。古奇拉利希望它的产品可以诠释穿戴者的美好品质，而不仅仅局限于跟风趋势，因为时尚趋势是不断更新的，而美是永恒的。

古奇拉利崇尚潇洒风，这是由巴尔达萨雷·卡斯蒂利奥内先生在其文艺复兴手册中提出的，一种强调平易、高冷的风格（卡斯蒂利奥内，1528年）。卡斯蒂利奥内对"真美"的追求，并不限于穿戴者，而是贯穿于整个服装制作过程。他对其使命的虔诚追逐，已经成为哲学家、神学家和各路媒体竞相研究的现象和传奇。

古奇拉利品牌也一直自诩具有"新人文主义"元素的"新文艺复兴"式的工匠精神（源自古奇拉利官网，2014年）。公司不但重视其员工的工作环境和物质回报，还致力于员工尊严的维护和精神世界的扶植。

布内罗·古奇拉利根据自己对创业、城镇建设、生活方式和企业精神的理解，创造出了自己的启蒙品牌。

图片来自大卫·拉洛卡和布丽吉塔·沃兹。

古奇拉利品牌创建史曾被无数博客和文章转载：出身贫寒的古奇拉利不忍看到父亲为生活所迫，于是放下尊严，到水泥厂打工。后来，他自学哲学思想，白手起家创办工厂，希望父亲能够来他的工厂里工作。这种锲而不舍的励志经历，感动了无数狂热的粉丝，他们口口相传，绵延不绝。

从这方面来看，弗莱塔格品牌与之惺惺相惜，只是弗莱塔格品牌更专注于工业产品，强调环境责任意识和现代意识。于是，这种近似炼金术师般的神秘理念，为其产品赋予了新的外貌、功用和身份标志等光环，更为品牌神话增添了几分超自然的魔幻之感。不管对于奢侈品还是环保袋而言，这一点都是千金不换的。

○ 非销售行为，渴望与归属——知识的增加

不妨让你的顾客或投资商阅读一下亚里士多德的《尼各马可伦理学》，古奇拉利也经常拜读。虽然这本著作对服装行当不着一字，但其中所倡导的理念深受服装从业者喜爱。古奇拉利经常会在哲学学生面前讨论知识、智慧和容纳，而对时尚超模之类的话题闭口不谈。

古奇拉利的品牌营销是以经营顾客和特殊媒体为目标的，他通常会在佛罗伦萨服装展时期，邀请巴索城或索罗梅奥内的目标群体，参加其看似随意，实则精心设计的古奇拉利风格课程。记者理查德·纳里曾说："这项无关艺术的课程，有上百人参加，俨然是古奇拉利的私有部落。"（福布斯生活网，2013年）

对于那些已成气候的品牌而言，这类经历、课程和升华技巧十分关键，很有可能会帮助品牌冲破瓶颈，从而鹤立鸡群。而对于其他品牌而言，朴实的价格和门面不但可以维持生存，更能为梦想助力。

无独有偶，弗莱塔格兄弟也会组织聚会，邀请那些共享生态责任的朋友和粉丝，这与古奇拉利不谋而合，而前者则倾向于将产品与理想化的工作形态及生活

风格联系起来。在弗莱塔格兄弟的活动里，不管是信使，还是学生，抑或是记者，都是他们的设计考量对象，也是其品牌形象的重要组成部分，即使这些人群当下还买不起弗莱塔格品牌的产品。

弗莱塔格兄弟的聚会延续了其不落俗套的形象，从不邀请大众媒体的广告和营销机构，而是靠人们口口相传。据伊森纳格描述，他们为弗莱塔格品牌的每一款产品都耗力制作了精美的定格动画视频。这些视频涵盖了循环利用、产品设计和情境重构的所有过程，画风既有严肃认真的，也有稀奇古怪的。

弗莱塔格品牌各大门店、网络资源和"F-纤维"（下文有述）已被公认为最确切、最有力的宣传工具。弗莱塔格品牌的创新典故，通常以一辆自行车作为核心元素，比如它资助的意大利信使锦标赛，或Youtube上世界各地疯狂交通的宣传视频。尽管这类活动一般是在德国举行，但其视觉化的表达方式是无国界的，不管你说何种语言，都能理解它的寓意，所以，2012年弗莱塔格品牌的东京门店开业之前，它的日本粉丝便开始手舞足蹈，对此期待不已。

○　谨记：原则为主，盈利为辅

不难发现，古奇拉利和弗莱塔格关注的核心都是产品，它们重视产品的理念价值，而后才是产品功能。很显然，一个用新合成材料做成的袋子，不管是对弗莱塔格而言，还是对其消费者而言，都是成本低廉的选择。如果弗莱塔格给每个袋子都设计独特的颜色、图案和携带方式，那么这个过程中"情境重构"的魔力便消失了。此外，防水布的资源稀缺性造就了一种自然稀缺感，这通常会让人们联想到爱马仕皮包的精美做工和稀有皮革。

弗莱塔格品牌注重的是这个形态范围的另一端，它开发了一个参考标准，以此来捕捉色彩流行趋势，满足时尚先锋们的需求，同时提升品牌的形象和价格。

使用卡车防水布来制作包具是弗莱塔格品牌走向成功的核心体现。

图片来自弗莱塔格。

实际上，弗莱塔格原来的产品"F"－下金属"系列依旧是一款卖座的经典产品。这款产品的名字也是有典故的，正如迷你品牌一样，"F"一词在弗莱塔格的品牌词典中是有特殊含义的。根据弗莱塔格兄弟发给我们的邮件所述，其"F-纤维"工厂里要生产新一款"F-纤维"产品。该品牌的Facebook状态称：这是一款更个性化、更加个人主义的产品（弗莱塔格的Facebook，2014年）。

毋庸置疑，在这些方面，古奇拉利要更精美、更浪漫一些，但是它关于产品的描述和焦点依旧是羊绒衫。纸媒广告曾报道过，古奇拉利先生为寻找品质最佳的颈部羊毛，曾造访中国内蒙古和西藏地区的牧羊人。

在古奇拉利公司总部索罗梅奥里，员工的辛勤劳作全部在产品中得到表达，比如他们向顾客承诺，所有服饰都将享有终生保养和修复服务。据大卫拉洛卡所言，古奇拉利品牌从不讳言，其产品价格的25%都是在为其免费的保养服务买单。古奇拉利品牌的这些行动都是在告诉消费者，它们不仅仅是在卖衣服，更是在做一项长期投资，这一点和百达翡丽的策略类似。

这些服装系列的数量是有限的，他们向零售商的供货原则也是售完配货，每一批货都有各自的销售目标。古奇拉利并没有把商标印在服饰的正面，只有把衣

弗莱塔格包具的制作过程。

服反过来时，才会出现那个盾牌商标，上面印着1391和一座宝塔，代表该品牌的初创时间和创立根基。

　　古奇拉利能发展壮大，还要归功于其引进的"全套装束"和配饰策略。它的夹克、外套和西服的价格，是其羊毛衫价格的十倍。早在上市之前，古奇拉利先生就跟股东们提到过要"优雅稳健地增长"，它主张将品质和人性化作为运营导向，而非利润。此外，古奇拉利还创立了一个框架，以保障其家族在公司内的股权，以及确保"学院式新人文主义"原则在品牌运营中的指导地位。事实证明，他的股票是被超额认购的。高盛银行的威廉·哈钦斯解释说，古奇拉利先生对品牌的定位极为准确，因此能从全球消费者对高品质正牌奢侈品不断攀升的需求中盈利，品牌成长历史和成长起源都是其价格的有力支撑。

　　回头来看，弗莱塔格品牌的市场效应处于上升趋势，这源于其广为传颂的口碑（起初是在德国）、独特的采购架构、原材料的获取，以及拒绝降价和拒绝外部注资的作风。过去五年里，弗莱塔格品牌所使用的原料均为纯天然的可替代织物，完全可降解。弗莱塔格兄弟曾说过："我们从不做市场调研，我们坚信我们的产品思路一定会赢得新的粉丝和客户。"在过去的二十年里，弗莱塔格品牌每

231

年的增长率均维持在15%—20%之间，这似乎说明他们的增长思路是有效果的。一个韩国电视明星曾背过一款弗莱塔格背包，引发了该系列背包瞬间售罄（巴尔默特勒，2013年）。该系列在亚洲的需求上涨，要归因于一系列因素，比如不花哨、倡导环保，以及公众人物的号召作用。这和二十年前弗莱塔格在德国首次出现时的情况类似，这一切都说明亚洲也是该品牌的另一个增长引擎。

11 原理七：成长永无止境，终极平衡法则

一路走来，我们又回到了最初的地方，但在我们看来，起点却已不似当初。最后一条原理，并不是新原理，而是把全书所有原理串联起来的核心原理——它是一种平衡——向读者展示当今时代顶级品牌的终极法则：埋头向前，永不止步。

要实现"永不止步地发展"，顶级品牌必须平衡好两个需求：对于利益和知名度的需求以及对于神秘感和稀缺性的需求。对客户来说，他们希望顶级品牌拥有独一无二的特性；对股东来说，他们希望顶级品牌不断成长，并实现终极目标。为此，顶级品牌就得充分发挥自己的明星效应。这一点也将是本章的开端：顶级品牌既要像明星一样将自己的光芒散发出去，又要不断吸引别人的目光。

传统信誉模式会导致人们的欲望逐渐消退，在今天的信誉品牌建设中，这是极其错误的。而现代信誉品牌受到的限制则越来越少，或者说与传统品牌相比，它们已经借由自身的稀缺性获得了永久存在的可能。不过，它们中的大多数却展现出了与众不同的发展路线。

大多数大众品牌依然沿着线性模式或根基模式发展，而顶级品牌则呈几何倍数增长。为了实现自己的目标，达成自身需求的平衡，顶级品牌通常会采用以下五种策略：

1.承重发展。这是一种理想化策略，有时会显得不切实际，导致品牌发展速度过慢。该策略非常符合当今时代的"减速"精神，但有一个前提是，品牌必须

私有化，或者说品牌必须有大体上的"终极持有人"，比如上下品牌的"终极持有人"是爱马仕。唯有这样，该策略才能发挥良性作用。

2.反向发展。这种策略的核心是抑制过度增长。这是一种非常健康、非常自然的发展策略，但大多数情况下，需要获得股东的理解和支持，因此只能从众多选项中选取一小部分付诸实践。

3.边线发展。这种策略最受顶级品牌欢迎。它十分简单：如果你不想让品牌向下发展，那就换一个方向继续发展。

4.上行发展。这是一种黄金策略，因为它经过了历史长时间的实践。从表面上来说，这种策略关乎那些著名的黄金等级信用卡的发放。但是，这种策略的应用现在也遇到了一条双行道：在不断提升品牌等级的同时，进入了贸易下行的局势。

5.激情发展。我们应当做的最后一件事，就是无论顶级品牌如何发展，都要确保自己能够存活下来。顶级品牌要不惜一切代价靠近目标客户，延续目标客户对品牌的热情和支持，否则顶级品牌就可能岌岌可危。

以上五种策略并非彼此分立，甚至有时会彼此对立，但是大多数策略是彼此融合的，因为它们在内容上彼此互补。不过，我们要紧紧围绕着品牌的终极策略和终极目标：明星效应和品牌平衡。

明星效应——事关平衡

大多数顶级品都在应用明星效应，这也算是它们的一个重要组成部分。对于顶级品牌来说，生命周期有高有低，高潮过后也将面临低谷。顶级品牌不断成长的时候，很可能会觉得自己已经度过了低谷期。这时，它们会再次燃起雄心壮志，重新焕发对市场和利益的渴望。

以苹果公司为例，当今时代，苹果公司是公认的龙头企业。苹果公司创造出的优秀案例，通常需要许多小角色和下属分支来参与。再以意大利时尚帝国品牌阿玛尼为例，这一品牌利用其多元化的分支品牌，服务于所有客户，甚至是客户的孙辈。正因为如此，它至今仍是走在红毯上的王者。

我们还可以想一想红牛，一个发展了25年，市值高达50亿美元的顶级品牌，至今仍在坚守着自己的低消费青年客户群体。尽管大多数功能饮料的消费群体依然是工人、卡车司机等群体，但"红牛"巧妙地避开了"老一辈品牌"的头衔。

为什么顶级品牌能一直保持成功，又不会被时代潮流淘汰呢？为什么顶级品牌在最大化实现目标的同时，又能够获得尊重呢？

答案很简单：平衡。当然，也免不了其他因素的影响，比如运气就是其中之一，顶级品牌的铸造既有天时又合地利。

顶级品牌还需要具有创新性，保持强有力的研发力量，保证品牌的前瞻性和品牌个性。尽管顶级品牌的成功关系到很多因素，但这些因素也帮助顶级品牌呈现出梯度增长的模式。所有因素的基础依然是我们的核心原则：平衡。顶级品牌依靠平衡保持方向的准确性。

顶级品牌在腾飞发展的同时，又保持着脚踏实地的态度；在开放自己的同时，又不会过度展现自己。顶级品牌既会向外发展，又会向前发展，但是更多时候，品牌会走在向前的道路上。**品牌邀请更多的消费者加入它们，但是它们绝不会忘记真正的忠实客户到底是谁。**

在顶级品牌的发展过程中，它们不断完善和演化着自己陈旧的发展模式，以避免品牌信誉的消亡。它们更加重视信誉管理模式，绝不会把信誉增长和其他事物放在对立面。它们的客户群体遍及全球，但是它们仍然保持着自己的声望，掌握着价格上的优势。

如今，我们的营销市场变得比以前更加成熟，任何市场中的人都不再如过去般死板。社会媒体平台也让我们不得不再次考量，我们对市场占有率和真诚经营的态度。由于互联网和全球化的介入，沟通性、灵活性和创新性已经成为比市场主导、营销传统和品牌限制更加重要的价值取向了。

每一个案例都会有一种特殊的原因，但无论如何，顶级品牌在今天已经以一种不同以往的方式保存了自己的品牌信誉。正如我们在原理二中讨论过的那样，"隔离线"理论在这样的发展中依然发挥着作用，品牌依然需要一个更理想、更机智、更灵活的方式来发展自己。可以说，市值增长和市场欢迎程度已经不再是品牌信誉和品牌精神的终结者了。

○ 推出与拉进

古语说："众人皆知，而少数人有之。"这听起来和社会媒体"看到的人很多，喜欢的人很少"有着异曲同工之妙。过去，我们从未把这样的概念用在其他领域，顶级品牌也不会用到这样的概念，但是现在，顶级品牌既能让更多的人知道自己，又能让自己保持极高的信誉。自然而然，诚信和稀缺性仍然是品牌的核心战略，尤其是在高端市场中，这两点更加重要。

对于顶级品牌来说，比如红牛、星野、伊索等，品牌真诚度、品牌整合度和消费者的亲密度，这几方面则更加重要。这几方面体现了情感上的价值和品牌互动的价值，而非物质上或具有限制性的价值。

谈及客户亲密度，顶级品牌营销专家往往会提起另外一句话："品牌的排外性就像是纯贞之身，一旦失去就永远不会再有。"

我们认为，这样的结论在现代背景下已经不再正确。即便你失去了品牌高贵的排外性，也完全可以重获新生；即便留下了疤痕，这些疤痕也会把你装点得格外有魅力。没错，消费者的购买欲望是非常重要的。但是这样的欲望是靠品牌后天努力赚取的，而不是与生俱来的；是靠品牌与消费者之间订立的约定引发的；是品牌不断突破限制，靠双手创造而来的。这样的成果是具有温度的，是真正看得见、摸得着的。

今天的顶级品牌在不断成长的过程中，一直保持着自己的灵魂。顶级品牌的成功大都如此，它们不再等待保护，而是主动参与、主动迎击。

顶级品牌的神话必须得以延续，并需要时时更新。顶级品牌既要有身体表象，又要有内在灵魂。要完成这些工作，它们只保持自己的"纯贞之身"是不够的。正因为有了这些特质，即使它们失去了"纯贞之身"，也不会变得不可挽回，甚至会变得更有延续性。

今天，顶级品牌更加注重明星身份，而不是"纯贞之身"。它们要散发自己的魅力，而不是羞于见人。它们要有明星般的力量，并知道如何平衡自己——既能表达自己，又能向周围的人传递自己的理念；既能身居高位，又能利用现有资源来保持自己领军者的地位；既能把自己拉进某一个领域，又能把自己推离这一领域；既能保持自己的魅力，又能保持自身的高价。既能吸引忠实的追随者，又能让自己遍地开花。总之，它们指引着我们，团结着我们，它们与我们紧密相连，又让我们无法企及。

○ 与众不同的发展路径

阿玛尼、本&杰瑞、香奈儿、太阳剧场、奈斯派索、红牛等品牌的共同点到底什么呢？没错，这些品牌都被我们称作"顶级品牌"。它们确实遵循着本书中的一些原理。但除了本书中列出的原理以外，它们都有着简单的过去，有着独特的发展轨迹，正是这两点，使它们成为市值几十亿美元的大型企业。

大多数顶级品牌的发展模式都与大众品牌有天壤之别。顶级品牌创立之初，发展速度比较缓慢，因为它们需要足够的时间来打磨自己，直到突破困局、脱颖而出。我们可以拿之前提到的影视明星作类比，他们在获得巨大成就之前，通常先到宾夕法尼亚的某个舞台积累经验，然后才会到美国百老汇的舞台表演。当然，这种缓慢发展的情况并不是品牌创建者有意识的决策，而是由众多因素造成的，其中包括资金、市场状况以及市场容纳量等。在我们深入探讨这一问题之前，不如先看看它在其他经济领域中的应用。

实现增长的方式有很多种，就像画出一条曲线的方式有很多种一样。但对于我们来说，只有三种方式是有意义的。

第一种方式，有人认为它是最常规的一种方式，也有人认为它根本不能被称为曲线，因为它是一条实实在在的直线。以这种方式发展品牌，每一天的成长几乎都是一样的。就像 X 轴和 Y 轴坐标上的上升图像一样，节节向上。这种几何学上的图像体现出一种理想化的美。但是过于理想，就会显得不那么真实。尤其是从经济层面考量，这确实不符合现实。这条线是一条基本线，但没有多少品牌案例能依照它坚持走下去。

第二种方式，也被称作"平方根图像"或"对数图像"。这是大多数市场营销人员最为渴望的一种发展方式，至少在企业初期如此。图像一开始便迅速增长，直达顶峰。但顶峰过后，品牌终将出局，走入亏损的境地。在挽救下滑的过程中，品牌的增长速度会逐渐放缓。这种方式之所以受欢迎，是因为它能帮助品牌迅速成长，将品牌的产品优势最大化，发挥品牌的物流优势，让所有的初期投资都能够迅速见效，使品牌在冲击边缘市场的同时还能享受自己的劳动成果。如此众多的好处，无疑吸引到了很多外来投资者和敢冒风险的人。当然，这一方式上也存在一些问题：如此迅速的增长能持续多久？何时达到顶峰？在达到顶峰之后，是否会以同样惊人的速度下降呢？虽然这一方式在初期执行时效果不错，并能实现品牌自身的优势，不断向上攀升，但最大的问题是，它让我们变得目光短浅，随着下滑期的到来，我们所承受的压力也会越来越大。

第三种方式，是我们想要重点探讨的，因为它是大多数顶级品牌最偏爱的一种方式。它与传统的大众营销模式（对数模型）完全相反，通常被业内人士称作"指数增长模型"。所有数学家都能指出对数和指数的异同，并能对此发表自己的看法。不过，我们对此没必要深入了解，我们只需要知道指数模型的发展方式开始比较缓慢，然而就在增长速率趋近于零点的时候，又会突然出现爆发性的高速增长——在短时间内翻两番，甚至翻三番。

为什么顶级品牌对指数模型的增长方式如此偏爱呢？试想一下，一家顶级品牌企业在发展之初，由于资金有限，就绝不可能冒着风险同时开展多个项目，只能按部就班，完成一个项目之后，再利用项目收益，重新投资一个项目，以此类推。另外，顶级品牌不仅会在资金方面受限，还会在其他很多方面受限——小规模的生产能力，生产原料稀缺，劳动力技术不足，甚至有时候还会出现品牌创始人能力不足，不能带领企业向前发展等问题。知道了这些，想必也你就知道答案了吧。

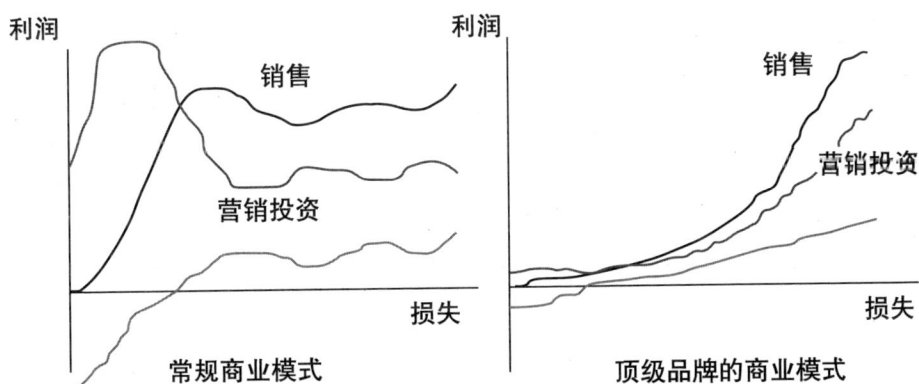

财务模式比较

○ 吸引而非攻击

在上文的末尾，我们提到了顶级品牌企业在发展初期会受到诸多限制。这里，我们引申细说一下。其实，那些限制有一个共同的优点，足以弥补它们所造成的麻烦，那就是它们为企业带来了有机增长。

限制给了品牌更多的时间来发展自己的根基，其后品牌才有可能更好地向外扩张。这就是大多数顶级品牌喜欢指数增长模型的原因：尽管很多时候顶级品牌对此无法选择，但是正因为有了限制，顶级品牌才能逐步发展自身，在起跑之前先学会走路，脚踏实地地给自己打好基础。在顶级品牌塑造自身灵魂的过程中，限制还能给它提供丰富的经验教训。当顶级品牌准备创造品牌故事和品牌神话时，限制又一次发挥作用，它能提供优质的素材。

没错，初期的快速增长，确实会给品牌带来了很多问题，甚至会导致企业不得不将自己出售给更大的公司，或者改变自己的品牌方向以求赶上时代潮流，这就需要企业在自己的初始目标上有所妥协，本&杰瑞品牌就是一个很好的例子。但这些问题通常都能解决，因为顶级品牌都有着坚定的企业核心。

当然，还有一个方面也非常重要。**缓慢的增长不仅给了企业更多的时间来发展自己的品牌和故事，反之也给了消费者更多的时间来发现品牌。缓慢的增长使得顶级品牌不必给消费者创造一种冲击之感，而是用品牌魅力慢慢吸引消费者。对于大众营销来说，这无疑是种幸运。**

在指数增长模型的影响下，顶级品牌可以从行业新手的位置出发，被消费者接受之后，再将自己发展成真正的行业缔造者，随之逐步实现自己的潜在目标，让消费者对其产生一种仪式感。在这一过程之中，顶级品牌创造出了自己的品牌核心，有助于提升消费者群体的信任度。

顶级品牌习惯于低温加热直至把食物彻底煮软，而不是冒着烤焦的风险改用大火烹调。换句话说，顶级品牌的成长不只是缓慢轻柔，甚至还很安静。它们小心谨慎地探索着大众的需求，这也是它们创建品牌神话的重要内容。尽管它们已经取得了成功，但是它们依然保持着自己的信誉价值，并且把这些价值发展成了一种成功秘诀，这正是它们的追求。

大众品牌不需要放缓脚步，顶级品牌则不然，比如宝马集团再次推出的迷你系列和雀巢旗下的圣培露，都放下了自己发展的步伐，以慢速求稳步增长。顶级品牌不断尝试，直到能够建立坚实的客户基础，以支持自身的稳步发展。顶级品牌会让它们的支持者和目标客户群体发声，而品牌本身则隐去自己的形象，展开"非销售行为"。这也会让品牌显得更加低调，比如联合利华旗下的本＆杰瑞就是如此。这些品牌也会采用其他策略来控制自己的发展，以便在品牌不断扩大的情况下保持独特性。

在品牌不断发展的情况下，它们会想方设法保持自己的渴望：为客户创造归属感，掌控自己的品牌神话和品牌使命，在发展的同时达到深度的平衡，在腾飞之前找好发展的方向。

承重发展——理想不总是符合现实

对于大多数顶级品牌来说，保持指数函数增长模式是最为理想的状态。有些顶级品牌甚至希望指数函数初期的平稳阶段能够更长一些，并试图尽可能地降低品牌的发展速度，因为它们希望有更多时间来实现原理三中"非销售行为"的状态。它们想让消费者始终抱有"对归属感的渴望"，这种渴望反之也会提升品牌神话和品牌使命的效果。

最近一项有关于儿童运动鞋品牌布塞米的调查显示，其创始人乔·布塞米创建这一高端运动鞋的初衷是想成为运动鞋领域的爱马仕铂金手包，最后他如愿以偿，每双鞋售价高达800美元，而行业均价只有65美元。

布塞米对自身产品的供给限制，不仅仅在于出产量上，同时在库存需求上也严格限制。首批出货量只有600双，仅在纽约巴尼斯或者巴黎柯莱特等名品商店出售。但是这些产品一经推出便被抢购一空，这主要归功于消费者口口相传的营销模式。在这之后，贾斯汀·比伯和肖恩·科姆斯等明星也参与到营销中，表达了他们对该品牌运动鞋的喜爱。由此一来，客户的订单更是多到超出了商店所保有的库存数量。如今，布塞米仍在使用这一方式，并坚持品牌的核心原则："不是所有人都能够买到我们的产品。"（《华尔街日报》，2014年6月）

当企业规模并不太大，对产品和企业员工也没有过多的义务时，使用这一方式就更加简单。如果你花的是自己的钱，或者说还没有赚到钱，那么你的个人财富就能为你买来耐心和自由。这也是顶级品牌能够抵抗住诱惑，不着急销售的原因之一。但是，从长远角度来看，这一方式只适合两类品牌：高价品牌和高端品牌。

○ 高价品牌

最典型的高价品牌非爱马仕莫属。这家起步于巴黎的奢侈品品牌创建于1837年，至今仍由创始人家族经营管理。在本章的顶级品牌案例研究七中，我们将以爱马仕为例，看看它是如何"承重发展"的，以及它在经营过程中是如何带着满腔热情开展"反向发展"和"边线发展"的。

另一个典型的例子是布内罗·古奇拉利，这家品牌在2012年融资上市之前，在总部索乐梅召开了一场报告会议，会上创始人古奇拉利表示："如果哪位投资人想要快速盈利，那只能请您另找别家，因为我要的是健康、公平的盈利模式。"（阿默德，2014年）尽管如此，或者说正是因为这次讲话，古奇拉利的股票持仓量和IPO（首次公开募股）出现了前所未有的增长，使其创始人瞬间成为亿万富翁。这说明，高端品牌和经济独立的品牌更倾向于"承重发展"模式。投资者们都知道赚快钱，但从长远看来，这并非最好的选择。这样的成功也需要古奇拉利这种敢说敢做的人，他拔高了自己的品牌，让投资者对其产生了绝对的自信。

○ 高端品牌

很多时候，品牌不必以提高自己价格的方式来降低自己的增长速度，它们需要的只是决心。

一般来说，品牌若想获得长久的成功，则需要一个高级的动机来坚守自己的决心，即事件的持续性。我们现在谈的顶级品牌，**都具备强有力的道德价值观背景，它们反对资本主义、消费主义和商业化，因为这些事物给我们自身和周围的环境带来了消极影响。**

在这里要提到的品牌，无可争议是巴塔哥尼亚服饰品牌，其创始人乔伊纳德一直以来都致力于降低公司的发展速度，坚持多元化发展模式。

乔伊纳德不断地为自己设置新的挑战，通过"非销售行为"提醒顾客，还没有穿坏的衣服请不要拿走换掉，这一举措促使哥尼亚公司顺理成章地成为获益型企业。

乔伊纳德的创业思路非常清晰，他想走上质化发展的道路，而非量化发展的道路。从一开始，他就关注着品牌的上行贸易，但多数情况下都使用生态环保的策略，而不去考虑消费渗透或消费聚集带来的影响。

另一个例子是太阳剧团，它的发展动力依赖于诚信，而不是单靠销售。它更注重企业文化和员工福利，正如其创始人盖·拉里波提所说："我不会让4800员工像滑轮里的仓鼠一样拼命工作，以还清债务。"（米勒，2009）

无论品牌放缓增长的动机如何，考虑到企业员工和企业完整性，保持高价产

品和高端品牌，都是促进品牌信誉持续发展的重要因素。

对于信誉品牌而言，包括现代信誉品牌在内，"承重发展"是一条最为理想的道路。它使得品牌在实现本书列举的各项原理时，能够将风险降到最低，但是任何品牌原理都一样，想要有所得，就要付出一定的代价。

反向发展——品牌犹如花中皇后

爱马仕家族的第一任总裁曾经说过："当我们的某一件产品销量过好时，我们就会将其撤换。"（西莫内特和维吉尔，2013年）这句话正好印证了品牌反向发展的观点。反向发展简单易懂，但是对于大多数奢侈品牌来说，它们无须迎合股东们对于持续增长的需求。这也是我们将反向发展称作"皇家特权"的原因。

在这一情况之下，隐藏着一个自然而又古老的观念：反向发展就像是发展中的玫瑰。所有园丁都知道，要想让玫瑰开得更加灿烂，就要定期裁剪新枝。顶级品牌也需要定期裁剪新枝，或许是因为顶级品牌就像是品牌里的花中皇后一样吧。

有关反向发展的案例，不得不提迪奥和路易威登的"上层市场导向"策略。这一策略的实施过程中，路易威登控股公司总裁伯纳德·阿诺特决定："放弃建设新的门店，转而注重于扩大并重新装修现有门店。"（兹米德科，2011）该项目的整体目标，是要减少品牌在亚洲和西方国家的商业规模，从而达到平衡。因为在这两处地区，中、上层消费者都涌向奢侈品商铺，以谋求经济衰退时期的安全、稳定之感。路易威登是一所公众贸易公司，但是大部分股份仍由阿诺特个人持有，这也正是他有能力推动本次项目的原因。

另一家历史悠久但名声丝毫不减的品牌是博柏利。安吉拉·阿伦茨于2006年开始接管该企业，她上任后采取的第一项行动就是裁剪冠名门店的数量。这些门店所销售的商品多种多样，从牵狗的绳子到婴儿的奶嘴都有涉猎（芬克，2013

年）。最终，在2012年之前，安吉拉·阿伦茨彻底收回了护肤项目和美妆项目的冠名许可权，所付出的代价远远少于这两项项目带来的收益。以上所有措施，都有着双重的目标：既要裁剪掉那些弊大于益的项目，又要把相关权利收回到自己手中。正是这两个目标，使得这家英国传统标志性品牌保住了我们今天看到的顶级品牌的地位。

有一点非常有趣，除了裁剪品牌门店和避免过度扩张以外，安吉拉·阿伦茨还采取了其他的一些手段来支持企业的反向发展。她不仅裁剪了收益较少的分支门店，还把品牌的"英雄产品"带回到了原来的核心位置。借此，她把英雄产品短款夹克再次塑造成了品牌的主打产品，并发起了"夹克艺术"的活动，以谋求价格艺术的创新性和互联性。可以说，安吉拉·阿伦茨既让品牌重新获得了目标和自信，同时也为品牌神话注入了新的活力。

以上就是顶级品牌反向发展核心观念。首先，反向发展是要撤销那些对品牌形象有负面影响的产品。其次，反向发展还给品牌带来了额外的收益，既能为品牌创造出良好的环境，又能把那些过于复杂或者损害到品牌底线的产品集合起来。最后，反向发展为品牌神话再次注入了来自外部和内部的活力，使其回到了品牌的中心位置。

总的来说，**反向发展能够提升品牌信誉，而过度发展反倒会把品牌形象、品牌使命和品牌目标抬得过高**。如果一个品牌能够反向发展，那就说明品牌依然具有成为真正领军者的力量，依然毫不畏惧挑战自己的命运，依然处在行业顶端的位置。

边线发展——最受欢迎的利益驱动法

边线发展与反向发展在很多方面都截然相反。博柏利买回自己的品牌冠名权之后，再次把重点放在了反向发展上。而我们现在要讨论反向发展之前的情况：靠出售冠名权或扩展其他领域的业务来发展的方式。最好情况是，品牌能够找到与其主体相关的领域，因为任何品牌都不想通过过度发展来推销自己，这种方式在20世纪70年代和80年代毁掉了很多优秀的企业。

我们发现，边线发展的方式在大多应用在奢侈品品牌上，在时尚服装和配饰品牌内尤为常见。信誉品牌会在品牌建设的同时，为自己设计出一种核心竞争力。在消费者了解这种核心竞争力之前，就已经购买了属于这些品牌的护肤品、眼影、太阳镜、手表、钱包、雨伞、运动服、内衣等产品，甚至家具也在此列。这些产品涵盖了我们生活中所有的物品，都持有相同的品牌商标。阿玛尼品牌下就设有阿玛尼卡萨、阿玛尼酒店、阿玛尼多雷和阿玛尼非欧力子品牌，阿玛尼可能是近代品牌历史上最极端的一个例子。

边线发展背后的逻辑有着极大的诱惑力和吸引力。可以说，一个品牌能够成功，边线发展是其必经之路。客户对于产品的需求越来越多，他们或者喜欢产品的设计，或者喜欢产品的手工工艺，或者喜欢产品传达的态度，或者喜欢产品本身的吸引力。如果葆蝶家能够生产出质量很好的双肩皮包，为什么不能生产皮大衣或者皮夹克呢？至少也可以生产皮鞋呀！一旦品牌打开了自己的市场，就会迅速发展到时尚商品的各行各业。大多数情况下，护肤品是各个品牌都想涉足的领域。

此外，大多数顶级品牌都趋向于全方位表现自己，因为它们有自己的使命和形象。无论这种使命和形象是符合环保标准，还是符合美学要求，或者两者兼有，它们都希望完成自己的使命，让品牌形象大放异彩。

时尚产业葆蝶家就能很好地证明这一点。公司的每一位设计师，都需要为他们的产品预先构建一个形象，从每件单品出发，看看产品是符合男客户还是女客户，看看产品总体风格是什么样子。对此，葆蝶家何乐而不为呢？它完全可以依靠这一点来发展自己，让所有产品形象都能被赋予生命，形成一种生活方式。

即便是古奇拉利这样的羊绒服装专卖品牌，也开始了品牌整体化的进程，开发了男女时装系列，并使羊绒服装的比例由原来的90%降到了现在30%。

当然，除了客户和设计师的因素之外，还有很多经济因素推动品牌走上了整体化的道路，比如利润、销量和知名度。如果不想走下行增长的路线，不愿让品牌贬值，那为什么不尝试边线发展呢？边线发展与纵深发展相比，不仅没有潜在的下行触底风险，而且能产生更加有效的结果。顶级品牌如果不想下行发展，那么边线发展以其顺其自然、逻辑合理、对实体经济有积极作用等优势，理所当然是最佳选择。正如美妆品牌伊索的创始人丹尼斯·帕菲迪斯所说："我一直认为边线发展是可能实现的，其过程中也不需要把公司本质剖开展示。"（《建筑设计》，2012年）

目前来看，这种方式并没有什么问题，而且能帮助顶级品牌在广度上获得更大的提升。**边线发展模式的优势远远大于劣势，因为它释放了品牌使命和品牌神话的力量，相比品牌在某些领域或市场中过度营销、过度榨取利益的方式，它显然能让品牌获益良多。**

在时尚行业之外，太阳剧团就是一个很好的例子，这一品牌顺利开展着变现发展的运作模式。仅仅几年时间里，盖·拉里波提就带领这一品牌从街边的展销变成了巡回艺术展出，从小型活动变成了荧屏秀场，后来又发展成杂技项目，甚至与时尚畅想品牌德士古开展合作。所有活动都有着同样重要的分量，所有活动也都在帮助品牌完成使命，而不只是着眼于品牌的商业化进程和销售目标。

拉杜蕾是一家在边线发展过程中没有把握好正确方向的品牌，这家品牌时而左向发展，时而右向发展，但恰恰没有朝着中间的路线发展。这家巴黎著名的面包商店，也是一家青瓷茶室，更是著名甜点马卡龙的发源地。格鲁普·霍尔德于1993年收购了这家面包品牌之后就迅速开始了品牌扩展，使其在广度上获得了前所未有的发展。他开发的第一款产品是甜香味道的蜡烛，这款产品的灵感源于品牌以前推出过的一款糖果色饼干。现在，品牌已经涉及众多领域，包括护肤品、化妆品、沐浴产品等。

我们之前就说过，边线发展的概念使顶级品牌不必再考虑自身品牌神话、神秘性或品牌地位，只需不断扩展自身所涉及的领域。但是，品牌必须时刻监督着自身的边线发展。因为边线发展有积极的一面，它能帮助品牌扩展并保护品牌实体；也有消极的一面，它能轻易地导致品牌盲目扩散。

在此，我们给出一点建议：不妨跟拉杜蕾学习。它所采取的地理区域扩展轨迹是一种值得尝试的方法，也是边线发展的首选方案。顶级品牌向其他领域扩展之前，通常会先在其他国家开设分店。为了避免过度曝光，它们通常会在一百个不同的市场中选取一个开设分店，而不是在一个市场中开设一百家分店。边线发展也因此成为顶级品牌与大众品牌截然相反的行为特征之一。

上行发展——平衡品牌发展的黄金法则

顶级品牌若想在扩展经营范围的同时，保证品牌诱惑力，最常用也最经典的一种方法就是提升品牌等级。20世纪60年代末，伊夫·圣洛朗和华伦天奴将"成衣制造"的概念引入时装产业，在信用卡公司、酒店和其他产业之外又增加了左岸成衣时装生产的业务，引发了后续各大时装公司的效仿。

一般来说，顶级品牌会在自己出现"下行趋势"时采取这一策略，因为它们希望在扩大经营规模的同时，保护品牌在本体行业的地位。随后，它们也会在旗下开创桥梁品牌，这些桥梁品牌的价格定位都比较低，历史也比较短，与其主体品牌相比，其品牌精神也相对比较随性。马克·雅可布旗下的马克和拉尔夫·劳伦旗下的保罗就是典型的例子。其他行业的典型代表还有凯悦、君悦、柏悦以及美国运通蓝卡等品牌。大体上看，这种方法就是利用品牌已经存在的实体来促进品牌发展，建设一家新的品牌来满足低端客户的需求，但又能使已经存在主体品牌依旧保持高端地位。表面上看，品牌确实转移了自己的重心，创建出了更能让大众接受的品牌特征。

以上措施都没有任何问题，但是这种绝对纵向的品牌扩展比边线发展更危险。这样的发展会让你在了解品牌承重发展之前，就失去重力。这些低端品牌通常发展迅速、极具活力，在短时间内即可超越主体品牌，甚至会过度渗透，取代主体品牌。近来，"凯特丝蓓周六狂欢日"就是一个很好的例子，在发布了子品牌后，原来的主体品牌就不得不重组改制，其背后的原因不言而喻。总而言之，尽管开创子品牌是为了保护原有品牌，但子品牌往往对原有品牌产生过度榨取的消极影响。这样的改变，消费者们全都看在眼里。这种情况发生时，整个计划就变成了砸钱的无底洞，而不再是创新的救命绳。品牌神话也不会因此受到滋养，反而会被这些举措榨干。

正因如此，越来越多的顶级品牌才会在单向发展下行市场的同时，也沿着边际路线不断发展，以便平衡品牌潜力——通过开发高端系列来推进品牌民众化。**在下行发展的时候保持住品牌的顶端地位，在展开缰绳的时候也要把它紧紧握在手里，在提高品牌亲民度的时候也要适当地保持距离。**

阿玛尼，严格来说应该属于过度边线发展的品牌，但是它在上行或下行发展模式之间保持着良好的平衡。从传统品牌乔治·阿玛尼到新生子品牌AX互换，再到高级定制服的发布，阿玛尼以此统治着自己强大的品牌帝国。

无独有偶，美国运通信用卡公司，从签发绿卡到金卡再到白金卡，最后到环球黑卡，品牌依靠这种分裂模式，让自己在世界范围内不断提高知名度，而且在这一过程中，还签发了低端蓝卡。这家公司不断地提升着自己的等级和服务，用新的模式覆盖掉原有的模式。它最新签发的黑卡信用卡，则是非销售行为的一个典型案例。黑卡信用卡太过高端，普通消费者根本无法申请，必须经由美国运通公司邀请加盟。于是，消费者对此产生了强烈的渴望归属感。

值得注意的是，很多品牌提升自己的等级后，尽管无法获得经济上的利好，但有助于重建品牌对客户的核心承诺。比如阿梅克斯案例，证明了品牌会员制能够给消费者带来优越感。提升品牌的等级，既保护了品牌的基础不受损失，又提升了品牌的主营业务，减少了品牌的边缘业务。顶级品牌的其他升级措施一样能起到这样的作用，比如开设品牌旗舰店或研发高端技术等。这些措施的引入，都不是为了创造经济价值，而是为了创造品牌历史，保护品牌整体的价格优势。

尊尼获加是一家有着200年历史的威士忌品牌。它完美地展示了品牌通过不断提升等级来重建信誉，再次注入活力，直至成为顶级品牌的整个过程。到目前为止，尊尼获加已经开发出红标酒、蓝标酒、黑标酒、双黑标酒、金标酒、摇标酒和铂金窖藏等不同等级的多个品种。所有品种中，蓝标威士忌等级最高，在蓝标之中还有乔治五世蓝标限量威士忌。这一品牌生产的威士忌种类之多，从特级威士忌到高价威士忌（数百美元一瓶），再到估价数万美元一瓶的非卖品1805纪念版威士忌（奥姆斯特德，2013年），真是蔚为壮观。

尊尼获加的成功也激励了其他品牌开始不断提升自己的等级，尽管它们未必能建设子系列或子品牌，但是它们都在努力开发特别产品或高端产品。由于受到了来自同类产品布尔·威德尔和灰雁伏特加的竞争压力，以及来自尊尼获加等威士忌酒类品牌的压力，绝对伏特加不得不推出了新产品琥珀伏特加。这一产品使用高档的橡木酒桶盛装，酒中还勾兑了索维白葡萄酒（沃伊特，2013年）。

琥珀伏特加和迪奥品牌的真我香水一样，也采取了高端限量发售的手段。迪奥真我香水与巴卡莱特品牌合作，制作了手工打造的水晶容器，并装饰有马赛的经典偶像款18K金项链，全球只发售8只香水，每只售价高达42000美元。同样，苹果公司也曾推出过一款用18K金打造的限量款移动手表，售价高达17000美元，而普通款售价仅为349美元。

采取上述方法来提升等级的品牌不断增加，但是市场的容纳量是有限的。总体来看，顶级品牌既需要下行发展，又需要边线发展。关键是，顶级品牌必须平衡这两种发展模式，使得它们的品牌神话位于中心位置，以防被淘汰。由此，品牌自身也就保持住了自己想要的高端地位。

激情发展——与目标客户紧密相连

我们在原理二中讲述的"渴望与归属"是所有顶级品牌的核心，即通过目标定位和分配来平衡品牌策略。如果品牌太过平易近人，就会磨灭品牌的特殊性和神秘感。反之，又会陷入过于追求高端的危险境地。

最后一点，是保持品牌平衡的关键，那就是紧紧抓住目标客户。如果失去了目标客户，其他消费者也会很快摒弃品牌。

以雅诗兰黛旗下的美妆品牌魅可为例，这一品牌最大的顶级消费群体是彩妆设计师，他们才是品牌依存的基础。对于一家只有三十年历史的彩妆品牌来说，在如此多变的行业中，要想获得性情反复无常的彩妆艺术家的青睐，并不是一件容易的事。但在这一方面，魅可的表现非常出色。

魅可每年都要举办慈善推广活动——真情针织慈善会，目的在于加强品牌构建，明确品牌使命。

图片来自魅可。

首先，魅可建立了品牌的预备客户群体，为职业彩妆师提供特殊折扣，帮助他们在品牌网站上开展个人营销。其次，在品牌展馆或门店中，魅可邀请彩妆师作为老师、培训师或半知名人士出席。魅可还是首批加入抗击艾滋病的大型品牌之一，它将薇拉葛兰时尚口红的销售额全部用于资助艾滋病基金会（魅可，2014年）。正是这些举措，使得魅可在行业中站稳了脚跟。

魅可始终致力于推进品牌形象，通过与嘎嘎小姐（Lady Gaga）、艾瑞斯·阿普菲尔等名人合作，不断扩大客户群体，让美妆产品能够满足任何年龄阶层、任何种族和性别人群的需求。魅可一直站在时尚前言，锐意创新，其大胆的彩妆色调让很多人羞愧脸红。

另一个典型的例子是迷你汽车。为了和一级方程式赛车制造师约翰·库珀重新建立关系，迷你汽车参加了在达喀尔举行的马拉松赛车比赛。迷你汽车的这一策略，可能并不像魅可的例子那样具有独特性，但依然不失为一种引人注目的营销手段。遗憾的是，迷你汽车的策略并没有成功，因为自2008年以来美国的业余赛车比赛就已经超过了100场（北美汽车网，2014年）。

在其他类别中，与高端用户群保持联系，不仅是因为他们是特定的消费者，还因为他们可以帮助你展现你的能力和威望。绝对伏特加最近精心制作了一系列草药风味的伏特加，只卖给调酒师（沃伊特，2013年）。显然，它不仅是为了开展内部业务，更是为了重新获得最初的拥护者，并激励他们成为它的高端用户。

以上所有的案例，都展示出了顶级品牌在实现自身目标时的严谨程度，尤其是在参加比较大型的活动时，顶级品牌会更加慎重。总的来说，**顶级品牌的营销活动一定要紧紧围绕在精英群体周围，不一定是社会精英，但必须是目标精英群体，因为只有他们才是品牌使命的实现标准**。品牌要不断地寻求平衡，让自己站在高台之上，让精英群体位于高台之下。唯有如此，它才能成为社会引导者，才能让消费者随之而动。

非实体品牌增长——网络的巨大优势

现代社会，网络无处不在。顶级品牌也终于发现了这一优势，网络绝不是它们以前所想象的敌人，而是它们最好的朋友，因为网络能把它们传播到全球各处。

网络可以在不知不觉间就把顶级品牌的传播开发到最大限度，促使顶级品牌用最低的成本实现真正的"非实体增长"。

优选品牌B&B，极具价格优势。品牌以往的营销方式相对单一，只有品牌沙龙、定制服务，以及为了保持品牌信誉而设立的高端美妆门店。如今则完全不同，即便是居住在偏远小镇的消费者，也能买到自己想要的B&B产品。对B&B而言，即便不在这样的小镇开设实体门店，也能用更经济实惠的方式给消费者带来与众不同的感受。通过网络，B&B能让小镇上的客户拥有纽约曼哈顿品牌沙龙中才可以享受到的客户建议、品牌故事和虚拟体验，甚至有些网络体验连品牌沙龙的会员都难以复制模仿。与此同时，B&B也收获了更为广阔的客户群体和更具强度的营销管控。B&B网络门店的成本只有实体门店的几分之一，而且能在扩展营销市场的同时不断打磨自身，也不必担心边缘市场和相对减少的产品多样性。

在奈斯派索咖啡会员俱乐部的例子中，我们发现网络门店既能给品牌带来数十亿美元的销售收入，又能为品牌带来以某一类产品为主导的消费增长。与此同时，消费者对于这一品牌的认同度依然不会改变。在时代背景下，所有品牌都赶上了网络这架飞驰的马车，因而有了进一步的发展。网络世界已经变成了一个巨大的世界展台，这在极大程度上要归功于那些促进消费的网络视频短片：

古驰品牌推出新品时尚和新款配饰，整体营销环境完全在我们的意料之中：轻轻一触，产品触手可得（源自古驰官网，2015年）。

博柏利品牌首席执行官克里斯托弗·贝利在优酷视频网站接受访谈，讨论了推出品牌第一款香水时的灵感，形成了一场个人营销（博柏利官网，2015年）。

黛安·冯芙丝汀宝（DVF）品牌在其经典裹身裙推出四十周年之际，举办了全球庆祝活动，向各界名流好友寄送经典裙装，并邀请他们记录下自己与品牌的经历（DVF，2014年）。

知名博主"@奥斯卡公关女孩"在她的博客中深入探索了信誉品牌奥斯卡·德拉伦塔的品牌历史、品牌后期的引头人，以及品牌本身的发展历程、重大事件和社会际遇（奥斯卡公关女孩，2015年）。

在顶级品牌的世界里，网络营销的优势并没有被及时发现。因为**对于顶级品牌来说，网络并不会起到很大的作用，或者说，顶级品牌在把蛋糕做大的同时，就已经在吃着蛋糕了，它们从不担心在提升利润空间的过程中是否会影响品牌信誉——除非品牌被网店营销商所控制。**不过，顶级品牌也可以随时利用现代互联网科技，重新打造自己的品牌神话，或者像本&杰瑞品牌一样开发一款手机应用软件，即便消费者身在波兰的克拉科夫市或哥伦比亚的卡塔赫纳市，也能看到在冰淇淋原产地美国佛蒙特州生产每一品脱（约568毫升）冰淇淋时的照片（奥尔西尼，2010年）。

奥秘七：品牌增长永无止境

1.平衡

创造一个情绪力场。向外发力的同时紧紧抓住客户的心，连接彼此，但又要保持距离。

2.构建品牌信誉

现代信誉注重精英主义，而非艺术思潮。现代信誉注重内敛，而非外放。

3.吸引客户，而非攻击客户

顶级品牌要给客户留下充足的时间，让他慢慢发现你的美，珍视你的美。

4.承重发展

在成为顶级品牌之前，要确保自己承受得起奢侈品牌应该有的尊重和认知。

5.反向发展

裁剪掉多余的枝丫，是让未来开出美丽花朵的最健康、最自然的方式。但是这也需要勇气和独立的资本条件。

6.边线发展

沿着轨迹发展总要比向下发展更好一些，几何形式的增长总会更受欢迎。

7.上行发展

开发新的市场绝非只有下行贸易这一条路径。下行贸易相对简单方便，但是目光长远的品牌会不断向上追求高端客户。

8.激情发展

永远不要把自己想成为顶级品牌的目标隐藏在身后。远大的目标是品牌神话的核心内容，也是帮助我们实现品牌使命的重要工具。失去自己的目标，就等于失去一切，永远无法复原。

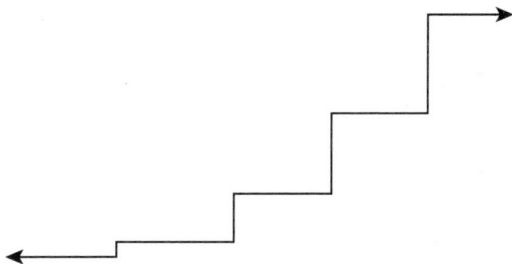

顶级品牌必须确保自己起步要稳，增速要快，公司的资金和实体要互相满足。

顶级品牌案例研究七：爱马仕及其子孙后代

1837年，蒂埃利·爱马仕创立了人生中的第一家商铺，给马车供应马蹄铁。很快，他就成了当时欧洲贵族们最喜爱的供货商。商铺经营到第二代时，业务扩张了，兼营马鞍和骑马专用的行李袋；传到第三代时，爱马仕商铺已经成为一家销售皮革、运动品且保有精致手工的传统品牌了（马丁，1995年）。

在爱马仕品牌的转型期，这一家族企业发现了即将消亡的手工工艺品的优势，以及丝绸制品所具备的创新潜质。因此，品牌将销售领域扩大到服装配饰上，包括皮靴、奢华餐具和其他艺术商品。与此同时，爱马仕品牌开设手工作坊，接手制造商，最终开创出独特的品牌文化：无论你正在做什么事，你都能感觉到自己像一位王子，身处于一个美丽、实用、纯粹的完美世界（源自维基奢侈品网）。

2010年，爱马仕品牌首次开创了自己的附属品牌小H，主营可以循环生产利用的商品。在第二次转型期中，爱马仕大笔投资了历史悠久的中国传统手工艺品，推出了上下这一品牌，旨在销售能够适应现代家庭的永不过时的商品。

1978年，让·路易斯·杜马斯接任爱马仕总裁时，公司年销售额只有5千万美元。到了1990年，爱马仕公司的年销售额增长到4.6亿美元。当杜马斯的儿子接收公司时，公司年产值已经达到了52亿美元，拥有30家制造工厂（主要分布在法国），向世界范围内的315家门店供应货品。在过去的34年里，爱马仕以每年15%的速率不断增长，后来出现的亚洲市场也占据了品牌全球销售额的30%，而且目前还在以更加快的速度增长。

○ 反向发展、上行发展、边线发展以及承重发展、激情发展永无止境

在这家已有175年历史的企业里，似乎没有人会为它的未来担心。相反地，

也没有人会刻意追求爱马仕品牌的独特性，或者不断增加客户群体的渴望度来维持高端价位。

爱马仕作为顶级品牌，本身就在不断构建自己的星级力量，为品牌注入灵魂，保持品牌的新鲜度。**想要深深植根于品牌的使命中，创造品牌神话（承重发展），就需要充足的时间来慢慢发展。对于过于大众化的生产和分销，品牌会适度裁剪（反向发展）。品牌会不断增加新的产品类型和新的目标区域（边线发展），而不会继续增加产品和服务（上行发展）。无论怎样发展，品牌都要确保自己在整体流程上的每一步，都是令人开心愉悦的（激情发展）。**

上下是一家新成立的爱马仕子公司，是爱马仕新开展的发展策略下的核心实例，是公司总裁帕特里克·托马斯和品牌创意总监蒋琼耳的绝佳创意。品牌名为"上下"，就其字面解释为"向上和向下"，暗示品牌把古老的手工艺应用到现代商品上，以满足东西方客户的需求。当然，品牌名称还有另外一层含义：用一种诗意的方式表达了承重发展，使品牌在向外发展和向上发展之前先能够有枝可依。

在上海第一家上下门店营业之前，运营团队花费了数年时间招募亚裔艺术家，以帮助爱马仕创作艺术作品（在此过程中，爱马仕没有任何收益）。尽管上下品牌已经拥有了优良的设计和产品，但是它旗下的第一家门店只能在奢侈品商场里偏安一隅，并未自成一派，顶多算是爱马仕新兴的一个拓展方向。

在品牌营销的游戏里，消费者很难逃脱商家的掌控。爱马仕上下品牌副总裁林杏芳认为，很多品牌在工业化革命后丢失了文化传统，而上下品牌所做出的努力，正是为了让消费者重新认识文化传统。过去几年里，爱马仕一直在支持重建上海老式住宅，这不仅给上下品牌带来了展示自己的机会，也使爱马仕本身变成了文化教育中心，传授人们传统礼仪、传统习俗等文化知识。

蒋琼耳在接受《金融时报》的采访时表示："上下品牌是一种文化投资的项

目。在其他品牌的项目中，一个项目的存在期一般只有五年或十年，但是上下品牌项目有可能延伸到一百年，甚至两百年。"（沃尔德迈尔，2012）

不如来看一下上下品牌的商品价格，6300美元一件的羊绒衫，54000美元一把的小餐椅，确实令人瞠目结舌。但是，如果考虑到品牌在发展过程中所消耗的时间跨度，这样的价格就不难理解了。

爱马仕集团自2008年起，每年向上下品牌注资130亿美元，并在北京和巴黎各开设了两家精品商店。爱马仕集团有意在2016年扩展上下品牌，但是截至目前，还没有任何详细的计划出炉（文德兰特和丹尼斯，2013年）。

爱马仕集团的最新动向表明，母公司目前并不急于在中国设立大量门店。自1997年以来，爱马仕集团在中国一共开设了25家门店，远远少于路易威登或古驰这一类型的品牌。对于上下品牌来说，情况也没有区别。母品牌爱马仕花费数年才找到了合适的门店地址，开了一家真正的"爱马仕大屋"。

上下品牌的"品牌大屋"（也是上下品牌的第5家门店）坐落在以前的上海法租界，是一座极具历史意义的上海老式大屋，充分体现出了品牌文化的遗留痕迹。

在爱马仕看来，**时间永远不是品牌竞争力的核心要素。它对于工匠精神和完美主义的追求，铸就了今天的成功——即便是皇家婚礼，也要为爱马仕艺术家们的手工而延期举行**。爱马仕对时间的态度还体现在旗下腕表的设计上，每款腕表上都有一个"暂停时间"的按钮，只要按下它，时间就会暂时停止在这美好的一刻。

尽管爱马仕品牌的发展速度如此缓慢，但是终有一天它也会反向发展，以加强品牌竞争力。多年以前，在其他品牌还未察觉前，爱马仕就已经意识到了这一点。直到今天，爱马仕一直在努力回头审视自己的品牌发展。

在20世纪80年代和90年代间，爱马仕品牌不断扩展新的经营范围，所开发出的产品已经超过了30000件。但是爱马仕通过各种手段平衡了如此庞大的增长速度，比如加强产品与供应链条管控，购回50项特许经营执照，裁撤生产外包，限制产品数量，减少第三方分销商数量，转而开始扩大品牌直营门店。

爱马仕旗下的小H品牌原意为"小爱马仕"（爱马仕的德文原名以字母H开头），它是爱马仕上行发展模式的最好证明，正如品牌格言所说："尽管我长大了，但我依然想留在小时候。"

小H品牌的创立恰好实现了帕斯卡莱·摩萨德的梦想。她是品牌创始人爱马仕的后代，作为家族中的女孩，她原本想承担家族企业中艺术设计的工作，在手工操作台与各类原料打交道。但是当她走到台前进入商界时，渐渐发现自己对商业活动非常感兴趣。于是，她说服了家族企业，得到了集团的支持，开始了新概念品牌的试验开发。

小H品牌与其母品牌有很多相同之处，比如工匠精神、优质的材料和产品本身的优雅属性。正如小H品牌所传达的那样，每一件产品的背后都有一段故事，每一件产品都称得上独一无二。正如爱马仕前营销总监科琳娜·多格所说，正是品牌追求"不断精化"的创意精神，使得品牌发展达到了神话般的程度。

子品牌小H在工匠精神、原料品质和高端价位上与爱马仕如出一辙，但是小H在品牌声望上又多了一些趣味，它既能赢得年轻消费者的青睐，又不会复制爱马仕的营销模式。

图片来自拿瓦·巴里瓦拉、劳拉·萨拉·利姆。

爱马仕集团的官方网站上有这样一句话："爱马仕的品牌核心是，用手工作坊为人们提供快乐。"在小 H 品牌的众多产品中，无论是 10 美元一张的明信片，还是 10000 美元一条的玩具船，甚至是 100000 美元一件的松鼠型皮质书匣，其品牌使命和产品的高端价格无不体现出了手工艺的价值。

当然，母品牌爱马仕也在使用着同样的策略进行上行发展。比如说，爱马仕曾经发行过一款荒唐到足以成为大众谈资的铂金包，包身全部采用漂白鳄鱼皮制作，所有配件均为 18K 黄金，并镶有 242 颗钻石。这款包的售价高达 200000 美元。

爱马仕不仅在产品的用料上大做文章，还在设计师身上寻找突破点。公司重金聘请了设计师约翰·劳勃，他只为蒙巴顿勋爵和艾灵顿公爵这样的人物亲手制作鞋靴，每双鞋的售价都高达 4000 美元。

就这样，爱马仕将现货供应的生产成本缩减到了原来的三分之一，又保证了自身品牌的定制服务，也为其他产品的行家，比如"内裤王子"（卡尔文）留下了一席之地。

○ 品牌使命与品牌神话，超越无极限——时间与空间

爱马仕信仰工匠精神，推崇创造性、技能性和完整性，鼓励耐心和精准，它深信在当今企业快速发展、忽视质量的自动化时代，这些特性将更具价值。

科琳娜·多格认为，爱马仕不是一家追求潮流的品牌，也不讲究程式规则。其品牌的力量就在于融合了职业性差异，就像爵士乐队一样随意组合在一起，全然不似管弦乐队般条条框框。在爱马仕集团里，每个人都可以唱出自己的旋律，但组合在一起后就是一段完美的乐章。

爱马仕的品牌神话有这样几个特征：富于创意的人性化选择，留出停下来思考的时间，抛却逻辑的力量，为客户创造梦想。

小到一件苹果外形的手包，或者一把牛角手柄的餐刀，大到一座太阳能电力浮岛以及岛上的人造硬木沙滩，或者一座面积达550平方米的现代化住宅。这些产品无不体现着爱马仕不断超越自我、追求完美、追求精准的品牌使命，同时也拉近了品牌与消费者之间的关系（阿那亚，2014年）。

爱马仕艺术总监皮埃尔·亚历克西斯·迪马说："**人人都能在某一时刻中找到永恒，我希望我们的客户能够在这样的时刻中感受到纯粹的光明。在这些梦幻的时刻里，我们才能找到人生的意义。**"

这一点在爱马仕重获青春的过程中也同样适用：小H品牌给了我们重回童年的机会，尽管这样的殊荣无法普及每一个人，尽管我们的玩具已经成了做工精良的手工产品。

○　产品至上——非销售行为与品牌归属感

爱马仕品牌给自己的定位是低调经典，但绝不乏味。从品牌的广告海报上，就反映出了爱马仕对故事性的捕捉和构思。爱马仕围巾广告就是一个很好的例子。

最典型的故事性广告，主要有两个：一个是牦牛背着爱马仕商品攀登苍茫雪山的画面，另一个是印度少女身披爱马仕纱裙轻吻大象的画面。

爱马仕门店的每一扇橱窗都是一副传奇的艺术品。品牌艺术总监雷拉·门查理就是这些传奇装饰的缔造者，他在爱马仕已经工作了35年，他创造的服饰帮助品牌获得了巨大的市场竞争力，但这些服饰从不会真正被售卖出去。

爱马仕举办的所有品牌活动，都会以商品形象创造和品牌手工艺为中心。品牌VIP客户之夜，通常以赛马游戏、手包舞蹈和围巾算命等作为特色活动。此外，爱马仕还会开展手工艺盛典世界巡回活动，在世界各地的门店开展手工制作等活动。

爱马仕也运用数字化模式来讲述自己的品牌故事，为客户营造出额外的惊喜。在品牌官方网站上，已经有了相应的功能区域：售卖像自行车之类不常见的品牌产品，或者是发布国际象棋比赛的邀请，或者是开设西班牙炒饭的专门烹饪课。

爱马仕世界（爱马仕官网名称）带领所有浏览者迷失在电影、音乐和产品介绍的海洋中，迷失在品牌艺术家和他们的梦想里。在网站上，浏览者还找得到如何用彩纸制作爱马仕提包的手工教程。也有关于皮匠米歇尔的采访，听他讲述皮料的"歌声"。甚至还有关于人类、关于地球、关于天空的记录短片，根据Youtube视频网站的统计数据，这些影片的观看次数已经达到了100000次或是200000次。可以说，爱马仕的品牌梦想很远，远到让许多人都无法企及。

说起爱马仕最核心的品牌，无疑是维护精英客户。爱马仕已经把爱、艺术和奉献精神自然而然地植入到了每一件产品之中。前品牌创意总监科琳娜·多格说，爱马仕不像大多数奢侈品公司那样，免费为名人客户提供服装。比如维多利亚·贝克汉姆绝对算是最具价值的客户，也是最具影响力的客户——据说她自己就拥有价值超过200万美元的爱马仕手包。与其说维多利亚是爱马仕设定的精英客户，不如说她是爱马仕忠诚而狂热的追随者。

爱马仕的精英客户都有极高的知名度，但他们为人低调内敛，从容优雅。在老一辈的精英客户中，格蕾丝·凯利和杰奎琳·肯尼迪是最典型的代表，也是最受人欢迎的例子。在新一代的精英客户中，凯特·米德尔顿称得上是忠实追随者，她承袭了婆婆佩戴爱马仕围巾的传统，她和多才多艺的缪斯女神和法国前第一夫人卡拉·布吕尼一样，非常受民众欢迎。

还有一点值得一提，爱马仕从不利用名人客户制造广告效应，而是将足够的空间留给群众去发现，这就保证了那些相对保守的富有客户会继续选择爱马仕。这也是我们都想看到的局面。

○ 重视产品，筑梦而生

"我们从未对品牌形象定下明确的规定，但是我们有明确的产品策略。"这是让·路易斯·杜马斯在《名利场》中的名言（雅各布斯，2007年）。爱马仕生产的每一件产品，都追求着殿堂级的品质。追求完美一直是爱马仕的梦想，为了实现这一梦想，爱马仕以品牌形象为基础，通过发展工匠精神，不断对比，不停超越。爱马仕的产品大多不会印上明显的商标图案，但爱马仕具备强大的软实力，因而能促使人们购买、使用它的产品。

铸就梦想是爱马仕开展"非主流艺术路线"的主要因素。无论是为经典老爷车安装皮质面板，还是为得克萨斯州某位时尚先锋特别定做皮质手包挂钩，都是爱马仕手工艺匠人乐于接受的挑战，而且会成为公众谈论的焦点。

在埃米尔·莫里斯·爱马仕(蒂埃利·爱马仕的孙子)的办公室内，陈设着他个人的大量收藏品，包括手工纸卷做的模型、各式各样的小型望远镜。这些极具魅力的藏品，是他创意灵感的源泉。这间办公室对外开放，常被称作"爱马仕缪思女神宫"，更是爱马仕展示品牌内容的一个重要组成部分。

再来说一下爱马仕的工匠精神。以上下品牌为例，它有一套骨瓷茶具，杯壁轻薄透光，竹制杯帷质地均匀、编织紧密、细腻如锦。这套茶具所体现出的优雅特性，正是爱马仕品牌所共有的特殊品质。爱马仕使用的产品原料都有着耐人寻味的历史来源，有的是来自马来西亚的蜥蜴皮，有的是桑树蚕的蚕茧，这种蚕茧剥离出的蚕丝，能够使织物更加厚实，也常常被用来填充枕头内胆。无论是填充枕头，还是织造围巾或者坐垫，所有丝织产品都会经过专业裁缝手工缝制收边，这种工作一般要耗时18到24个小时。因此，爱马仕门店导购会着重介绍这些内容，消费者也会倍感殊荣，分外珍视商品。

还要说一下爱马仕精益求精的品质。在圣奥诺旗舰店，顾客可以找到350个

爱马仕伯金包。大多数女性只需轻轻一瞥，便能一眼认出这款大名鼎鼎的经典手包，完全不需要多贴任何商标。

图片来自沃尔夫冈·谢弗。

款式各异的手镯。这是连埃米尔都着迷的活动之一，而且已经成为爱马仕公认的活动。对于大多数女人来说，她们一眼就能认出这些手镯是爱马仕品牌的，就像我们一眼就能认出可乐瓶一样。这些手镯已经足够精美，但你绝对想不到，它们的包装盒一样非常精美。包装盒通常是橙色的，盒面雕着细纹和印花边框，盒内有手工折叠的丝绸纸衬垫，盒外绑着棕色缎带。包装盒大概有200种形状，每一个都根据严格的规格制作而成。

很难想象，创造一个像爱马仕这样独特的品牌，得需要多么强大的机构，多么空前的构思，多么持久的耐心。爱马仕是一家追求极简销售模式的顶级品牌，无论是在品牌精心设计的网站上，还是在品牌旗舰店的展会上，都不会出现哗众取宠的销售活动。爱马仕也从不会以打折促销的方式来增加产品销量，反之，爱马仕将大量资金投放在了拍摄品牌短片、装饰门店橱窗，以及其他具有艺术性的品牌展示方式之上，即便这样的宣传方式并不能得到即时的回报。

梦想不会一夜成真，也不能用金钱来衡量。正如皮埃尔·亚历克西斯·迪马所说："如果一家公司只能用金钱来衡量，那它才是真正的贫穷。"（阿那亚，

2014年）为此，爱马仕坚持采用家族所有、家族经营的商业模式，以避免短期财务困难的出现。家族中的每一代成员都会早早进入公司工作，并挑选出最适合的人选分别接手企业管理和品牌设计工作。阿克塞尔·杜马斯在公司当了20年学徒，才被任命为爱马士集团的总裁，他的两个表亲皮埃尔·亚历克西斯和巴斯卡勒·默塞德以及其他亲属也都在集团内学习、工作了很多年，才成为品牌设计的领导人物。

除了品牌的经营模式之外，爱马士开设的工作坊活动也是品牌向外辐射的主要途径。企业雇佣的全职设计家高达200人，每一位匠人都需要从头到尾地负责他所承担的产品——基本所有步骤都需要手工或者手工工具制作生产——在完成一件作品之后，还要将他们的个人印章刻印在产品上。正因为如此严苛的生产流程，爱马仕工厂在一个月内只能出产大约15个手提包，而供应商能够拿到的数量，更无法固定了。

在品牌拍摄的短片《心灵与手艺》中，爱马仕旗下的手工艺匠谈及自己的工作时都非常自豪。他们认为，自己做的是艺术家的工作，而不是手工工人的活计。他们为一件银饰品进行最后的抛光打磨时，就像是"经过长期的努力，终于为一件美好的事物赋予了生命"一样。

12　全书总结：77 问

有时候，我们觉得自己无所不知，可实际上，我们连问题出在哪儿都不知道。

顶级品牌和所有大众品牌一样，难以掌控，难以预测。21 世纪，在瞬息万变的时代背景下，我们如何凭借自身经验重新定义顶级品牌呢？

本章的主旨绝不是要教你如何掌握万能的实践方法，以谋求打造顶级品牌的捷径。如果顶级品牌真的那么容易打造的话，我们就不用继续研究了。

世界上根本就不存在未卜先知。要想让顶级品牌超越常规，你首先要超越行业的规则和标准。否则，顶级品牌就只是一种标准的品牌模式，这与它的初衷完全相悖。

一般来说，每部书的最后都要对全书进行总结，读者也希望获得一些具有实践意义的内容。因此，我们在本章对全书进行了总结。但是，本章中的这几十条问题，并不是让你通往成功的捷径，而是类似于为你指引方向的导航。我们相信，这些问题将帮助你推动品牌前行，摆脱价格战争，让你的品牌不再陷入残酷而激烈的竞争中，实现更有意义的品牌维护和营销活动。

从这个角度来说，本章参照了很多前文讲述过的观点，以便巩固我们的记忆，激发我们的想象。正如第一条原理所说：一切的开始只是一个想法，而这个想法必须源于你自己。

○ **原理一：最高使命**

首先是对于原因的提问。为什么要创建品牌？为什么消费者应该为你的产品支付高价？

确切地说，顶级品牌要在世界范围内表现出自己的目的感，至少要在自己所在的领域内表现出目的感。顶级品牌要像行业领军者那样，既要承担起自己的责任，又要超越行业平均水平，做到顶尖。

品牌创建时的愿景是什么？现在的品牌使命又是什么？

品牌是否设定了目标——超越金钱利益的目标？（比如，企业社会责任的一对一模式。）

品牌有没有信心实现自己的梦想？

品牌目标是否理想，目标受众是否与其相关？（比如，本&杰瑞的社会激进目标及其青年目标受众。）

品牌的目标能为品牌提供持久的动力吗，还是只是一次性的冒险任务？这些目标能否为你提供前进的动力？

品牌能否帮助客户成为他们想成为的样子，或者帮助他们做成他们很难做到的事情，或者帮助他们获得他们很难以拥有的事物？

品牌的信仰是什么？员工的信仰是什么？作为品牌创始人，你的信仰又是什么？

品牌是否有着独特的风格和态度？你是否下定决心去追求品牌的使命，这些使命在行内行外是否具有高度的权威，是否能够鼓舞人们也去追求自己的使命？

为了实现品牌使命，你是否愿意拼尽全力？

你的品牌特征是否足够特别，或者说足够激进？

○ 原理二：渴望与归属

这一条原则与"平衡法案"有关，也与天鹅绒绳子理论有关。顶级品牌需要游走在包容和排外之间，游走在远近之间。顶级品牌要给他们的客户创建一种归属感，让所有客户都能获得他们渴望的东西。

品牌是否设定了目标群体，并以来指导品牌的设计和命题？

品牌的目标群体是否对品牌核心客户和"策略目标群体"有着区别性和激励性的作用？

品牌使命是否可以被激活，或者只具有常规影响力？

品牌目标受到了一定限制，还是可以无限发挥想象？品牌目标是否能发现有助于传播品牌信息的用户？（比如，可可·香奈儿的时尚博客。）

创立品牌是否需要比他人付出更多的财富——物质财富或精神财富？品牌是否有创建品牌知识或品牌联盟的要求？（比如，预订爱马仕铂金包。）

品牌是否用随机元素创建出了登峰造极的渴望感？

品牌是否在和策略目标群体之间创建出了复杂的关系？

品牌的策略是否与目标群体一致？

你所反对的人或事物是什么？是否有谁反对你？

你是否有意或无意地把非目标客户拒之门外，以便品牌客户能够产生特权之感？

品牌对于潜在购买者和实际购买者是否有着良好的区别，或者说有购买意向的人是否比有购买能力的人多？

品牌是否充分利用限量版、季节性和特殊分配来刺激销售？（比如，美国运通黑卡。）

终极问题：品牌的目标客户群是否把品牌标志放在身上，或者从其他层面将自身与品牌联系起来？

○ 原理三：非销售行为

品牌与消费者之间如何开展互动？以一种自信的姿态，还是标准的姿态？

顶级品牌从不会销售产品，而是吸引顾客消费。顶级品牌会与它们的目标群体展开交流和联系，但从不会让自己显得过于贪婪和激进。顶级品牌在不断超越自己的同时，也会考虑消费者的接受程度。

品牌能否展现出强大的自信和号召力？

品牌是否有着清晰的立场？

品牌是否保持着孤傲和决不妥协的精神？（比如，迷你汽车的限量版发行。）

品牌能否接受品牌策略带来的所有经济影响？

品牌适度展现骄傲，能否换来尊重？（比如，爱马仕从不接受退货的政策。）

如果品牌借用了名人效应，这些知名人士形象是品牌使用者和欣赏者，还是付费的表演者？

在关注度不高的情况下，品牌是否冒险"打折"？

品牌的"功能清单"是为了亲近消费者，还是为了提升销售？

品牌只是企业文化的一个组成部分，还是两者间有着更优势的联系——艺术的融合和发源？

品牌艺术是否真实，并带来了后续的品牌神话？

与客户互动时，品牌是否获得了足够的关注？（比如，香奈儿。）

没有购买品牌产品的人是否也能感受或体会品牌文化？（比如，博柏利的艺术通道。）

除了花钱雇佣媒体为品牌开展宣传之外，品牌自身能否开展营销活动或成为品牌媒介？（比如，红牛。）

○ 原理四：从神话到意义

向消费者讲述一段与品牌相关且易于传播的故事，对任何一家品牌来说，都是最重要的营销方式。但是顶级品牌需要把自己的故事变成品牌神话。

你是否探索过自己的品牌历史，了解过品牌创始人的观点、品牌的组织文化和品牌元素？

你是否思索过品牌名称的符号意义，是否了解过品牌名称的仪式感？（比如，太阳剧团。）

品牌故事的核心是什么？品牌故事是否符合品牌形象？（比如，阿原肥皂。）

品牌名称是否具有挑衅性？（比如，伊索。）

品牌是否允许目标客户群成为品牌建设的一部分？

品牌是否通过行动实现品牌故事，并坚持不懈地坐着这样的努力？

品牌是否把品牌故事提升到了品牌神话的层面？（比如，鼹鼠皮笔记本的创意项目。）

品牌神话是否帮助品牌提升到了更高的层面？

品牌神话是否具有指导意义？

品牌神话的发展是否既保持了神话的核心，又开展了偶像气质？（比如，香奈儿品牌的优雅特质。）

终极问题：品牌的客户群体或者非客户群体，是否能用三句话描述出品牌神话的内容？你自己是否也能做到这一点呢？

○ 原理五：让产品独一无二

让品牌产品独一无二，既具有实际价值，又比大多数品牌都具有更高的优势，品牌才能经久不衰。顶级品牌把自己的商品放在最重要的位置，给予最密切的关注，才能受到应有的尊重。

　　品牌产品是否超出了品牌神话所规定的核心？（比如，巴塔哥尼亚的品牌伦理。）

　　品牌是否把消费者对品牌的"理性信仰"转变成了"因为被品牌故事吸引而信任品牌"，并以此将品牌营销感性化，最终达到连接消费者的目的？（比如，弗莱格塔身份牌。）

　　品牌在发展的过程中是否以获得消费者尊重为目的开发产品和服务？

　　品牌产品是否有灵魂，是否表达出了品牌故事？

　　产品的使用规则是否与品牌之间有着密切的联系？（比如，海蓝之谜面霜在使用前要用指尖预热。）

　　品牌资产是否获得了正确的调配，使得自身的品牌形象达到了能够超越品牌商标价值的地位？

　　品牌是否将语言和编码转换到符合自己产品或者符合其他领域的营销模式之中？

　　品牌是否接受私人定制的服务？

　　品牌产品是否具有偶像形象？

　　品牌是否会定期更新自己的偶像形象以适应时代的潮流？

　　终极问题：品牌产品是否在品牌神话中或者同类产品中拥有"圣杯"一般的地位？

○　原理六：筑梦而生

　　品牌使命需要认真对待，品牌神话也必须注入真情实感。顶级品牌时刻反映着自己的信仰——从品牌领导到品牌组织，再到品牌行动。细节决定成败，顶级品牌的不同之处也正在于细节。

　　品牌愿景是否过于精准？（比如，伊索。）

品牌领导力的体现是否在艺术家与活动执行者之间徘徊？（比如，欧舒丹。）

品牌结构、品牌创建过程、品牌文化以及品牌伦理是否都能在品牌使命中找到充分的体现？

品牌目标、品牌组织以及品牌的目标受众之间是否彼此对等，相互协调？（比如，巴塔哥尼亚。）

工作环境能否体现出品牌使命和品牌神话的结合？

在坚持品牌信仰的道路上，品牌是否遇到过难以抉择的问题？（比如，巴塔哥尼亚转型成一家 B 级企业。）

如果品牌本身隶属于一家更大的企业，那么品牌能否从中获益？（比如，奈斯派索。）

在品牌项目的执行中，是否会渐渐破坏整个品牌？

品牌是否会把所有的创新和经验都应用于用户，以确保品牌的核心内容不会在品牌再现的过程中产生缺失？（比如，斯东尼菲尔德品牌从工厂中心转到家庭中心。）

在品牌项目的执行中，能否感受到品牌的激情和品牌追求完美的态度？

你所创造的品牌是独一无二的，还是与其他品牌大致相同呢？

品牌是否真的清楚自己在做什么？

终极问题：如果不去招聘员工，不去吸引客户，品牌能否找到自己的灵魂伴侣和忠实支持者？

○ 原理七：成长永无止境

如何让品牌不断成长但又不过度发展？如何摆脱价格的约束？这就要求品牌做好多方面的平衡，发展过快时要适当减慢，发展走低时要立即提高，并紧紧依托于品牌形象和品牌核心。

你是否有意识地控制品牌投资和产品生产，使其能够满足自身的扩张性增长？（比如，爱马仕上下品牌。）

你是否避免了早期的巨大损失，让品牌在没有其他因素干扰的情况下自然成长起来？

起跑之前先要助跑——先训练好你的技能，完善你的产品，提高你的服务质量，然后增加品牌和客户之间的沟通，使客户更加忠实于品牌设计，最后把品牌投放到市场中，你是否这样做了？（比如，伊索洗护品牌以门店为主题不断向前发展。）

你是否利用电子商务促进成长，是否抓住了品牌成长的秘诀？（比如，劳德莱斯和博柏利。）

你是否使用了限量版出售、季节性销售或者其他方式来满足消费者的需求？（比如，迪奥真我香水系列的限量版销售。）

你是否在品牌增长的过程中不断提高品牌等级？（比如，尊尼获加。）

在纵向发展之前，品牌是否已经打下了横向发展的基础？（比如，阿原香皂的手工作坊。）

在通货膨胀来临之前，你是否已经开始了反向发展？（比如，迪奥和爱马仕的限量版商品在全球范围内都极受欢迎。）

你是否为品牌客户群体创造除了独一无二的尊贵感？在品牌成长的过程中，客户与品牌之间是否建立了联系？（比如，魅可公司邀请艺术家参与社区开展项目。）

终极问题：在经历了多年的发展和扩张之后，品牌的设定的目标还能否帮助品牌成长？

参考资料

新闻：《购物狂维多利亚·贝克汉姆收藏的 100 款铂金包价值 150 万英镑》，作者：塔玛拉·亚伯拉罕，2009 年发表于《每日邮报》，网络资源：

http：//www.dailymail.co.uk/femail/article-1184169/Bag-lady-Victoria-Beckhams-100-strong-Birkin-bag-collection-thats-worth-1-5m.html

新闻：《露露柠檬运动服引起了部分女士的不满》，《彭博财经频道》2014 年发布，网络资源：

http：//www.bloomberg.com/video/lululemon-pants-don-t-work-for-some-women-founder-ATKjgs7jQduIr_ou1z8XYg.html

新闻：《理查德·吉拉多采访奈斯派索》，作者：理查德·吉拉多，2012 年发表于《阿拉伯商报》，网络资源：

http：//m.arabianbusiness.com/richard-girardot-interview-nespresso-coffee-453163.html

新闻：《迷你为什么如此流行》，作者：杰瑞米·卡托，2013 年发表于《加拿大环球邮报》，网络资源：

http：//www.theglobeandmail.com/globe-drive/reviews/new-cars/what-is-it-about-mini-that-makes-it-so-popular/article13560747/

新闻：《"爱马仕——上下"来到巴黎》，《中国时报》2012 年发布，网络资源：

http：//thechinatimes.com/online/2012/02/2134.html

新闻：《鼹鼠皮总裁首次公开募股：投资者无需惧怕》，美国CNBC电视台2013年播报，网络资源：

http ://www.cnbc.com/id/100612006#

新闻：《艾琳·蓝黛：每个女人都能绽放美丽》，美国国家广播电视台2014年播报，网络资源：

http ://edition.cnn.com/2014/08/05/business/aerin-lauder-every-woman/

新闻：《伊索：传说中的美》，作者：贝森·科尔，2008年发表于《独立报》。

新闻：《我不想成为墓地里最富有的人》，作者：弗洛里安·埃德，2013年发表于《世界周报》。

新闻：《时间的伦理思想》，作者：伊芙琳·冯格尔、吕迪格·容布卢特、萨宾·吕凯，2014年1月发表于《德国时代周报》。

新闻：《卡罗操作指南》，作者：比约恩·芬克，2013年11月发表于《南德日报》。

新闻：《乐高电影营销：才华横溢，令人不安》，作者：希瑟·赫里雷斯基，2014年发表于《纽约时报》。

新闻：《红牛如何获得双翼》，作者：约翰·赫恩，2012年发表于《爱尔兰观察报》，网络资源：

http ://www.irishexaminer.com/lifestyle/features/how-red-bull-got-its-wings-217715 .html

新闻：《博物馆在出售吗》，作者：艾伦·盖默曼，2014年发表于《华尔街日报》。

新闻：《欢迎经济共享》，作者：托马斯·L.弗里德曼，2013年发表于《纽约时报》。

新闻：《销售一双售价800美元运动鞋的关键因素》，作者：汉娜·卡普，2014年发表于《华尔街日报》。

新闻：《耳机品牌"节拍"评价苹果：它爱时尚弄潮儿》，作者：福哈德·曼基奥，2014年发表于《纽约时报》。

新闻：《神话物语》，作者：马克·C.奥弗莱厄蒂，2012年发表于《金融时报》，网络资源：

http ://howtospendit.ft.com/health-grooming/7224-the-stuff-of-fables

新闻：《本＆杰瑞的技术应用》，作者：佩蒂·奥尔西尼，2010年发表于《JWT报》，网络资源：

http：//www.jwtintelligence.com/2010/07/ben-and-jerrys-ar-app/#axzz39qjicwWY

新闻：《巴塔哥尼亚创始人完全不像是一个商业领袖》，作者：塞斯·史蒂文森，2012年发表于《华尔街时报》，网络资源：

http：//online.wsj.com/news/articles/SB10001424052702303513404577352221465986612

新闻：《海藻服饰一无所有》，作者：路易斯·斯托里，2007年发表于《纽约时报》。

新闻：《伯纳德·阿诺特郑重宣布保持路易威登的高端地位》，作者：葆莉娜·兹米德科，2011年发表于《女装日报》。

新闻：《研究表明，价格标签可以改变人们对葡萄酒的口感判断》，作者：丽萨·特莱，2008年发表于《斯坦福新闻服务报》，网络资源：

http：//news.stanford.edu/pr/2008/pr-wine-011608.html

新闻：《宝马迷你品牌以年轻人为中心》，作者：徐晓，2010年发表于《中国日报》，网络资源：

http：//www.chinadaily.com.cn/cndy/2010-12/23/content_11742389.htm

新闻：《将奢侈品牌与中国的文明历史联系在一起》，作者：佩蒂·沃尔德迈尔，2012年发表于《金融时报》，网络资源：

http：//www.ft.com/cms/s/0/d82d1a58-6f49-11e1-9c57-00144feab49a.html#ixzz3EN8YfRj3

资料：伊索产品一览，伊索官网2014年7月发布，网络资源：

http：//www.aesop.com/usa/about_aesop/

资料：伊索品牌在拼趣网上展示，2014年1月，网络资源：

https：//www.pinterest.com/myinsprition/brand-aesop/

资料：《优质目标简介》，爱德曼官网2012年发表，网络资源：

http：//purpose.edelman.com/slides/introducing-goodpurpose-2012/

资料：《工业啤酒行业状况》，得墨忒尔集团2013年发表，网络资源：

http：//demetergroup.net/sites/default/files/news/attachment/

资料：弗莱塔格条纹背包，弗莱塔格官网2015年发布，网络资源：

http：//www.freitag.ch/about/feed/thomas

资料：《弗莱塔格-Facebook》，Facebook2014年发布，网络资源：

https：//www.facebook.com/freitagstoredavos/posts/150198175136281

资料：《古驰官网商品展》，古驰官网2014年发布，网络资源：

http：//www.gucci.com/us/worldofgucci/shoppable_video/shop-this-video

资料：《象牙香皂》，维基百科2013年发布，网络资源：

http：//en.wikipedia.org/wiki/Ivory_(soap）

资料：《海蓝之谜》，海蓝之谜官网2014年发布，网络资源：

http：//www.cremedelamer.com/heritage

资料：《拉吉奥乐发展历程》，拉吉奥乐官网2013年11月发布，网络资源：

http：//www.laguiole.com/laguiole_history_village.php

资料：《魅可化妆品艾滋基金会介绍》，魅可论坛2014年8月发布，网络资源：

http：//www.macaidsfund.org/

资料：加州清洁用品公司介绍（a），加州清洁用品公司官网2014年发布，网络资源：

http：//methodhome.com/methodology/our-story/

资料：加州清洁用品公司介绍（b），加州清洁用品公司官网2014年发布，网络资源：

https：//www.themuse.com/companies/method/office

资料：迷你粉丝活动，迷你网2014年8月发布，网络资源：

http：//www.mini2.com/forum/second-generation-mini-cooper-s/160620-hello-expectant-mini-cooper-s-owner.html

资料：《Mini孟席斯·斯特灵》，迷你-Facebook2014年发布，网络资源：

https://www.facebook.com/OfficialMINIMenziesStirling/posts/313766908751155

资料：鼹鼠皮介绍（a），鼹鼠皮官网2014年发布，网络资源：

http：//www.moleskine.com/us/news/bruce-chatwins-notebooks

资料：鼹鼠皮介绍（b），鼹鼠皮官网2014年发布，网络资源：

http：//www.moleskine.com/us/news/bruce_chatwins_unpublished_letters

资料：万宝龙介绍，万宝龙官网2014年发布，网络资源：

https：//press.montblanc.com/corporate/montblanc-montre-sa/index/58/Montblanc-Montre-

SA-in-Le-Locle-Switzerland

资料：米兰理工大学生活笔记，米兰理工大学论坛2014年发布，网络资源：

http ://architecturalmoleskine.blogspot.com/2011/12/roman-colosseum.html

资料：《事实与数据》，奈斯派索官网2014年11月发布，网络资源：

http ://www.nestle-nespresso.com/about-us/facts-and-figures

资料：塞尔福介绍，塞尔福官网2014年发布，网络资源：

http ://style.selfridges.com/whats-on/no-noise-selfridges

资料：全食超市公司的全食故事，全食超市公司官方博客2014年发布，网络资源：

http ://www.wholefoodsmarket.com/blog/truth-about-farmed-salmon-whole-foods-market

资料：《阿原肥皂介绍》，阿原肥皂网站2014年8月发布。

资料：古奇拉利品牌介绍，古奇拉利官网 2014 年发布，网络资源：

http ://www.brunellocucinelli.com/en/school

资料：爱马仕介绍，维基奢侈品网2014年发布。

视频：《讲故事的未来趋势》，作者：安吉拉·阿伦茨，2013 年发布于 YouTube 视频网。

视频：博柏利·柏松发布会，2015年1月发布于优酷网，网络资源：

http ://v.youku.com/v_show/id_XMjQ0NTY3MDIw.html

视频：苹果播放器发布会，作者：杰夫·戈德布拉姆，2001年发布于 YouTube 视频网，网络资源：

https ://www.youtube.com/watch？ v=nX1V8WL2m6U

视频：《娇兰：一千零一夜》，Youtube视频网2013年发布，网络资源：

https ://www.youtube.com/watch？ v=vL6XJw8Oe5M

视频：《弗莱塔格幕后的品牌扩张》，Youtube视频网2015年发布，网络资源：

http ://www.youtube.com/watch？ v=cLYIVX_nyD8

视频：《哈雷戴维森体验——以它为生》，作者：哈雷·戴维森，2008 年发布于 YouTube视频网，网络资源：

https ://www.youtube.com/watch？ v=jyocDeGh7Qs

视频：《不光彩的水果》，YouTube 视频网英特超市 2014 年发布，网络资源：

https：//www.youtube.com/watch？ v=p2nSECWq_PE

视频：《从前，有一次》，作者：卡尔·拉格斐，2013 年发布于 YouTube 视频网，网络资源：

https：//www.youtube.com/watch？ v=0o9dTCl0hkY

视频：奈斯派索 2013 年长期商业计划，YouTube 视频网 2013 年发布，网络资源：

https：//www.youtube.com/watch？ v=pw6ZfPQypBg

视频：《护肤品牌 SK-II 的仪式》，YouTube 视频网 2012 年发布，网络资源：

https：//www.youtube.com/watch？ v=2VXJptlX82g

视频：《阿原肥皂》，YouTube 视频网 2014 年发布，网络资源：

https：//www.youtube.com/watch？ v=brWtxZ025aA

文章：《布内罗·古奇拉利演讲》，作者：依穆兰·阿默德，2014 年发表于《时尚商业》，网络资源：

http：//www.businessoffashion.com/2014/07/ceo-talk-brunello-cucinelli-founder-chief-executive-brunello-cucinelli.html

文章：《A&F 背后的男人》，作者：贝努瓦·德尼泽特·路易斯，2006 年发表于沙龙网，网络资源：

http：//www.salon.com/2006/01/24/jeffries/

文章：《正确促销》，作者：帕特丽夏·杜勒，2012 年发表于《品牌》杂志。

文章：《DVF 裙子的发展历程》，Youtube 视频网 2014 年发布，网络资源：

https：//www.youtube.com/watch？ v=N3Q9ENKPqKs

文章：《股东与利益相关者：新的偶像崇拜》，《经济学家》2010 年 4 月发布，网络资源：

http：//www.economist.com/node/15954434

文章：《清理方法》，作者：戴娜·恩格，2013 年发表于《财富》杂志，网络资源：

http：//fortune.com/2013/10/10/mopping-up-with-method/

文章：《我担心它成为一个没有灵魂的枷锁》，作者：马库斯·菲尔斯，2012 年发表于《建筑设计》。

文章：《伊索：棕色和植物》，作者：波依德·法罗，2013年发表于《亿万富翁》，网络资源：

http：//www.billionaire.com/body/skincare/422/aesop-brown-and-botanical

文章：《食品品牌通过零售理念测试新口味组合》，作者：皮尔斯·福克斯，2012年发表于商业创意营销网，网络资源：

http：//www.psfk.com/2012/07/chobani-store-soho.html#!bwCaKD

文章：《本＆杰瑞事业部总裁乔斯坦·索尔姆》，食品加工网2014年发布，网络资源：

http：//www.foodprocessing.com/ceo/jostein-solheim/

文章：《回收利用的背包》，弗莱塔格官网2014年9月发布，网络资源：

http：//www.freitag.ch/fundamentals/freewaybags

文章：《加拿大凯西2006年案例分析：迷你——持续成功》，凯西网发表于2006年，网络资源：

http：//cassies.ca/content/caselibrary/winners/2006pdfs/_549_MINI_Web_DR.pdf

文章：《伊索的品牌故事》，伊索官网2014年7月发布，网络资源：

http：//www.aesop.com/usa/article/who-we-are-usa.html

文章：《有机化：转换巴塔哥尼亚的棉花生产线》，作者：伊冯·乔伊纳德、米歇尔·S.布朗，2008年发表于《工业生态学》。

文章：《我们拥有的最重要的权利是合理的权利》，作者：杰拉德·阿莫斯，2014年6月发表于巴塔哥尼亚官网，网络资源：

http：//www.patagonia.com/us/patagonia.go？ assetid=2329

文章：《爱马仕哲学》，作者：苏莱曼·阿那亚，2014年发表于《时尚商业》，网络资源：

http：//www.businessoffashion.com/2014/04/humanity-hermes.html

文章：《概念消费》，作者：丹·艾瑞里、米歇尔·诺顿，发表于《2009年心理学年鉴》杂志。

文章：《弗莱塔格兄弟：我们从来没有在自吹自擂》，作者：斯特凡·巴尔默特勒，2013年发表于资产负责网，网络资源：

http：//www.bilanz.ch/gespraech/daniel-und-markus-freitag-wir-waren-nie-auf-dem-egotrip

文章：《什么是获益企业》，获益企业官网 2014 年 6 月可见，网络资源：

http：//benefitcorp.net/quick-faqs

文章：《游戏人间》，作者：埃里克·伯尔尼，1964 年发表于《百龄坛》。

文章：《传奇人物》，作者：久·柏曼，2010 年发表于《CNBC》杂志，网络资源：

www.cnbcmagazine.com/story/the-fable-guys/1526/1/

文章：《全球企业社会责任研究》，科恩通信 2013 年发表，网络资源：

http：//www.conecomm.com/2013-global-csr-study-release

文章：《遇见给红牛双翼的人》，作者：马特·库尼，2006 年发表于《思想日志》，网络资源：

http：//www.idealog.co.nz/magazine/7/meet-the-man-who-gave-red-bull-wings

文章：《有趣的品牌如何重新回归生活》，作者：约翰·戴顿，2002 年发表于哈佛商学院论坛，网络资源：

http：//hbswk.hbs.edu/item/2752.html

文章：《体育组织的发展战略与营销》，作者：伯纳德·科瓦，2011 年发表于幻灯片分享网，网络资源：

http：//www.slideshare.net/LaJos11/mini-coopers-community

文章：《追踪你的羊毛代码》，拓冰者官网 2013 年 6 月发布，网络资源：

http：//uk.icebreaker.com/en/why-icebreaker-merino/trace-your-garment-with-icebreaker-baacode.html

文章：《罗伯特·麦肯：感人叙事》，作者：布朗温·弗莱尔，2003 年发表于哈佛商业评论论坛，网络资源：

http：//hbr.org/2003/06/storytelling-that-moves-people/

文章：《哈雷·戴维森神话》，作者：克里斯蒂安·格尔，2014 年发表于《广告与销售》杂志，网络资源：

http：//www.wuv.de/blogs/markenschau/marken/

文章：《叙事科学》，作者：乔纳森·哥特夏尔，2014 年发表于《快公司》杂志，网络资源：

http：//www.fastcocreate.com/3020044/the-science-of-storytelling-how-narrative-cutsthrough-distraction

文章：《巴塔哥尼亚给予热情员工可观的工资》，作者：托德·亨尼曼，2011 年发表于劳动者网，网络资源：

http：//www.workforce.com/articles/patagonia-fills-payroll-with-people-who-are-passionate

文章：《希思罗机场迎战中国春节高峰》，精日传媒网 2013 年发布，网络资源：

http：//jingdaily.com/heathrow-braces-for-chinese-new-year-rush/23648/

文章：《乔巴尼：希腊式酸奶之王》，作者：布莱恩·格鲁莱，2013 年发表于《商业周刊》，网络资源：

http：//www.businessweek.com/articles/2013-01-31/at-chobani-the-turkish-king-of-greek-yogurt

文章：《如何入手第一款铂金包》，作者：狄波拉·雅各布斯，2013 年发表于《福布斯》杂志，网络资源：

http：//www.forbes.com/sites/deborahljacobs/2013/09/19/how-to-buy-your-first-hermes-birkin/

文章：《爱马仕的未来》，作者：劳拉·雅各布斯，2007 年发表于《名利场》杂志，网络资源：

http：//www.vanityfair.com/culture/features/2007/09/hermes200709

文章：《普拉达的定制鞋引起个性化时尚的崛起》，约克西传媒网 2014 年 8 月发布，网络资源：

http：//www.josic.com/pradas-customized-shoes-cause-a-rise-in-personalized-fashion368

文章：《时尚艺术博览会》，作者：赫蒂·朱达，2013 年发表于《时尚商业》，网络资源：

http：//www.businessoffashion.com/2013/12/art-basel-miami-beach-fashions-art-fair-love-affair.html

文章：《德国：宝马集团销售业绩四月继续攀升》，爱车网 2013 年发布，网络资源：

http：//www.just-auto.com/news/bmw-group-sales-continue-climb-in-april_id134294.aspx

文章：《消费需求理论中的浪潮效应，势利效应，以及凡勃伦》，作者：哈维·莱本斯坦，1950 年发表于《经济学季刊》。

文章：《红牛极限运动成功的秘密》，作者：艾丽西亚·杰索普，2012 年发表于《福布斯》杂志，网络资源：

http：//www.forbes.com/sites/aliciajessop/2012/12/07/the-secret-behind-red-bulls-action-sports-success/

文章：《麦片品牌调查》，客户满意度调查网 2014 年发布，网络资源：

http：//www.lifepr.de/pressemitteilung/disq-deutsches-institut-fuer-service-qualitaet-gmbh-co-kg/Kundenbefragung-Muesli-Marken-2014/boxid/497286

文章：《德国零售商拥抱丑水果》，部落网 2013 年发布，网络资源：

http：//www.thelocal.de/20131013/52371

文章：《爱马仕的橙色礼盒》，《奢侈品日报》2014 年发布，网络资源：

http：//www.luxurydaily.com/hermes-gives-orange-boxes-an-appetite-in-video-series/

文章：《艺术与学院：红牛支持公司音乐节》，作者：杰夫·克林曼，2014 年发表于《L》杂志，网络资源：

http：//www.thelmagazine.com/TheMeasure/archives/2014/05/01/art-and-the-academy-red-bull-tries-to-elevate-the-corporate-music-festival

文章：《约翰·布罗与甘草糖的故事》，甘草糖官网 2014 年 8 月发布，网络资源：

http：//liquorice.nu/pages/about-us

文章：《布内罗·古奇拉利：奢侈品、慈善活动和人文管理方法》，作者：拉洛卡，大卫，2014 年发表于《宗教与商业道德》杂志。

文章：《安吉拉·阿伦茨：巴宝莉成长背后的秘密》，作者：科价·利希，2012 年发表于《财富》杂志，网络资源：

http：//fortune.com/2012/06/19/angela-ahrendts-the-secrets-behind-burberrys-growth/

文章：《诚信：可持续组织成功的的关键》，作者：多萝西·麦肯齐，2013 年发表于卓更品牌咨询网，网络资源：

http：//www.dragonrouge.de/blog/integrity-key-component-successful

文章：《露露柠檬爱好者购入健康生活方式》，作者：哈德利·马尔科姆，2013 年发表于《今日美国》。

文章：《红牛的狂热追随者》，作者：杜夫·麦克唐纳，2011年发表于《商业周刊》，网络资源：

http：//www.businessweek.com/magazine/content/11_22/b4230064852768.htm

文章：《富翁巧计》，作者：马修·米勒，2009年发表于《福布斯》杂志，网络资源：

http：//www.forbes.com/2009/03/11/laliberte-cirque-du-soleil-rich-billionaires-2009-billionaires-cirque.html

文章：《石诺拉将一个倒闭的底特律公司重新拉入美国制造业》，作者：乔安·穆勒，2013年发表于《福布斯》杂志，网络资源：

http：//www.forbes.com/sites/joannmuller/2013/07/26/in-bankrupt-detroit-shinola-puts-its-faith-in-american-manufacturing/2/

文章：《特斯拉汽车计划的秘密（只在你我之间）》，作者：伊隆·马斯克，发表于特斯拉官网，网络资源：

http：//www.teslamotors.com/blog/secret-tesla-motors-master-plan-just-between

文章：《布内罗·古奇拉利：生活的设计》，作者：理查德·纳里，2013年发表于福布斯生活网，网络资源：

http：//www.forbes.com/sites/richardnalley/2013/03/28/brunello-cucinelli-life-by-design/

文章：《贝恩交易公司促使汤姆斯品牌创始人身价达3亿美元》，作者：克莱尔·奥康纳，2014年发表于《福布斯》杂志，网络资源：

http：//www.forbes.com/sites/clareoconnor/2014/08/20/bain-deal-makes-toms-shoes-founder-blake-mycoskie-a-300-million-man

文章：《极限运动名单：德莱克·马斯特斯》，《外部》杂志2011年发布，网络资源：

http：//www.outsideonline.com/outdoor-adventure/celebrities/1-Dietrich-Mateschitz.html

文章：《本＆杰瑞的真相》，作者：安托尼·派吉、罗伯特·卡兹，2012年发表于《斯坦福社会创新评论秋季版》。

文章：《大众甲壳虫vs宝马迷你》，《大众声望》2014年3月发布。

文章：《苏格兰威士忌预览：新尊尼获加铂金在本月上市》，作者：拉里·奥姆斯特德，2013年发表于《福布斯》杂志，网络资源：

http：//www.forbes.com/sites/larryolmsted/2013/08/20/scotch-whisky-preview-new-johnnie-walker-platinum-hits-stores-this-month/

文章：《米拉·库妮丝为美式玉米威士忌首秀》，作者：E.J. 舒尔策，2014年发表于《广告时代》，网络资源：

http：//adage.com/article/news/watch-mila-kunis-debut-jim-beam/291760/

文章：《登上顶峰的WWD美妆公司》，作者：杰尼佛·威尔，2014年发表于世界时尚潮流资讯网，网络资源：

http：//www.wwd.com/beauty-industry-news/beauty-features/reaching-for-the-heights-marc-puig-7670352

文章：《迷失在巴塔哥尼亚：伊冯·乔伊纳德的雄心远略》，作者：爱德华·韦尔斯，1992年发表于《企业》杂志，网络资源：

http：//www.inc.com/magazine/19920801/4210.html

文章：《爱马仕测验：欧洲人对中国年轻品牌有多大兴趣》，作者：阿斯特丽德·文德兰特、帕斯卡莱·丹尼斯，2013年发表于《路透社》，网络资源：

http：//www.reuters.com/article/2013/09/11/us-hermes-shangxia-idUSBRE98A11X20130911

文章：《高维持型公司法则》，作者：休·惠兰，2011年发表于责任投资网，网络资源：

https：//www.responsible-investor.com/article/harvard_lbs/P0/

文章：《仍在奔波》，作者：亚达·元，2007年发表于《纽约杂志》。

文章：《扩展转移想象模型：对于消费者叙述转移的因果分析》，作者：汤姆·范拉尔、柯欧·德鲁伊特尔、卢卡·维斯康蒂、马丁·韦策尔斯，2014年发表于《消费者研究》杂志。

文章：《超级品牌研究与探讨》，作者：吉姆·史丹格尔、贝努瓦·加布，2011年发表于明略行公司官网，网络资源：

http：//www.millwardbrown.com/global-navigation/insights/media-gallery/videos/best-brands-study-2011

文章：《香奈儿：自我委任的巴黎手工作坊守卫者》，作者：黛娜·托马斯，2013 年发表于《纽约时代风尚》杂志。

文章：《欧莱雅的环球变革》，作者：理查德·汤姆林森，2002 年发表于《财富》杂志，网络资源：

http://archive.fortune.com/magazines/fortune/

文章：《"F"是英文单词"时尚"的首字母》，作者：约翰·斯旺斯伯格，2012 年发表于行为研究网，网络资源：

http://www.slate.com/articles/life/fashion/2012/03/patagonia_yvon_chouinard_s_company_makes_technical_climbing_gear_how_d_it_catch_on_with_the_rest_of_us_.2.html

文章：《爱马仕家族》，作者：大卫·理查德·斯托里，2013 年发表于《送别》杂志。

文章：《绝对伏特加的标志性设计是其打入年轻消费者的入场券》，作者：琼·沃伊特，2013 年发表于《广告周刊》。

图书：《天堂中的鲍勃》，作者：戴维·布鲁克，西蒙与舒斯特出版社，2000 年出版。

图书：《长尾理论：为什么商业的未来是小众市场》，作者：克里斯·安德森，土卫七出版社，2006 年出版。

图书：《品牌之美：营销如何改变了我们的样子》，作者：马丁·滕盖特，科乾出版社，2011 年出版。

图书：《隐藏的说客》，作者：万斯·帕卡德，乌尔斯坦出版社，1987 年出版。

图书：《开始一些重要的事情》，作者：布雷克·麦考斯，维京出版社，2012 年出版。

图书：《生存神话》，作者：约瑟夫·坎贝尔，维京出版社，1972 年出版。

图书：《千面英雄》，作者：约瑟夫·坎贝尔，苏尔坎普出版社，1978 年出版。

图书：《宇宙中的事物：对于日常生活的审美》，作者：科纳德·保罗·雷斯曼，保罗乔纳伊出版社，2010 年出版。

图书：《神话力量》，作者：约瑟夫·坎贝尔，安科图书出版社，1988 年出版。

图书：《廷臣之书》，作者：巴尔达萨雷·卡斯蒂利奥内，企鹅出版社古典系列。

图书：《歌之版图》，作者：布鲁斯·查特文，企鹅出版社，1987 年出版。

图书：《任性总裁的成功创业法则》，作者：伊冯·乔伊纳德，企鹅出版社，2006年出版。

图书：《攀登菲茨罗伊峰》，作者：伊冯·乔伊纳德，巴塔哥尼亚图书，2013年出版。

图书：《有目标的品牌》，作者：安德鲁·卡里、安迪·斯塔宾斯，广而告之出版社，2013年出版。

图书：《小王子》，作者：安托万·德·圣埃克苏佩里，华兹华斯出版社，1995年出版。

图书：《四个四重奏》，作者：T.S.艾略特，哈考特出版公司，1943年出版。

图书：《消费者动机手册》，作者：欧内斯特·迪希特，麦格劳希尔集团，1964年出版。

图书：《哈伦·阿希德原则》，作者：卡罗莱纳·弗伦泽尔、米歇尔·米勒、赫尔曼·佐通，汉泽出版社，2004年出版。

图书：《有意义的事物》，作者：罗波·瓦克和约翰·格兰，凡达制图图书出版社，2012年出版。

图书：《世界是平的》，作者：托马斯·L.弗里德曼，皮卡德出版社，2005年出版。

图书：《如何塑造品牌文化》，作者：道格拉斯·霍尔特，哈佛商业出版社，2004年出版。

图书：《思考：快与慢》，作者：丹尼尔·卡尼曼，企鹅出版社，2011年出版。

图书：《奢侈品战略》，作者：让·诺艾·卡普费雷，科乾图书，2009年出版。

图书：《本&杰瑞的冰淇淋球》，作者：弗莱德·拉格尔，兰登书屋，1995年出版。

图书：《广告的10种真相》，作者：辛迪亚·伍尔德里奇，广而告之出版社，2013年出版。

图书：《青年观察青年人》，作者：柯杜拉·克鲁格、沃尔太冈·谢弗，灵狮广告公司，1995年出版。

图书：《当代时尚》，作者：马丁·理查德，圣詹姆斯出版社，1995年出版。

图书：《体验经济》，作者：派恩·约瑟夫、詹姆斯·吉尔莫，哈佛商学院出版社，1999年出版。

图书：《情感营销的密码》，作者：克罗达·拉派尔，百老汇书局，2006年出版。

图书：《孤独的人群》，作者：大卫理斯曼，耶鲁大学出版社，2001年出版。

图书：《对仿冒品说"不"："42纬之下"伏特加的故事》，作者：杰夫·罗斯，兰登书屋，2001年出版。

图书：《7个方法帮我们颠覆行业规则》，作者：埃里克·瑞恩、亚当·劳里，企鹅出版社，2011年出版。

图书：《荣耀与丑闻：反思德国浪漫主义》，作者：鲁迪格·萨弗兰斯基，汉泽尔出版社，2007年出版。

图书：《麦田里的守望者》，作者：J.D.塞林格，利特出版社，1951年出版。

图书：《禁闭》，让-保罗·萨特，加利马尔出版社，1947年出版。

图书：《上行贸易》，作者：迈克尔·J.希尔弗斯坦、尼尔·费思克，企鹅出版社，2003年出版。

图书：《奢侈品品牌营销：无可挑剔的消费之行》，作者：保罗·西莫内特、卡洛斯·维吉尔，广而告之出版社，2013年出版。

图书：《从为什么开始》，作者：西蒙·西内克，企鹅出版社，2009年出版。

图书：《需求：缔造伟大商业传奇的根本力量》，作者：亚德里安·斯沃莱斯基、卡尔·韦伯，皇冠商业出版社，2011年出版。

图书：《不是商品，而是立场》，作者：罗伊·斯宾塞，企鹅出版社，2009年出版。

图书：《奢侈的：奢侈品因何褪去了光环》，作者：黛娜·托马斯，企鹅出版社，2007年出版。

图书：《有闲阶级论》，作者：托斯丹·凡勃伦、玛莎·班塔，牛津出版社，2009年出版。

图书：《人际交流》，作者：保罗·瓦茨拉维克、珍妮特·H.比文、东·D.杰克逊，胡贝尔出版社，1985年出版。

致谢

我们在此诚挚感谢为本书做出贡献，给予我们鼓励，以及在这些年里帮助和支持过我们的所有人。没有你们贡献的知识和观点，没有你们付出的时间、耐心和慷慨，我们绝不可能完成本书。尤其感谢本书中涉及的所有品牌，我们的朋友、同事，各位专家、营销师、艺术家，正是因为有了你们分享的经验、艺术和才华，我们才能使本书内容完整、结构清晰。我们要感谢：

艾伦·萨瑟兰（戴森），艾莉·塔丝答里德（汤姆斯），安德莉亚·戴维（蒂芙尼），安德鲁·基思（连卡佛），安迪·詹森（悦碧施），张宇（服饰与美容），安娜·波克尔（红牛），安托万·德尔格朗（巴黎罗莎/宝洁），阿诺·德舒特（威图），艾迪莎·塔贾杜德（伯爵），伯努瓦·阿姆斯（史密斯和罗布），碧姬·瓦尔兹博士、卡罗琳公爵（麦瑟得），卡罗琳·吉本斯（珀缇可），谭齐伟（SK-II / 宝洁），克里斯·兰辛（百事可乐），克里斯汀·杜斯（施华洛世奇），克里斯汀·福迪斯（菲拉格慕），克里斯托夫·阿查姆巴尔特（迪赛尔），林杏芳（上下），克劳迪娅·迈耶桑托斯、克莱米·奈特福德（思慕雪），克洛泰尔·拉帕里（全球原型发现组织），柯杜拉·克鲁格（股东权益），科琳娜·多格、大卫·拉罗卡（纽约州立大学），达维德·尼科西亚（NICE），德比·费恩曼、德里克·凡伦斯堡（可口可乐），黛安迪·佩雷（奈斯派索），多米尼克·佩特曼（纽约市新学院），多萝特·博伊文（宝洁），伊丽莎白·德尔拉贝林（拉杜丽），伊丽莎白·伊森纳格（弗莱塔格），法比奥·史蒂芬尼（蜜丝佛陀），弗洛朗·贝勒拉布尔（太阳剧团），弗洛里安·维克（宝马集团），弗兰兹鲁多夫·莱纳特（NICE），弗雷德里克·德勒莫（凯洛格），弗雷德里克·费卡伊、弗雷德里克·吉拉尔（艾格勒），基兰德·伍格（亿康先达），格温·怀廷（洗衣妇），海克哈格夫人、赫维希·普莱斯（领英），伊恩·金斯伯格（比奇洛），英格·海因修斯（歌帝梵），伊莎贝尔·帕斯卡（吴昊），贾森·贝克利（登喜路），让·齐默尔曼（巴颜喀拉），让·诺埃尔·卡普费雷尔（巴黎高等商学院），杰斯·克莱顿（巴塔哥尼亚），吉尔·克鲁格（文华大酒店集团），乔安妮·克鲁斯（SK-II / 宝洁声望），乔·杜塞、约翰·比洛（甘草糖），约翰·古德温（乐高），约翰·哈博施（伊丽莎白·雅顿），约翰·夏芬伯格（同名巧克力和起泡酒），朱迪思·阿祖莱（宝洁），朱莉安娜·亨德肖特（香奈儿），凯西·卡尔兹（朱克通信），凯尔西·格雷厄姆（汤姆斯），凯尔·加纳（新章），莉娜·菲仕乐（弗莱塔格），利奥诺拉·鲍伦斯基、林赛·博伊德（洗衣妇），利托·杰尔曼（宝马集团），马特耶·卡尔多（红牛），麦基·普拉格（Betones），马克·布鲁尔哈特（曼可尚设计），马克·普里查德（宝洁），马可·拜沃罗、马可·帕西格拉（宝洁声望），马可·威尔、玛利亚·塞布雷贡迪（鼹鼠皮笔记本），马库斯·斯特罗贝尔（布劳恩/宝洁声望），玛蒂尔德·德卢姆（宝洁），马泰奥·马蒂诺尼（伊索），马克思·卡特尔（默奇森），迈克尔·莫什斯基（朗能），米歇拉·拉蒂、南希·斯旺森（宝洁），诺埃尔·埃斯特拉达、斯特凡·勒普克（勒普克画廊），奥尔加·古铁雷斯·德拉罗扎（宝洁），奥利维尔（领英），帕特里克·汉隆（想托邦），保罗·哈斯班德、保罗·史密斯、雷蒙德·迪利厄（自由舞蹈），RC.梅纳德（太阳剧团），理查德·许，罗伯特·柯基纳兹（约克大学），桑德拉·皮克林（打开网），桑德里娜·休格特（梅森巧克力），萨拉·里斯·卡斯特森（乐高），萨沙·杜拉维克、斯科特·加洛韦（纽约大学），赛斯·伯克斯（路易威登），绍纳·塞弗特、施琳维斯·雷迪（新加坡管理大学），斯蒂芬·坎利安（时装技术学院），斯泰·奥古斯迪恩（奈斯派索咖啡），苏吉尔（拓冰者），萨米特·贝辛（宝洁声望），苏珊·普拉格曼（服饰与美容），丹泽参（星野集团），塔拉尼·尤森、托马斯德·拉布里埃（思慕雪），蒂娜·奥多尔福森（拉夫·劳伦），汤姆·贾罗德（拉夫·劳伦），泰勒·布鲁尔（单片眼镜），维安（阿原肥皂），沃纳·多米特纳（帝亚吉欧），韦斯曾（杰尼亚），科乾图书团队。